독립운동의 요람

남산재 사람들

1938년 당시 평양 감리교선교부.

저자 약력

서울 감리교신학대학교 역사신학 교수. 신학박사.

감리교신학대학교와 동대학원을 졸업했으며, 서울연회에서 목사 안수를 받은 후 서울 신암교회, 동원교회, 광서교회에서 목회하였다. 감신대 한반도통일신학연구소 소장, (사)한국기독교역사연구소 소장으로 있으면서, 한국에 온 벽안의 초대 선교사들이 전한 예수의 말씀과 사랑, 그들을 통해 들은 예수의 사랑으로 변화된 삶을 사는 처음 믿은 사람들의 감동의 이야기를 전하는 데 온 힘을 기울이고 있다.

저서로 『한국감리교 여선교회의 역사』, 『초기 한국기독교사 연구』, 『한국 토착교회형성사 연구』, 『태화기독교사회복지관의 역사』, 『한국교회 처음 이야기』, 『서울연회사』, 『쉽게 쓴 한국교회 이야기』, 『한국 영성 새로 보기』, 『기독교사회주의 산책』, 『배재학당사』, 『스크랜턴』, 『불꽃의 사람 로버트 하디』 등이 있다.

독립운동의 요람 **남산재 사람들**

초판인쇄 2015년 1월 6일
초판발행 2015년 1월 15일
지 은 이 이 덕 주
펴 낸 이 변 선 웅
펴 낸 곳 그물
출판등록 2012년 2월 8일 제312-2012-00006호
서울특별시 서대문구 통일로25길 30, 102동 1502호(홍제동 한양아파트)
http://wsun1940.blog.me
전화 070 8703 1363
팩스 02 725 1363
ISBN 978-89-969171-9-9   03230
값 20,000원

독립운동의 요람

남산재 사람들

이덕주 지음

일러두기

1. 이 책은 2014년 11월 8일 감리교신학대학교에서 열린 '2014년 한국기독교역사학회 학술심포지엄'에서 발표한 논문, "평양 감리교 선교와 남산현교회 역사"를 기본으로 하여 수정, 증보한 것이다.
2. 이 책의 본문에서 인용한 원자료가 고전문(古典文)인 경우에는 가급적 옛날 어투는 살리되 현대 청소년층 독자들이 해독하기 어려운 부분은 요즘 말로 풀어서 썼다.
3. 이 책에서 사용한 화보(사진) 자료에 관하여 앞서 출간되었던 관련서적에서 도움을 많이 받았는데 특히 김진형 목사가 편찬, 저술한『사진으로 읽는 한국감리교회 역사』(기독교대한감리회본부 역사자료실, 1995)와『초기 한국감리교회 북한교회사(1887-1910년)』(기독교대한감리회 서부연회 한민족통일선교회, 1997),『수난기 한국감리교회 북한교회사(1910-1950년)』(기독교대한감리회 홍보출판국, 1999)에서 많은 도움을 받았고 (재)한국기독교역사박물관에서 펴낸『북한교회 역사자료집: 두고 온 교회 돌아갈 고향』(한국기독교역사박물관, 2002),『옛 사진으로 읽는 새로운 역사』(한국기독교역사박물관, 2007)에서도 도움을 받았다. 그리고 감리회본부 주승동 목사가 제공해 준 <오기선 목사 사진자료>와 미국 뉴저지 드류대학교 안에 있는 미국연합감리교회 역사자료실(General Commission on Archives and History of the United Methodist Church: Drew-GCAH)에 소장되어 있는 초기 평양 선교 관련 사진 자료들도 다수 활용했다.
4. 본문 중의 주(註)는 처음 학술대회 때 발표한 논문에서는 연구자들을 위해 각주(脚註)로 하였으나 책으로 내면서 일반 독자를 염두에 두고 미주(尾註)로 바꾸었다. 그리고 주에서 자주 사용한 영어 정기간행물의 약자는 다음과 같다.

ARBF: *Annual Report of the Board of Foreign Missions of the Methodist Episcopal Church*
KM: *the Korea Methodist*
KMF: *The Korea Mission Field*
KWC: *Annual Report of Korea Woman's Conference of the Methodist Episcopal Church*
MEC: *Official Minutes and Reports of the Annual Meeting of Korea Mission of the Methodist Episcopal Church*
WFMS: *Annual of the Woman's Foreign Missionary Society of the Methodist Episcopal Church*

머리말: 남산재, 그 성스런 역사의 부활을 꿈꾸며

너희 안에서 행하시는 이는 하나님이시니 자기의 기쁘신 뜻을 위하여 너희에게 소원을 두고 행하게 하시나니.(빌 2: 13)

요즘 들어 이 말씀이 더욱 현실로 느껴진다. 내가 바라는 것이 아니라 '그분'이 바라시는 일, 내가 하고 싶어서 하는 것이 아니라 '그분'께서 하시고자 하시기에 이루어지는 일, '그분'의 소원과 의지에 따라 내가 움직여지고 있다는 느낌이다. 내가 바라기 전에 먼저 '그분'이 내 안에 당신의 소원을 집어넣으시고, 그것을 내 소원과 바람으로 기도하게 하신 후, 시간 속에서 이루어지는 것을 목격하게 하심으로 내가 더 이상 내 생각과 행동의 주인이 아님을 깨닫게 하시는 은총의 손길이다. 내 생각과 삶의 '주어'가 더 이상 내가 아님을 깨닫는다. '그분'의 시간의 역사 속에서 나는 철저히 '피동'일 뿐이다. 가르치는 것도, 글 쓰는 것도 내 생각과 의지 밖에서 이루어지는 '그분'의 간섭과 섭리의 결과인 것을 순간순간 깨닫고 감격한다.

이번에 내는 책, 독립운동의 요람 『남산재 사람들』도 그런 은총과 섭리의 결과물이다. '그분' 일은 언제나 '쉽고 가볍게'(마 11: 30) 이루어지는데, 이번 책의 원고 집필과 출판 과정이 그러했다. 이 책의 기본 원고는 지난 2014년 11월 8일, 감리교신학대학교에서 열린 '2014년 한국기독교역사학회 학술심포지엄: 평양 지역 감리교 역사와 한국교회'에서 발표한 주제 논문 「평양 감리교 선교와 남산현교회 역사」다. 보통 학술 세미나에서 발표하는 논문은 30분 발표용으로 2백자 원고지 1백매 내외면 충분한데, 그때 무려 8백 매가 넘는 원고를 세미나 자료집에 수록하여 참석자들로부터 '상식 밖'이란 평을 받았다. 나도 예상하지 못했던 결과였다. 그것도 본격적인 자료 찾기부터 원고 집필까지 2주간 만에 이루어졌다. 여기저기 숨어 있던 자료들이 "까꿍!" 하고 나타나는데, 자료가 자료를 끌고 나오는 형국이었다. 나는 그렇게 해서 내 앞에 나열된 옛날 자료들이 말하려는 것을 요즘 말로 옮겨 쓰기만 하면 되었다. 집필 막바지에는 학교 연구실에서 하룻밤을 꼬박 샜는데도 전혀 피곤함을 느낄 수 없었다.

그렇게 '신나게' 쓴 원고를 가지고 학술 심포지엄에서 발표하고 나서 두 주일 후, 그물 출판사 대표 변선웅 선생님이 내 연구실을 방문했다. 그동안 무게 있는 인문학, 고전 관련 서적을 주로 출판하셨던 변선웅 선생님은 2년 전, 내가 출연했던 라디오 기독교방송(CBS) 주일 오후 프로그램 '맛있는 교회사' 방송을 듣고 느닷없이 찾아와 "한국판 예수전을 쓰지 않겠느냐?"며 반 강압적으로(?) 원고 집필을 촉구하면서 나와 인연을 맺기 시작했다. '예수전'은 신학자이면 누구나 한 번 쯤은 써보고 싶은 주제이기는 하지만 한국교회사를 공부하는 내가 예수전을 쓴다는 것은 가당치도 않은 일이라 여겨 "그건 내 영역이 아닙니다" 하고 거절했지만, 변 선생님은 "그동안 서양인들의 관점에서 쓰여진 예수전만 읽다 보니 예수는 오늘 우리가 사는 이곳 동양, 한국과는 거리가 먼, 낯선 인물로 비쳐졌다. 그런데 지난 1백여 년, 한국 땅에서도 서양인 못지않게 예수를 만나 변화되고 그 삶을 산 위대한 신앙인들이 나오지 않았는가? 이 땅의 신앙인들에게 계시되고 성육신된 예수 이야기를 써야 할 때가 되지 않았는가?" 하는 논리로 나를 설득했다. 그리곤 새 책이 나올 때마다 나를 찾아와 무언의 압력을 넣었다. 자주 만나다보니 변 선생님은 불신자에게 예수를 제대로 알리고 참된 기독교가 어떤 것인지 드러내려는 '문서 선교사로서 사명감이 투철한 분인 것을 알게 되었다. 그래서 "예수전은 내 몫이 아니다"는 처음 자세를 바꾸어 "긴 호흡으로 생각해 보겠습니다" 하고 물러섰다. 그렇게 해서 '예수전'을 매개로 한 변 선생님과의 만남이 이어졌다.

그런 식으로 평양 남산현교회 관련 학술대회를 마친 직후 변 선생님을 만나게 되었고, 그동안 변 선생님이 낸 새 책과 평양 관련 내 논문을 서로 교환했다. 그런데 변 선생님은 내 논문을 하루 만에 읽고 "평양 이야기, 제가 책으로 내겠습니다. 통일을 앞둔 시기에 꼭 필요한 책이다"며 출판 의사를 밝혔다. 나로서는 거부할 명분이 없었다. 그래서 일반 독자들이 읽기 쉽도록 지나치게 논문 투로 된 문체를 좀 바꾸고 논문으로 쓸 때 축약했던 1907년 평양 대부흥 운동 부분과 1920-30년대 역사를 보완했다. 그렇게 해서 '평양 남산현교회 역사'란 제목을 붙인 원고를 변 선생님께 넘겼다. 그런데 편집 작업을 하던 중 변 선생님은 제목을 '남산현 사람들'로 바꾸자고 제안하면서 그 이유를 다음과 같이 설명했다.

교회 역사라는 측면에서 보면 '남산현교회'라는 이름이 흠잡을 데 없이 좋은 제목이지만, 저에게는, 아니 독자들에게는 교회의 역사이자 이 땅에 살았던 한 공동체 구성원들이 만들어내는 역사이기도 하다고 여깁니다. '교회'라는 이름이 '코이노니아'라는 것은 이런 면에서 매우 의미 있는 일이라고 여겨집니다. 그래서 '남산현 사람들'이라고 하면 어떨까 생각해 보았습니다. 그곳에는 이름도 없던 여성들이 새롭게 이름을 얻는 이야기도 있고, 천한 신분 출신들이 지도자가 되어 세상을 변화시키는 놀라운 이야기가 있으며, 한글을 가르치므로 문맹을 퇴치하고 새로운 세상을 열어가는 이야기도 있습니다. '남산현'이라는 지역에 모인 사람들은 이러한 위대한 일을 하나님의 이름, 예수의 이름으로 이루어나갔습니다. 저는 이 이야기를 많은 사람들이 부담 없이 읽는 가운데 예수님을 알고, 만나서 남산현 사람들이 변화되듯 변화되었으면 하는 바람입니다.

이 역시 거부할 명분이 없었다. 그래서 '남산현'을 '남산재'로 바꾸어 『남산재 사람들』이란 책 이름이 나오게 되었다. 변 선생님 설명대로 역사란

시간 속에서 이루어진 땅(공간)과 사람(인간)이 만남과 그 결과를 기록하는 것이기에 한말 이후 민족 분단과 전쟁 때까지 평양 남산재에 어떤 사람들이 모였고, 그들이 모여서 무엇을 하였는지 기록한 것이 내 원고였다. 내 원고의 주인공인 '남산재 사람들'은 출신 성분과 사회경제적, 문화적 배경이 서로 달랐지만 모인 이유와 목적은 '하나'였다. 그것은 복음, 즉 '예수'였다. 예수 때문에 모였고, 예수를 위해 살았고, 그 때문에 핍박과 고난을 받았던 '예수 사람들' 이야기였다. 그리고 보니 2년 전부터 변 선생님이 내게 요구한 '한국판 예수전'의 예비 연습으로 '평양판 예수전'을 쓴 셈이 되었다. 여기에 원산판, 선천판, 개성판, 원주판, 대구판, 마산판, 제주판, 공주판, 인천판, 서울판 등을 더하다 보면 어느덧 '한국판'이 되겠다는 생각도 들었다. 그런 점에서 "예수전을 쓰라"는 변 선생님의 요청이 장삿속에서 나온 출판인의 요구가 아니라 더 높은 차원에서 이루어진 '계시적' 요청이 아닌가 하는 두려움이 엄습했다. 이렇듯 이번에도 내 생각과 의지 이전에 이미 구성된 계획에 따라 진행되는 과정에 '수동적으로' 참여하는 경험을 했다.

그런데 거슬러 올라가 생각해 보니. 내가 평양 남산현교회 역사에 처음 관심을 갖게 된 것은 지금부터 11년 전인 2003년 10월 평양에서 개최된 '해석 손정도 목사 기념사업회 평양학술대회'에 참석하고 돌아온 때부터였다. 이 책에서도 자주 언급하고 있는 손정도 목사는 남산현교회가 배출한 초창기 대표적 인물 가운데 한 명이다. 평남 강서 출신인 손정도 목사는 평양 숭실학교에 재학하던 중 1907년 평양 대부흥 운동 중에 영적 회심을 경험하고 감리교 목회자가 되어 중국 선교사로 활동하던 중 가츠라(桂太郞) 암살음모 사건(1912)에 연루되어 옥고를 치렀으며, 삼일운동 직전 중국으로 망명하여 상해 임시정부 조직을 주도하고 임시정부 의정원 원장을 지낸 독립운동가로서 1924년 상해 임시정부 활동을 접고 북만주 길림으로 가서 한인교회와 농민호조사를 설립, 교민 목회와 민족운동을 함께 추구하다가 일제 감옥에서 받은 고문 후유증으로 1931년 별세했다. 그런 그가 지린(吉林)에서 목회를 하던 시기 10대 소년 나이로(16세) 아버지를 잃고 지린에 들어온 그의 숭실중학 동문 김형직의 아들 김성주(김일성)를 '친자식처럼' 거두어 돌보아 준 일이 있었다. 그래서 김일성은 죽기 전에 남긴 회고록 『세기와 더불어』(1992)에서 손정도 목사에 대해 "내 생명의 은인", "지조가 굳고 양심적인 독립운동가", "국부와 같은 존재" 등의 표현을 써가며 극찬했고, 그 때문에 손정도 목사는 북조선에서 꽤나 유명한 인물이 되었다. 그런 배경에서 2003년 10월, 평양에서 남과 북의 신학자와 역사학자들이 참여한 '손정도 목사의 생애와 사상 학술대회'가 열릴 수 있었던 것이다. 바로 이 평양 학술대회에 나도 주제 논문 발표자의 한 사람으로 초청을 받아 평양을 다녀올 수 있었다.

그런데 그때 '손정도 목사 기념 평양 학술대회'가 열린 곳이 평양의 중심부에 위치한 김일성광장 앞 인민문화궁전이었다. 그 터는 바로 전쟁 전, 남산현교회를 비롯하여 광성학교, 정의여학교, 정진소학교, 성화신학교, 맹아학교, 평양연합기독병원 등 감리교 계통 기관들이 밀집해 있던 '남산재' 언덕이었다. 전쟁 때 미군 폭격으로 거기에 있던 건물들이 모두 파괴된 후 그 자리에 김일성의 지시로 인민문화궁전이 들어선 것이라는 북쪽 관계자의 설명을 들으면서 묘한 감상에 젖어들었다. 그곳은 1백여 년 전, 평양 대부흥 운동 때 20대 청년 손정도가 '성령 충만한 상태에서 나라와 민족의 구원을 위해 눈물 흘려 기도하다가 "땅 끝까지 이르러 내 증인이 되리라"는 응답을 받고 복음 전도와 민족 구원에 자신을 헌신하기로 결단한 남산현교회가 위치했던, 바로 그 자리였다. 그래서 평양 학술대회를 마치고 서울로 돌아온 후 손정도 목사, 그리고 그와 같은 시대를 살았던 민족주의 신앙인들에게 '믿음의 요람'이었던 평양 남산현교회의 역사를 복원, 정리할 필요성을 강하게 느꼈다. 그때부터 10년 넘게 밀린 숙제를 이번에 마무리해서 제출한 셈이다.

그렇게 10년 넘게 마음속에 담아 두었다가 2주 만에 집필하여 학술대회 때 발표한 논문이 2개월 만에 책으로 묶여져 나오는 과정을 지켜보면서 '긴 기다림에 짧은 응답'이라는 성경 속 예언자들의 종교 체험을 조금은 이해할 수 있게 되었다. 그래서 더욱 감사한 마음뿐이다. 이제 책으로 엮여져 나왔으니 거기 담긴 글의 미래를 위해 기도할 것 밖에 없다. 내 기도가 아니다. 민족 시련기에 손정도 목사를 비롯하여 김창식, 오석형, 황정모, 오신도, 김세지, 전삼덕, 우치적, 현석칠, 신홍식, 박석훈, 한국보, 이효덕, 송정근, 배덕영, 정일형, 이윤영, 박현숙 등 기라성 같았던 남산현교회 목회자와 교인들이 남산재 언덕을 오르내리며 드렸던 구령과 구국의 기도다. 지금은 그럴 수 없지만 언젠가 다시 '남산재'에 수많은 무리가 모여 마음껏 찬송할 수 있는 날이 오기를 기대하며 기도할 뿐이다. 그런 면에서 1887년 4월 23일, 개신교 선교사로서 처음 평양을 방문한 아펜젤러가 평양 관아에서 드렸던 기도가 오늘 우리의 기도가 되고 있다.

주님, 그 날을 속히 허락하소서. 이곳에서 주님을 배우려는 자들을 만난다면, 그들이 우리를 찾아와서 자신뿐 아니라 가까운 사람들도 가르쳐 달라고 요청한다면 이보다 더 기쁜 일은 없을 것입니다. 지금은 우리가 씨를 뿌릴 때입니다. 좋은 씨앗을 뿌려서 풍성한 결실을 거두게 하소서!(Lord, hasten that day. It is pleasant to have your pupils in these places, to be met by them, and to be asked to teach them and their fellows again. This is our sowing time, May the good seed and bring forth a plenteous harvest!)

2014년 12월 세밑에

감리교신학대학교 만보재에서

이덕주

차 례

일러두기 ·· 6
머리말: 남산재, 그 성스런 역사의 부활을 꿈꾸며 ······························ 7

1. 머릿글 · 19

2. 남산재 언덕에 세워진 교회(1893-1909) · 25
  2.1 미 감리회 평양 선교와 남산현교회 창립 ································· 27
    2.1.1 낯선 손님들의 평양 방문 ··· 27
    2.1.2 전쟁과 박해 속에서 자라난 신앙 ······································· 38
    2.1.3 우리 힘으로 예배당 짓자 ··· 47
  2.2 남산현교회 부흥과 선교 사역 확장 ··· 54
    2.2.1 대동강을 건너 ··· 54
    2.2.2 여성이 여성에게 ··· 69
    2.2.3 평양 최초 벽돌 건물 ··· 86
  2.3 평양 대부흥 운동과 남산현교회 ··· 100
    2.3.1 열기 띤 말씀 공부 ··· 100
    2.3.2 깨어난 여성들의 단체 조직 ··· 106
    2.3.3 영적 부흥과 민족 구원 ··· 114
    2.3.4 은혜 뒤에 시험 ··· 128

3. 남산재 언덕에서 울려퍼진 만세소리(1910-1929) · 137

3.1 1910년대 남산현교회 목회와 선교 ············· 139
　3.1.1 '말씀과 기도' 목회 ············· 139
　3.1.2 어린 생명을 보듬어 ············· 151
3.2 삼일운동과 남산현교회 ············· 163
　3.2.1 전교인 만세 운동 ············· 163
　3.2.2 애국단과 애국부인회 사건 ············· 180
3.3 1920년대 남산현교회 청년 운동 ············· 187
　3.3.1 회복과 치유의 메시지 ············· 187
　3.3.2 주일학교와 엡윗청년회 ············· 205
　3.3.3 남녀 기독교청년회 ············· 225

4. 남산재 사람들의 시련과 극복(1930-1944) · 237

4.1 1930년대 초반 남산현교회의 교회 목회와 선교 ············· 239
　4.1.1 나뉘어 들어왔다가 하나된 교회 ············· 239
　4.1.2 주일학교와 청년회 활동 ············· 257
4.2 1930년대 후반 남산현교회 사역과 시련 ············· 265
　4.2.1 모교회 위상과 역할 ············· 265
　4.2.2 애국 부부의 목회 활동 ············· 281
4.3 일제말기 남산현교회 수난과 폐쇄 ············· 291
　4.3.1 우울했던 총회와 연회 ············· 291

  4.3.2 '친일' 교단 본부 출현과 횡포 ·················· 306
  4.3.3 의문의 화재 사건 ································· 323
  4.3.4 결국 문을 닫다 ···································· 331

5. 남산재 언덕에 흐른 눈물과 피(1945-1950) · 343

 5.1 다시 열린 교회 문 ·· 345
  5.1.1 해방과 교회 재건 ································· 345
  5.1.2 기약 없는 피란 길 ································ 352

6. 맺음글 · 359

 [부록] 1938년 당시 기독교조선감리회 유지재단에 등록된
    평양 지방 각 교회 소유 부동산 ················ 368

 미주 ·· 372

 찾아보기 ·· 399

1. 머릿글

대동강에서 바라본 평양성. 왼쪽에 보이는 누각이 대동문.

처음 보는데도 평양은 참 아름다웠다. 멀리서 보아도 평양성은 '인상적'(imposing)이란 수식어가 전혀 부끄럽지 않을 정도로 주변 환경이 아름다울 뿐 아니라 성읍 자체도 대단히 정성을 들여 조성한 것임을 알 수 있었다. 저녁 풍경은 장관이었다. 대동강 양편으로 풍요로운 평야가 펼쳐져 있었고, 강기슭으로 푸른빛과 보랏빛 안개가 피어오르고 있었으며, 수정같이 맑은 대동강 물 위로는 황포 돛단배들이 한가로이 떠다니고 있었다. 구름 한 점 없이 푸른 하늘을 배경으로 예스런 성읍이 봉긋이 솟아올라 있었다.[1]

1895-97년 평양을 세 차례 방문했던 영국의 여류작가 비숍(I. Bishop)의 표현처럼 대동강에서 바라보는 평양성 모습은 아름다웠다. 그러나 아름다운 풍경을 뒤로 하고 평양성에 들어가 그곳에서 막 선교 활동을 시작한 미국인 선교사들을 만나본 다음 비숍이 진술한 '평양 모습'은 달랐다.

평양에서 기독교 선교는 성공적이지 못했다. 평양은 대단히 풍요로우면서 동시에 대단히 타락한 성읍이었다. 평양 사람들은 많은 선교사들을 내쫓았고, 반감을 가지고 기독교를 심하게 배척했다. 기독교에 대한 적개심이 팽배했고, 관에서 관리하는 매춘부・기생들이 넘쳐났으며, 무당과 점쟁이들이 악명과 부를 동시에 축적하고 있었다. 감리교 선교는 한동안 중단되었고, 장로교 선교사들도 6년 사역한 결과 고작 개종자 28명을 얻었다.[2]

비숍이 평양을 방문했던 1895년은 개신교 선교사들이 우리나라에 들어와 선교 사역에 착수한 지 10년, 서울에 있던 선교사들이 '북한 지역 선교'를 목적으로 평양에 들어와 살면서 본격적으로 선교 사역을 시작한 지 2년 되는 해였다. 비숍이 '성 안에 들어와 확인한 평양의 모습은 풍요와 타락이 공존하는 곳이었다. 풍요했기에 타락은 피할 수 없는 사회악이었다. 거리마다 술집과 기생과 무당과 점쟁이들로 넘쳐났고, 관청과 관리들은 죄와 타락을 묵인, 방조하고 있었다. 무엇보다 심각한 것은 기독교에 대한 반감이었다. 주민들이 반감 정도가 아니라 적대감을 가지고 외국인 선교사들을 대하는 평양에서 기독교 선교는 고전을 면치 못하고 있었다.

이처럼 불리한 상황에서 시작된 것이 '평양 선교'였다. 하지만 30년이 지난 1920년대 후반에 들어서 '평양 상황'은 전혀 다른 모습으로 바뀌어 있었다. 다음은 1928년 늦가을 평양 남산현교회를 방문한 초교파 기독교계 언론 『기독신보』 기자가 소개하는 '평양 명물'이다.

어떤 사람이든지 평양을 처음 와 본 사람에게 평양의 유명한 것이 무엇인가 하면 이구동성으로 예배당의 종소리라고 한다. 예정대로 순례자는 남산현교회를 방문하려고 지난 18일 저녁 7시경에 남산 밑에 도달했을 때 사면팔방에서 울려오는 종소리는 서로 교향(交響)이 되어, 과연 황혼의 평양성을 흔들어 빼는 감이 없지 않았다. 매 주일, 매 삼일, 그 외에도 거의 빠지는 날이 없이 그 종소리를 듣고 있는 순례자의 귀에도 특별하게 들리는 것은 평양을 방문한 이로서 예배당의 종소리를 평양의 한 가지 명물로 치는 것이 그다지 둔한 감각이라고 할 수 없는 것이다.[3]

당시(1928) 평양 시내에만 장로교회가 6개, 감리교회가 5개 있었고, 평양 주변 대동군까지 포함하면 모두 50여개 교회가 산재해 있어, 예배 시간에 맞추어 치는 각기 다른 예배당 종소리가 거대한 관현악단 연주처럼 울려퍼졌던 것이다. 비록 기독교인의 기록이기는 하지만 평양 교회 종소리를 "평양 명물"이라 표현한 것에서 바뀐 평양 분위기를 읽을 수 있다. 평양에서 기독교는 더 이상 적대나 배척의 대상이 아니었다. 오히려 인정받고 환영받는 종교로 바뀌어 있었다. 이처럼 한 세대(30년) 만에 '죄악이 관영했던' 타락의 도성 평양이 '조선의 예루살렘'이라 불릴 정도로[4] 기독교가 성행하는 도시로 바뀌었다. 그렇게 될 수 있었던 것은 평양 관리와 주민들의 적대와 박해를 받으면서도 복음을 전했던 초기 선교사와 토착 전도인, 그리고 이들로부터 복음을 전수받아 그 내용을 삶의 자리에서 증언하고 실천함으로 평양 지역 사회에서 '빛과 소금', 그리고 '거룩한 누룩'의 역할을 감당했던 '초기 성도'들의 희생과 헌신 때문이었다.

　이처럼 평양에서 이루어진 기독교 선교와 전도, 실천과 증언, 희생과 헌신의 역사를 고스란히 담고 있는 것이 평양 남산현교회 역사다. 평양뿐만 아니라 북한 지역 '최초' 감리교회로서 북한 지역 감리교 선교의 '모교회' 역할을 감당했던 남산현교회를 통해 한말과 일제강점기, 그리고 해방 후 분단시대 '민족과 함께 한 한국 교회의 역사와 전통을 확인할 수 있을 것이다.

2. 남산재 언덕에 세워진 교회(1893-1909)

교회 안에서 바라본 정문. 문 밖으로 평양 시내가 내려다 보인다. 그때 정문을 솟을대문으로 한 것은 오늘 우리 교회 건축에서 한 번 생각해볼 문제다. 성공회 강화도 성당의 정문도 솟을대문이다.

2.1 미 감리회 평양 선교와 남산현교회 창립

2.1.1 낯선 손님들의 평양 방문

비숍이 언급한 것처럼 선교 초기 평양은 기독교에 대해 적대적이었다. 그런 배경에는 평양 사람들의 외국(외세)에 대한 배타적 보수 성향도 있었지만, 그보다는 30년 전(1866) 평양에서 일어난 '제너럴셔먼호 사건'이 있었다. 1860년대 들어서 급증하는 서구 국가들의 개방(통상) 압력에 '쇄국정책'으로 일관하던 대원군은 1866년 3월 서울에서 프랑스인 사제들과 천주교인들을 체포하여 처형함으로 '병인 천주교 박해'의 막이 올랐다. 그런 상황에서 그 해 7월 미국 국적의 중무장한 상선 제너럴셔먼호가 대동강을 거슬러 올라와 양각도에 정박하고 조선정부에 '일방적으로' 개방과 통상을 요구하다가 벌어진 쌍방 간의 무력 충돌로 제너럴셔먼호 승무원들이 모두 희생되는 사건이 일어났다. 이 사건은 평양 주민들로 하여금 '무례하고 강압적인' 서양인에 대하여 반감을 불러일으켰다. 더욱이 영국인 개신교 선교사 토마스(R. J. Thomas)가 그 배의 안내 겸 통역으로 동승했다가 관군에 의해 대동강 가에서 처형되었는데, 그것을 계기로 '천주학(기독교)에 대한 평양 주민들의 반감은 더욱 고조되었다.[1] 평양에서 일어난 '제너럴셔먼호 사건'으로 대원군의 쇄국정책과 천주교 박해는 더욱 강화되었고, 이후 대원군이 실각하기까지(1877) 10여 년 동안 전국에서 8천여 명의 천주교인이 체포되어 희생당했다.

제너럴셔먼호 사건 이후 평양은 상당 기간 서양인이 접근할 수 없는 '금단 구역'이었다. 그렇게 20년 세월이 흐른 후 1887년 미 감리회 선교사 아펜젤러(H. G. Appenzeller)가 평양을 방문했다. 1885년 같은 미 감리회 소속 스크랜턴(W. B. Scranton), 그리고 북장로회의 언더우드(H. G. Under-wood)와 함께 한국에 개척 선교사로 들어와 서울 정동에 학교를 설립하고 조심스럽게 선교 사역을 추진해 나가던 아펜젤러는 1887년에 고종황제가 자기 학교에 '배재학당'이란 교명을 지어 내려 보낸 것에 자신감을 얻고 개신교 선교사 가운데 처음으로 '북한 지역' 여행을 시도했다.

그는 미국 공사관 소속 세관원 헌트(Hunt)와 함께 4월 13일 서울을 출발하여 파주와 장단, 서흥, 봉산을 거쳐 4월 21일(주일) 대동강을 건너 평양에 들어갔다. 아펜젤러는 평양에 도착한 그날 저녁 일기에서 평양에 대한 첫인상을 이렇게 기록했다.

> 인간적인 관점에서 볼 때 이곳 주민들의 윤리 의식은 절망적이라 할 수 있다. 하지만 나는 구원하시고 세워주시는 하나님의 은총을 믿는다.

오직 그리스도의 피만이 이들의 마음을 씻어 죄로부터 구원할 것이다. 그렇게 되면 이들은 비로소 자신들이 처한 현실에 눈을 뜨게 되면서 영적인 것을 구하게 될 것이다. 주님, 그날을 속히 허락하소서. 이곳에서 당신을 배우려는 자들을 만나는 것, 그들이 자신뿐 아니라 주변 사람들까지 가르쳐달라고 요청한다면 더없이 기쁜 일입니다. 지금은 씨를 뿌릴 때입니다. 좋은 씨앗들이 자라나 풍성한 결실을 얻게 하소서!²⁾

아펜젤러와 헌트는 평양에서 평안도 관찰사 남정철의 환대를 받았는데, 그것은 '바깥' 현지 상황을 보여주는 것이기도 했다. 아펜젤러 일행은 평양에 10일간 머물면서 평양과 그 주변 유적지와 광산 등을 둘러보았다. 아펜젤러는 개인적으로 20년 전에 일어난 제너럴셔먼호 사건의 진상과 현장을 보고 싶었다. "여기 사람들은 제너럴셔먼호 사건에 대해 말하기를 꺼려한다. 그들은 그 사건을 알고 있는데, 배 한 척이 몇 년 전에 여기 왔었다고만 말할 뿐 더 이상 자세한 이야기는 하지 않는다. 그래서 사건이 일어난 지점도 알 수 없었다"고 진술했다. 그리고 후에 평양과 북한 지역 감리교 선교의 거점이 될 선교부(mission station) 위치에 대해 "평양 북부는 산과 언덕이 많고 서문 쪽에 민가가 많이 밀집해 있으며, 동문과 남문 근처에는 상업 지구가 조성되어 있다. 선교사들이 들어온다면 남문 밖 조금 먼 곳에 한국인들의 민가와 거리를 두고 자리를 잡는 것이 좋을 것이다"는³⁾ 기록을 남기고 5월 2일 평양을 출발하여 서울로 돌아왔다. 아펜젤러는 평양에서 기독교인(개신교인)을 만나지는 못했지만 선교의 가능성을 확인하고 돌아온 것이다.

그런데 1887년 5월 평양 여행을 마치고 서울로 돌아온 직후 아펜젤러는 의주에서 온 기독교인 최성균(崔成均)을 만났다. 그는 만주 선양(瀋陽)에서 스코틀랜드장로회 선교사 로스(J. Ross)의 한글 성경 번역 작업에 참여했다가 개종을 결심하고 세례를 받은 '한국 개신교회 최초 교인 중 한 사람'으로, 선양에서 인쇄한 한글 성경을 가지고 들어와 의주와 서울을 오가며 전도 활동을 펼치고 있었다. 아펜젤러는 이런 최성균으로부터 "평양 지방에 많은 교인들이 있으며, 선교사가 와서 세례를 주고 교회를 세우기만 기다리고 있다"는 소식을 듣고 그를 '매서인(買書人: 勸書人)'으로 채용, 북한 지역에 파송하여 전도하도록 했다.4) 그리하여 최성균은 평양에 파견된 최초 개신교 전도자가 되었다. 최성균의 활동으로 평양과 의주 지역에 개종자들이 나왔고, 그리하여 그해(1887) 11월 북장로회 언더우드가 평양을 거쳐 의주까지 다녀오는 여행 중에 곳곳에서 상당수 세례 지원자들을 만날 수 있었다.5)

이처럼 평양과 북한 지역을 다녀온 후 선교에 자신감을 얻은 아펜젤러와 언더우드는 평양을 거쳐 의주에 이르는 북한 지역 선교 여행을 둘이 함께 하기로 의논하고 1888년 4월 중순 서울을 출발하여 4월 28일 평양에 도착했다. 그러나 이들은 평양 도착 며칠 후 서울 미국 공사관으로부터 "급히 귀환하라"는 전갈을 받고 서울로 돌아가야 했다. 그렇게 된 이유는 그 무렵 명례방(明禮坊: 명동)에 건축 중이던 성당 문제로 천주교회와 정부 사이에 마찰이 빚어져 정부에서 천주교뿐 아니라 개신교 선교까지 금하는 '전교금지령'(傳敎禁止令)을 발표한 때문이었다. 그리고 한 달 후 소위 '영아 소동(baby riot)'이 일어나 서울에서도 선교 활동이 중단되는 사태에 이르렀다. 이 소동은 대외 개방과 기독교 선교를 못마땅하게 여긴 수구 세력이 퍼뜨린, "외국인 선교사들이 조선 아이들을 유괴하여 노예로 팔거나 해부 실험을 한다"는 잘못된 소문에 흥분한 군중이 정동의 선교사 사택과 선교사들이 운영하는 병원과 학교를 공격한 사건이다. 인천에 정박 중이던 프랑스와 영국 함대 군인들이 서울에 진입하여 외국인 보호에 나서고, 정부에서도 적극적으로 치안 확보에 나섬에 따라 사태는 한 달 만에 진정되었지만, 외국인 선교사와 기독교에 대한 반감 정서는 쉬 사라지지 않았다.

영아 소동 이후 선교사들의 '공개적인' 선교 활동은 물론 종교 집회도 중단되었다. 종교 집회는 1888년 가을에야 선교부 안에서 조심스럽게 재개되었지만 선교사들의 지방 여행은 한동안 금지되었다. 이런 상황에서 평양 선교는 전적으로 '토착 전도인'의 몫이 되었다. 미 감리회 한국선교회는 1888년 11월 25일 토착 전도인 2명을 임명했는데, 그 중 한 명은 "서울에서 185마일 떨어진 평안도 수도에 들어가 살면서 작은 규모이지만 정기적으로 집회를 인도했고, 수도와 주변 마을로 다니면서 성경을 팔고 복음을 전했다."[6] 이때 평양으로 파송된 토착인 전도자(매서인)의 이름은 확인할 수 없지만, 그의 지도로 평양에서 첫 개신교회 집회가 시작된 셈이다. 엄밀한 의미에서 평양 남산현교회의 역사는 1889년의 '평양 집회'에서 출발했다고 볼 수도 있다.

이처럼 평양에서 정기적인 집회가 이루어지고 있다는 소식을 접한 아펜젤러와 스크랜턴은 1889년 10월 평양을 방문했으며, 계속해서 아펜젤러는 1890년 8월에 육영공원 교사인 헐버트(H. B. Hulbert), 북장로회 선교사 마펫(S. A. Moffett) 등과 함께 평양을 재차 방문했다. 훗날 장로교회의 평양 선교를 이끌어가게 될 마펫으로서는 첫 번째 평양 방문이었다. 그는 평양에 두 주간 머물면서 선교부 개설 가능성을 모색했고, 1891년에 두 차례, 1892년에 세 차례 평양을 방문하여 교회 설립을 추진했다. 그리고 1893년 10월에는 평양 주재 선교사로 부임하여 토착 전도인 한석진(韓錫晉)을 내세워 평양 대동문 안 널다리골(板橋洞)에 집을 사서 집회를 시작했다. 이것이 후에 평양과 북한 지역 장로교 모교회인 장대현교회(章臺峴敎會)가 되었다.7) 미감리회에서도 1891년 4월, 존스(G. H. Jones) 선교사가 평양을 방문했다. 미감리회 해외 선교부에서 '세 번째' 한국 선교사로 파송을 받아 1887년 9월 내한한 존스는 서울 정동 배재학당에서 사역하던 중 평양을 거쳐 의주에 이르는 선교 탐색 여행을 했고, 그해(1891) 6월 미 감리회 한국선교회 연회에서 평양 선교와 관련하여 다음과 같이 보고했다.

지방에서 가장 큰 도시인 평양에서 우리 사역은 효과적인 보살핌을 받지 못한 관계로 시들해지고 있습니다. 처음 모였던 구도자들이 대거 다른 곳으로 빠져 나갔는데 그 빈자리를 채우지 못하고 있습니다. 무관 5등급 벼슬을 지낸 조 씨 형제가 우리를 맞이했는데, 열심 있고 신실한 그가 평양 회중의 대표격으로 여겨집니다. 내가 세 차례 설교했고, 함께 갔던 한국인 조수 윤 씨도 설교했습니다. 그곳에 6개월 동안 학습 상태에 머물고 있는 세례 지원자 다섯 명이 있는데 이들을 그렇게 놔두는 것은 우리 감리교회에 어울리지 않는 방식이라 여깁니다.8)

그러나 "평양에 주재 선교사가 필요하다"는 존스의 호소에 대한 응답은 해를 넘겼다. 그러는 사이 평양의 '감리교 집회'를 인도하던 토착인 지도자가 예배를 드리던 집을 팔아 횡령한 후 사라짐으로 평양 선교는 중대 위기에 처했다.9) 이런 상황에서 존스는 1892년 3월, 의료 선교사 홀(William J. Hall)과 함께 평양을 방문, '시급한 위기 상황'을 다시 한 번 확인했다. 1891년 12월 내한한 홀은 서울 상동시약소에서 사역하던 중 평양을 다녀온 세 달 후(1892년 6월) 1년 먼저 들어온 여성 의료 선교사 셔우드(R. Sherwood)와 결혼했다. 그리고 그해(1892) 8월 개최된 미 감리회 한국선교회 연회에서 평양 선교와 관련하여 다음과 같이 보고했다.

우리가 다녀온 북쪽 지역 어느 곳이든 의료 선교사는 환영을 받았습니다. 그들은 우리에게 의사를 보내달라고 호소했습니다. 의사라면 평양이든 의주든 거주하는 데 아무런 방해도 없을 것입니다. 평양에 의사 한 사람을 보내서 그로 하여금 전적으로 그곳에서 하나님을 위해 사역함으로 그곳을 성령 충만한 곳으로 만들고, 그곳을 통해 북쪽 지역 내륙으로 우리 사역을 넓혀 나가도록 합시다. 이 외에 더 좋은 방법은 없습니다. 만약 평양에 의사 한 사람을 파송한다면 내가 2년간 그의 생활비를 전담하겠습니다.10)

이에 연회를 주재하던 맬럴류(Mallalieu) 감독은 홀을 평양 주재 선교사로 임명, 파송했다. 그런데 연회는 홀을 평양과 북한 지역 개척 선교사로 파송을 하면서 필요한 선교비를 책정하지 않아 홀은 해를 넘겨서야 평양에 선교 거점을 확보할 수 있었다. 그 사이 홀은 토착 전도인 김창식(金昌植)과 함께 평양을 오가며 선교부 개설을 준비했다. 1889년 시작했던 '감리교 집회' 인도자가 예배 처소를 팔아 횡령하고 사라진 후 교인들도 뿔뿔이 흩어져 홀과 김창식은 '무로부터'(ex nihilo) 평양 선교를 다시 시작해야 했다. 평양 사람들을 직접 접촉하며 복음을 전하고 선교 거점을 마련하는 일은 전적으로 김창식의 몫이었다. 황해도 수안 출신인 김창식은 서울 정동의 미감리회 선교사 올링거(F. Ohlinger)의 집에 마부로 들어갔다가 복음을 접하고 세례를 받은 후 전도자가 되어 홀과 함께 평양 선교 개척의 임무를 맡게 되었다. 훗날(1927) 김창식 목사는 평양 선교 개척 당시를 이렇게 증언했다.

'조선의 바울'이라고 불린 김창식

홀 의사와 내가 평양을 처음 방문할 때에는 주막 목노방에서 머무르며 전도했다. 그러다가 1893년에 내가 가족을 전부 데리고 평양으로 내려가 살며 홀 의사와 함께 전도하는 가운데, 혹시 그가 순행을 나가서 오래 들어오지 못할 때에는 그의 사무를 전부 내가 대리하여 보게 됨으로 나는 그런 때마다 나의 책임이 중대함을 깨닫고 모든 일을 복음에 가르친 대로 행하기로 결심하고, 또 평양의 여러 가지 악풍을 개선하여 그리스도의 교훈을 널리 전파하기로 뜻을 굳게 세웠다.11)

홀은 이런 김창식을 내세워 1893년 3월 평양에 선교 거점을 마련하는 데 성공했다. 그래서 1893년 8월 개최된 연회에서 한국 선교를 관장하고 있던 스크랜턴 장로사(지금의 감리사)는 평양 선교와 관련하여, "평양에서 우리는 비로소 문틈으로 한 발을 들여 놓았다고 할 수 있다. 금년에 그곳에 우리 부지를 확보했는데, 홀 박사는 의료 사역을 시작할 준비가 되어 있다고 보고했다"고 보고했다.12) 이때 확보한 주택과 선교 부지의 위치와 처음 용도에 대하여 1936년 6월 발행된 『감리회보』는 이렇게 증언을 하고 있다.

당시 평양에서 '초당(草堂)집'이라고 칭하는 김호서(金浩瑞)의 가옥 13간(石葺製 6간과 草葺製 7간)과 지단(地段) 2백여 평(현 대찰리 광성고등보통학교 기숙사 자리)을 평양 부사(平壤府使) 김호영(金鎬永)의 중개로 엽전 2천 냥(현 2백 원)을 주고 매득(買得)하여 홀 의사와 김창식(金昌植)

평양 선교가 시작되었던 서문 안 풍경. 성곽 앞 기와지붕 건물이 홀 사택과 초당집.

씨의 주택으로 사용하면서 또한 임시 예배 처소로 사용했다. 또한 김 씨의 소개로 서문 내(현 기홀병원 의사 사택)의 기와집(瓦家) 1동을 엽전 3천 5백 냥(현 3백 5십 원)을 주고 매득하여 의료 사업도 착수하면서 장래 병원을 설립키로 준비하는 동시에 거기서 아동 교육도 시작했다.[13]

김창식은 당시 평양부 관리로 있던 김호영의 소개로 평양 내성의 서문인 정해문(鄭海門) 안쪽 '서문통'(西門通), '유경골'로도 불렸던 대찰리(大察里)에 있던 김호서 소유 '초당집'과[14] 부지 2백 평을 구입하여 그곳에 있던

6간짜리 돌지붕집과 7간짜리 초가집을 홀과 김창식의 사택으로 쓰면서 그곳에서 예배를 드리기 시작했다. 그리고 얼마 후 같은 '서문 안 대찰리에 역시 김호영의 소개로 기와집을 구입하여 의료 사업과 교육 사업을 시작했다. 이로써 미 감리회 선교부는 1887년 아펜젤러가 처음 평양을 방문한 지 6년 만인 1893년 봄, 평양에서 교회와 병원과 학교를 할 수 있는 부지와 건물들을 확보하고 본격적인 선교에 착수했다.

2.1.2 전쟁과 박해 속에서 자라난 신앙

평양에 주택과 선교 부지를 확보한 사실을 보고한 1893년 8월 연회에서 홀은 평양교회에 등록된 '학습인 21명'이 '초당집'에서 예배를 드리고 있음도 보고했다.[15] 이들은 대부분 1892년 이후 김창식과 홀이 평양에 내려가서 전도하여 얻은 새 교인들이었다. 엄밀한 의미에서 홀보다는 김창식의 전도로 얻은 교인들이라 할 수 있다. 홀은 1893년 봄에 대찰리 주택을 확보하기는 했지만 서양인이 살기에는 적합지 않아 대대적인 수리를 해야 했고, 아직도 서양인의 평양 거주에 대한 주민들의 반감도 만만치 않았으므로 상당 기간 서울과 평양을 오가면서 사역하다가 주택 수리가 끝난 1894년 2월에야 평양으로 주거를 옮기고 본격적으로 의료 사업과 교육 사업을 시작했다. 그때 서울 배재학당 졸업생인 노병선(盧炳善)이 통역으로 함께 내려가 평양 사역에 동참했다. 홀은 병원, 김창식은 교회, 노병선은 학교 사역을 각각 맡음으로써 평양 선교 사역은 본궤도에 오르게 되었다.

홀과 김창식과 노병선 등이 그렇게 해서 평양에서 얻은 첫 번째 교인들 중에는 평양에서 한약방을 하다가 홀을 만나 전도를 받고 믿게 된 오석형,16) 30년 동안 한학을 공부한 학자로 홀에게 다친 팔을 치료받다가 그의 어학 선생이 된 연고로 믿기 시작한 황정모17) 등이 포함되어 있었다. 오석형과 황정모는 이후 평양 남산현교회 부속학교 교사와 엡윗청년회(Epworth League) 임원을 역임하면서 남산현교회를 대표하는 지도자로 활약했다. 황정모는 평양의 초창기 교인에 대하여 자신을 포함하여 "남 교우로 말하면 김창식, 노병선, 오석형, 이항선, 김낙선, 박관수, 조한수, 김재선, 주검조, 전용기, 조영순 씨 등이었는데, 남녀 합하면 수십 명에 이른다"고 증언했다.18) 바로 이들이 서문 안 '초당집' 집회의 주인공들이었다.

이처럼 평양에서 교회와 병원과 학교 사역이 순조롭게 진행되자 홀은 자신감을 얻고 서울에 남아 있는 가족을 데려오기로 했다. 그리하여 1894년 5월 5일 홀 부인은 김창식의 안내를 받아 6개월 된 아이와 이화학당 졸업생인 박에스더 부부를 데리고 평양으로 들어왔다. 평양에 '서양 부인'이 등장한 것은 처음이었다. 그래서 평양 주민들은 '서양 여자'와 '서양 아기'를 구경하려고 서문 안 홀의 사택으로 몰려들었다. 이에 홀 부인은 하루에 "마당에 가득 찬 사람들에게 4번씩 교대하여" "1천 5백여 명의 부인과 아이들에게" 자신과 이기를 "보여주는 것"으로 평양 사역을 시작했다.19) 선교 초기 한국에 온 선교사들이 즐겨 사용했던 '구경 미션(Gukyung mission)'을

전삼덕

홀 부인이 시작한 셈이다.

그렇게 선교사 부인과 선교사 집을 구경하러 왔던 사람들 가운데 기독교 복음에 관심을 갖고 '초당집' 종교 집회에 참석하는 이들도 생겨났다. "북선(北鮮) 여자로서 맨 처음으로 교회에 들어와 세례를 받은" 전삼덕(全三德)도 그때 남산현교회 교인이 되었다. 남편(김선주)이 서울에서 승지 벼슬을 하다가 은퇴하고 고향인 강서 왁새말에 내려와 살았던 '양반 부인' 전삼덕은 "평양에 예수교가 들어왔다"는 소문을 듣고 "호기심으로" 평양을 방문했다가 믿기로 결심했다. 그의 증언(1926)이다.

나는 처음으로 평양에 도착하여 먼저 예수교 전도인을 찾았다. 어떤 사람이 '홀'이라 부르는 서양 의사 집으로 나를 안내했고, 나는 거기서 비로소 서양인 남녀의 얼굴을 처음 보게 되었다. 그때 홀 의사는 나에게 「신덕경」, 「세례문답」, 「미 감리교회 문답」이란 세 가지 책을 주며 공부하기를 권했다. 또 그때 마침 우리 동리에 살던 오석경[오석형]이라고 하는 사람이 그 의사와 같이 있었으므로 나는 그에게서 예수의 교리를 더 자세히 듣게 되었다. 그러므로 나는 예수의 말씀을 홀 의사에

김세지

게 처음으로 들었고, 또 평안도 여자로서 맨 먼저 예수 믿기를 시작한 사람이 되었다."20)

그때부터 전삼덕은 두 며느리와 함께 주일이면 80리 길을 가마를 타고 평양에 들어와 '초당집' 예배에 참석했다. 훗날 서울 감리교신학교 교수가 된 김폴린(金保麟)은 그의 손녀다.

그리고 비슷한 시기(1893-94) '양반집 부인' 김세지(金世智)도 교회 출석을 시작했다. 평북 영유 출생인 김세지는 16세 때 결혼했으나 2년 만에 남편이 죽어 '과부'가 되었다가 23세 때 "평양의 재산가요 선비 되는" 김종겸(金宗謙)과 재혼하여 비교적 여유 있는 생활을 하던 중 '8촌 시아우'되는 오석형의 전도를 받고 교회 출석을 시작했다. 처음에는 남편의 핍박을 많이 받았으나 오래지 않아 남편도 믿게 되어 '온 가족'이 교회에 출석했다. 훗날 미국 유학을 다녀와 광성고등보통학교 교장이 된 김득수(金得洙)와 양주삼 감독의 부인이 된 김매륜(金邁倫), 변홍규 감독의 부인이 된 김반석(金磐石) 등이 김세지·김종겸 부부의 자녀들이다.21)

이처럼 평양 선교가 활기를 띠자 이에 불만과 위협을 느낀 평양의 수구 보수 세력이 선교사 추방과 기독교인 축출을 꾀했다. 그런 배경에서 일어난 것이 1894년 5월 10일의 '평양 기독교도 박해 사건'이다. 사건은 연초에 동리 발피(潑皮: 일정한 직업 없이 못된 짓만 하고 돌아다니는 건달을 지칭하는 용어) 김낙구가 마을 우물 제사 비용을 거둔다며 홀의 사택을 찾았을 때 통역 노병선이 "기독교인은 우상제사 비용을 낼 수 없다"며 거절한 것에서 비롯되었다. 이것을 계기로 김낙구를 비롯한 동리 주민들의 반(反) 기독교 정서가 형성되어 가던 중 홀 부인의 평양 입성으로 평양 주민들 사이에 갖가지 소문이 퍼져나가자 이를 기화로 김낙구와 수구파는 평안 감사 민병석에게 선교사와 기독교인 체포를 요구했다. 이에 민병석은 "서양 사람은 잡을 수 없은즉 조선 교인만 잡으라" 지시했고, 그에 따라 5월 10일 새벽 감리교의 김창식과 오석형, 이항선, 장로교의 한석진과 송인서, 최치량, 신상호, 우지룡 등을 체포하여 "나라에서 금하는 천주학을 한다"는 혐의로 매질을 하고 옥에 가두었다.[22] 장로교든 감리교든 선교사가 평양에 들어와 본격적인 선교 사역에 착수한 지 1년 만에 당한 위기 상황이었다.

그런데 사건은 의외로 빨리 해결되었다. 홀은 이런 위기 상황을 서울의 스크랜턴 장로사에게 전보로 알렸고, 스크랜턴은 미국과 영국 공사관에 이 사실을 알렸으며, 양국 공사관의 항의를 받은 조선정부(외부와 내부)는 평양 감영에 체포한 교인들을 석방하라는 지시를 내렸다. 그래서 사건 발생 하루 만인 5월 11일 저녁 교인들은 전원 석방되었고, 결국 그 일로 평안 감사 민병석은 좌천되고 말았다. 사건은 '선교사의 승리'로 끝났지만 이 사건을 거치면서 교회가 받은 충격과 피해도 컸다. 무엇보다 평양 주민들 사이에 기독교에 대한 부정적 인식이 확산되었고, '초당집' 집회에 참석하던 교인들도 많이 떨어져 나갔다. 그 결과 1893년 연회에서 '학습인 21명'으로 보고했던 평양교회 교세가 1894년 연회에서 '학습인 8명'으로 급격하게 줄어들었다.23) 평양교회의 위기 상황은 계속 이어졌다.

박해 사건 두 달 후 청일전쟁이 일어났다. 전쟁 중 평양은 청·일 양국 군대의 최대 격전장이었다. 홀 가족은 전쟁 발발 한 달 전(6월 6일)에 영국 공사관의 '귀환 지시'를 받고 서울로 올라갔다. 박에스더 부부와 노병선도 떠나고 김창식만 남았다. 평양전투는 9월 15일 벌어졌는데, 평양이 일본군에 함락되기 전 대다수 평양 주민은 평양을 빠져나갔다. 얼마 남지 않은 교인들도 대부분 성 밖으로 피난 갔다. 석 달 전 평양 감영에 붙잡혀 가 옥중에서 고문을 받으면서도 끝까지 신앙을 지켰고, 석방되어 나오는 길에 주민들이 던진 돌을 맞아 치명적인 중상을 입어 선교사들로부터 '조선의 바울'이란 별명을 얻었던 김창식 혼자 남아 '초당집'을 지켰다.24) 그때 일에 대한 김창식의 증언이다.

전쟁이 시작된 지 얼마 후에 들은즉 중국 군사는 패하고 일병이 성중으로 들어온다 하므로 이 말을 들은 성중은 인심이 물 끓듯 하여 어찌할 줄을 모르고 피란하는 자 무수했으나, 나는 하나님을 의지하는 가운데 조금도 두려워 아니하고 피란할 생각을 버리고 성중에 남아 있는 뭇 사람의 영혼을 구원의 길로 인도함을 나의 의무로 깨달았다. 나는 또 성

중에 남아 있는 사람들에게 육신의 위로까지 줄 기회가 있었으므로 그 때부터 예수 믿는 사람이 많이 생기고 교회도 몇 곳에 새로 설립이 되었다.[25]

전화위복이 되었다. 김창식은 자신의 사택 겸 예배당으로 사용하는 초당집에 '십자기(十字旗)'를 내걸었다. 그러자 중국과 일본 군인들은 깃발이 걸린 그 집을 공격하지 않았다. 그 결과 초당집으로 피신한 사람들은 누구나 안전하게 지낼 수 있었다. 교회는 '민중의 피난처'가 되었다. 그리하여 전쟁 기간 중에도 김창식이 인도하는 초당집 주일 예배는 한 번도 거르지 않았다.[26] 김창식은 그런 식으로 피난가지 못한 평양 사람들에게 '육신의 위로'와 함께 '복음을 전할 기회를 얻었고, 그것은 교회 부흥으로 이어졌다. 선교사와 교회를 기피 대상으로 여겼던 평양 주민들은 전쟁 중에도 피란을 가지 않고 가난하고 어려운 시민들의 생명과 재산을 보호하고 지켜주는 김창식의 헌신적인 구호 활동을 보면서 기독교에 대한 인식을 바꾸었다. 그 결과 전쟁을 치른 후 교인들이 급속하게 늘어났다. 교세만 증가한 것이 아니라 교회 지도자들의 신앙도 질적으로 바뀌었다. 전쟁 직후 평양을 방문했던 비숍의 증언이다.

그런 상황에서 전쟁이 터졌고, 평양성은 파괴되었으며, 6, 7만이었던 평양 인구는 1만 5천으로 줄었으며, 얼마 안 되는 기독교인들은 피란을 갔다. 그런데 전쟁 후에 큰 변화가 일어났다. 28명이 새로 세례를 받았는데, 노골적으로 사악한 생활을 하던 중인 계층 사람 몇 명, 그리고 너무 못되게 굴어서 사람들의 기피 대상이었던 남성들이 상당수 변하여 깨끗하고 바른 생활을 하면서 교회 지도자로 활동하기 시작했다. 교육을 받고 있는 학습인이 140명이나 되는데 그들은 세례를 받기 전까지 긴 기간 교육과 훈련을 받아야만 한다. 임시 예배 처소는 교인들로 차고 넘쳐서 상당수는 예배당 밖에서 예배를 드려야 했다.[27]

청일전쟁 직후 기독교에 대한 평양 주민들의 생각을 긍정적으로 바꾸어 놓은 또 다른 결정적인 사건이 일어났다. 곧 평양 개척 선교사 홀의 순직이었다. 공사관 지시로 전쟁 전 서울로 피신했던 홀은 내내 안타까운 마음으로 전쟁이 끝나기를 기다렸다. 평양전투는 9월 중순에 끝났지만 곧바로 평양에 전염병 콜레라가 돌아 또 다른 인명 피해가 늘어가고 있다는 소식을 접한 그는 공사관의 만류에도 불구하고 일본군 사령관의 임시 여행증을 갖고 10월 1일 북장로회 마펫 선교사와 함께 평양으로 출발했다. 홀은 평양에 도착하자마자 전염병 환자와 전쟁 부상자들을 치료하는 것으로 병원 사역을 재개했고 학교 문도 다시 열었다. 그렇게 한 달 간 환자들을 치료하던 홀이 말라리아에 감염되었다. 그는 일본군 함선으로 서울로 후송되었는데, 오히려 그 배에 타고 있던 부상병들이 앓고 있던 이질에도 전염되어 서울에 도착한 지 닷새 만인 1894년 11월 24일 숨을 거두었다.[28] 그때

한강변의 양화진 외국인 묘지의 홀의 무덤.

그의 나이 34세, 한국에 온 지 3년 만이었다. 한국 감리교회의 첫 번째 순직 선교사가 된 그는 한강변 양화진의 외국인 묘지에 묻혔다.

홀의 순직 소식은 평양 교인은 물론 일반 주민들에게 감동으로 전달되었다. 더욱 감동적인 것은 남편을 잃은 홀 부인이 장례식을 치르고 남은 돈 6백 달러를 "장차 평양에 건립될 병원 건축 기금으로 써 달라"고 한국 선교회에 맡기면서, "돌아와서 남편 하던 일을 계속하겠다"고 약속하고 귀국한 것이다. 실제로 홀 부인은 3년 후에 다시 평양으로 귀환하여 남편을 기념하는 '기홀병원(紀忽病院)' 설립을 지원했고, 이후 1935년 정년 은퇴하기까지 40년 동안 평양과 서울에서 의료 선교 사역에 종사했다.[29] 이러한 홀 부부의 희생과 헌신은 선교사와 교회에 대해 적대적이었던 평양 주민들로 하여금 인식을 바꾸어 놓게 했고, 그것은 선교 사역에 대한 지지와 협력으로 연결되었다.

2.1.3 우리 힘으로 예배당 짓자

이처럼 청일전쟁을 거치면서 평양 분위기가 기독교에 우호적으로 바뀌었음에도 평양 사역을 총괄 지휘할 후임 선교사는 곧바로 오지 않았다. 미 감리회 한국선교회는 1896년 8월 연회에서야 평양 주재 선교사를 파송했다. 그때까지 2년 동안 평양에는 선교사 없이 김창식 전도사와 교인들이 목회와 전도 사역을 담당했다. 한국선교회 장로사인 스크랜턴이 1년에 한 번 정도 방문하여 교인과 교회 형편을 돌아볼 뿐이었다. 다음은 청일전쟁 직후 평양 상황에 대한 스크랜턴의 1895년 선교 보고다.

은화 1달러로 집 한 채를 살 수 있는 곳이 평양입니다. 최근 단 14달러로 집 네 채를 구입했습니다. 도시는 전혀 복구되지 못하고 있습니다. 관리들은 도성 밖으로 도망쳤습니다. 콜레라가 도시를 덮쳐 인심이 흉흉합니다. 주민도 8천-1만 명 정도밖에 남지 않았는데, 좋지 않은 일이 일어날 것이란 소문이 돌고 있습니다. 바로 이런 곳에 우리는 유용한 부지와 토착 전도인, 그리고 얼마 되지 않는 학습 교인을 확보했습니다.[30]

청일전쟁과 전염병 풍파를 겪은 평양 분위기는 여전히 흉흉했다. 그런 중에도 김창식 전도사를 중심으로 적은 숫자지만 학습 교인들이 '초당집' 집회를 계속 이어가고 있음을 보고 거기서 희망을 읽었다. 1895년 8월 연회에서 이런 보고서를 제출한 스크랜턴은 그해 11월 직접 평양에 내려가 두 주간 머물면서 교회와 선교 상황을 살펴보았다. 이번 여행에는 스크랜턴이 서울 상동교회 사역을 하면서 얻은 '양반 교인' 이은승이 동행했다. 스크랜턴은 평양 여행을 마치고 미국 선교 본부에 다음과 같이 보고했다.

> 평양 사역은 김창식 형제의 관리 하에 잘 진행되고 있습니다. 김창식은 우리 일을 맡아 잘하고 있을 뿐 아니라 전망도 밝습니다. 나는 평양에서 열흘 간 있었고, 닷새는 평양 주변 마을들을 방문했습니다. 우리는 아주 유익한 시간을 보냈습니다. 주일은 물론이고 평일 저녁마다 집회를 열었는데 50명가량 모여 좁은 방이 가득 찼습니다. 이들은 모두 우리 교인들로 입교인과 학습인들이며, 교회 부속 매일학교 학생들도 참석했습니다.31)

이번 평양 여행에서 스크랜턴은 성인 5명, 아동 5명에게 세례를 베풀었다. 그 가운데에는 오석형과 김창식의 안내를 받아 평양에서 80리 떨어진 강서 왁새말까지 가서 '휘장 세례'를 준 '승지 부인' 전삼덕도 포함되었다.32) 이런 식으로 스크랜턴 장로사는 주재 선교사가 없음에도 전혀 위축되지 않은 평양 지역 선교와 교회 부흥 모습을 확인하고 돌아왔다. 그리고

1896년 7월에는 처음으로 어머니 메리 스크랜턴(Mary F. Scranton)과 함께 평양을 다시 다녀왔는데, 이번에도 어른 11명, 아동 7명에게 세례를 베풀고 20명을 학습인으로 세웠다. 그리고 한 달 후 서울에서 개최된 미 감리회 한국선교회 연회에서 스크랜턴은 평양 선교와 관련하여 다음과 같이 보고했다.

> 토착인 전도사 김창식은 모범적인 목회자입니다. 그는 자기 양떼를 불러 모으고 매일같이 돌보아 주면서 은혜 가운데 양육하고 있습니다. 그의 안내를 받으며 그가 하는 사역을 돌아보는 것은 언제나 즐겁습니다. 이번 방문에서 그는 새로 지은 예배당을 내게 보여주었습니다. 그곳 교인들은 외국인들에게 손을 벌리지 않고 스스로 헌금하고 노력봉사해서 예배당을 마련했습니다. 폴웰 박사가 출입문과 창문 제작비를 부담했습니다만, 폴웰 박사가 대주지 않았더라도 평양 교인들이 능히 부담했을 것입니다. 예배당에서 평양 시내가 한눈에 내려다보이는데, 장애물이 하나도 없어 그 전망이 아주 좋습니다. 문자적으로나 실제 모습에서 언덕 위에 세워진 교회, 그것이 곧 평양 교회를 의미합니다. 교회는 시련과 박해를 견뎌내고 승리한 모습으로 이제 환하게 빛나고 있습니다.[33]

김창식을 "모범적인 목회자"(ideal pastor)라 칭한 것에서 스크랜턴을 비롯한 선교사들이 김창식을 얼마나 인정하고 신뢰하였는지 알 수 있다. 그는 모두가 피란 가는 전쟁 상황에서도 교회를 지켰고, 선교사가 보충되지 않는 상황에서 '초당집' 집회를 인도하며 평양 성내뿐 아니라 대동강 건너편 마을까지 나가 전도하여 교인들을 얻었다. 그 결과는 교세 부흥으로 나타났다. 전쟁이 터진 1894년 연회 보고에서 평양교회 교인이 8명(학습인 8명)이었던 것이 1895년 연회에서 21명(학습인 14명, 세례 입교인 6명), 1896년 연회에서 51명(학습인 30명, 세례 입교인 21명), 1897년 연회에서 263명(학습인 235명, 세례 입교인 28명)이던 것이 1898년 연회에서 525명(학습인 473명, 세례 입교인 52명)으로 '폭발적인' 성장을 기록했다.[34] 늘어난 교인들로 인해 주택 공간이 딸린 7간 규모의 '초당집' 예배당이 좁게 될 것은 당연했다. 이에 교인들은 순수 자신들의 힘으로 새 예배당을 짓기로 했다.

새 예배당 부지는 좀 더 시내 안쪽으로 옮겨, 미 감리회 선교부가 전쟁 직후 '싼 값에' 초가집 네 채를 구입했던 남산재(南山峴) 쪽으로 정했다. 평양 내성 서남부 성벽 바로 안쪽에 위치하였는데, 평양 시내가 한 눈에 내려다보이는 '전망 좋은' 언덕이었다. 행정 구역으로는 아영동(衙營洞)이라 했고, 후에 수옥리(水玉里)로 편입되었다. 이런 곳에 1896년 봄, 김창식의 지휘로 평양 교인 50여 명은 헌금으로, 혹은 노동으로 10여 간 기와집 예배당을 지었는데 1백 명 정도는 수용할 수 있었다.[35] 이때부터 평양 감리교회는 '아영동회당'으로 불렸지만, 그보다는 '남산재교회' 혹은 '남산현교회'라 불리기 시작했다. 평양 감리교회의 '남산현시대'가 열린 것이다. 평양 교

노블과 그의 부인(오른쪽)

인들은 그렇게 남산재에 마련한 '언덕 위 교회(chapel on hill)'를 그해 여름 평양을 방문한 스크랜턴 모자에게 보여주었던 것이다.

이처럼 평양 교인들이 선교사도 없는 상황에서 교회를 부흥시키고 새 예배당까지 독자적인 힘으로 마련했다는 소식을 접한 미 감리회 한국선교회는 더 이상 선교사 파송을 미룰 수 없어 1896년 8월 연회에서 노블(W. A. Noble, 노보을) 부부와 폴웰(E. D. Follwell) 부부를 평양 주재 선교사로 파송했다.36) 미국 드류신학교 출신인 노블은 1892년 내한, 서울 배재학당에서 사역하던 4년차 선교사였고, 의사인 폴웰은 1년차 신참 선교사였다. 한국 언어와 문화에 어느 정도 적응한 노블은 8월 23일 연회를 마치자마자 평양으로 출발했다. 서문 안 대찰리에 있던 홀 사택은 2년 동안 비어 있다가 전쟁 때 크게 손상되었기 때문에 들어가 살 수 없었다. 마침 장로교 선교사 마펫이 신양리에 있는 북장로회 선교부의 집 한 채를 빌려주어 노블은 그곳에 2개월 머물면서 감리교 선교부 집수리와 건축에 착수했다. 노블은 우선 자기 가족이 살 집으로 서문 안에 새로운 부지를 사서 12간 기와집을 지었다. 그리고 홀이 시약소로 사용하던 기와집도 수리하여 폴웰 의

사 부부가 살 공간도 마련했다.[37]

이렇게 평양에서 건축이 어느 정도 진행된 9월 말, 서울에서 기다리던 노블 부인이 두 아이를 데리고 폴웰과 함께 평양으로 내려갔다. 노블 가족은 11월 3일 새로 지은 서문 안 사택으로 이사했다. 그런데 바로 그날 저녁 한 살짜리 아들 시릴(Cyril)이 급성 폐렴에 걸려 폴웰이 미처 손을 쓸 겨를도 없이 발병 하루 만에 숨을 거두었다. 11월 6일 장례식을 치른 후 노블 부인의 일기다.

> 한국인들의 도움을 받아가며 폴웰 박사님이 평범하고 작은 관을 만들었다. 관 속에 넣을 꽃도 구하지 못했다. 나는 푸른 가지 몇 개를 꺾어 관 속에 넣었다. 우리와 함께 살고 있는 폴웰 박사가 죽은 아이를 보러 온 유일한 백인이었다. 장례식을 집전할 목사도 없었다.[38] 폴웰 박사가 11월 6일 금요일 오전 10시 장례식을 인도했다. 우리 교회 교인 몇 명이 와서 동정을 표했고 교인 한 명이 붉은 국화꽃 몇 송이를 가져와 관 뚜껑 위에 올려놓았다. 우리는 아이의 시신을 성문 밖 1.5마일 떨어진 곳, 평양을 끼고 흐르는 두 개의 강이 보이는 언덕에 묻었다.[39]

노블 부부로서는 '견디기 힘든' 시련이자 아픔이었다. 평양 교인들도 충격이 컸다. 2년 전 전염병을 치료하다 감염되어 희생된 홀의 죽음을 뚜렷하게 기억하고 있던 교인들은 후임 선교사의 한 살짜리 아이가 죽어 평양 땅에 묻히는 장면을 보면서 경외심을 느꼈다. 이로써 시릴은 장례식을 치르고 평양 땅에 묻힌 첫 번째 외국인이 되었다. 그러나 그것이 끝이 아니었다. 노블 부인은 이듬해(1897) 10월 둘째 딸 메이(May)를 얻었는데 그 아이가 출생 열 달 만인 1898년 8월 18일 설사병과 디프테리아로 목숨을 잃었다. 이처럼 평양에 도착하자마자 연속해서 두 아이를 잃은 노블 부인은 일기에 "한국과 한국인들은 우리에게 엄청난 대가를 요구하고 있다"고 기록했다.[40] 그렇게 노블 부부는 '두 아이의 장례식'을 치르는 것으로 평양 주재 선교사로서 '호된' 신고식을 치렀다.

2.2 남산현교회 부흥과 선교 사역 확장

2.2.1 대동강을 건너

 1년 사이에 두 아이를 잃는 슬픔을 겪으면서 평양 선교사를 시작한 노블 부부는 이후 1911년 안식년 휴가를 떠났다가 1912년 귀환하여 서울 지방 장로사로 임지를 옮기기까지 평양에서 15년간 사역하면서 평양과 북한 지역 감리교 선교의 기본 틀과 내용을 구축했다. 평양 선교에서 홀 부부가 씨를 뿌렸다면, 노블 부부는 싹을 틔고 키우는 역할을 한 셈이다.
 이런 노블 부부의 평양 도착을 누구보다 환영한 이는 김창식과 평양 교인들이었다. 노블도 선교사들의 지원이나 도움 없이 교회를 지켰을 뿐 아니라 자력으로 예배당까지 건축한 평양 교인들의 신앙심에 경의를 표했다. 평양 도착 직후 노블이 미국 선교 본부에 보낸 편지다.

　교인들이 헌금해서 자기들 손으로 직접 예배당을 건축했습니다. 예배당이 그리 크지는 않지만 당분간 사용하기에 충분합니다. 150명 정도는 앉을 만합니다. 교인들은 노블 부인을 열광적으로 환영했으며, '평양의 영웅' 김창식 씨가 여러 가지 모양으로 기쁨을 표했습니다. 그가 없었다면 평양 사역은 이미 오래 전에 중단되고 말았을 것입니다. 그는 환난과 전쟁을 거치면서도 자기 자리를 굳건히 지켰고, 그 결과 교회는 나날이 자라나 그 힘을 더했습니다.[1]

노블은 김창식과 평양 교인들이 박해와 전쟁을 통해 '연단을 받아 한층 견고해진 믿음을 확인하는 것으로 평양 사역을 시작했다. 계속되는 보고 내용이다.

우리가 도착한 지 한 달이 되었습니다만 이미 교인들이 예배당에 가득 차 넘쳐나고 있습니다. 그러자 교인들은 주저하지 않고 본래 건물을 배로 늘려 짓는 공사를 시작했습니다. 지난 번 건물을 지을 때 교인들은 외국인 선교사들로부터 도움을 조금 받았습니다만 이번에는 그들 스스로 자금을 마련해서 지금 예배당을 마련했는데 아주 훌륭합니다. 내가 보기에 여기 교회는 자조(self-help) 문제를 잘 해결하고 있는 것 같습니다. 이는 물론 영적인 신앙생활의 증거입니다. 내가 보기에 아직도 교인들 가운데 명목상 교인인 자들이 적지 않지만 그래도 대부분 교인들은 신실하게 믿음생활을 합니다.[2]

노블과 폴웰 선교사 가족의 합류는 교회 부흥으로 이어졌다. 박해와 전쟁 중에 떠났던 교인들이 돌아왔을 뿐 아니라 선교사와 교회에 대한 평양 분위기도 바뀌었다. 특히 노블 부부가 평양에 내려온 직후 평양 감사는 소를 한 쌍 보내주면서 "잘 길러 우유를 만들어 달라" 부탁했고, 이에 노블이 답례로 감사에게 빵과 버터를 보내주었다.[3] 이런 사실이 평양 시민들에게 알려지면서 교회에 대한 두려움이 사라졌고, 그 결과 호기심을 갖고 교회를 찾아 나오는 구도자들이 늘어났다. 이에 남산현교회 교인들은 예배당을 배로 늘려 지으면서 'ㄱ자 예배당'으로 만들었다. 예배당을 'ㄱ자'로 짓고 남녀가 좌석을 달리하여 예배를 드리게 되자 교회 출석을 꺼리던 부인들이 몰려왔다. 그 결과 1896년 성탄절에는 2백 명 교인들이 좁은 예배당 안에 '빽빽이' 앉아서 예배를 드렸다. 이런 형편을 알리는 노블의 1897년 4월 선교 보고는 감동과 감격으로 가득 찼다.

지난(1896) 연회가 있은 두 달 후 우리는 예배당 공간이 부족함을 발견했습니다. 교인들은 즉시 일을 시작했습니다. 그들은 외국인들의 도움은 거의 받지 않은 상태에서 기존 건물을 배로 늘려 지었는데, 그 결과 수용 인원도 배로 늘어났습니다. 그런데 현 시점에서 그것도 비좁게 되었다고 보고하는 내가 참으로 행복합니다. 많은 부인들이 아이를 업고 오는데, 그로 인해 일어나는 혼란이 어떠할지 상상이 되지요? 많은 이들이 일찍부터 문 밖에 줄을 서서 기다리는데, 예배당 안에 들어오지 못하

중간에 칸막이를 하여 남녀석을 구분하고 예배하는 풍경. 모두 흰옷을 입고 있으며, 하얀 수건을 쓰고 있다. 하얀 빛깔에서 어떤 신비함이 묻어나는 것 같다.

는 많은 이들은 그들에게 필요한 구세주를 만나지 못하고 있습니다. 금년에는 본국 교회로부터 재정 지원이 있기를 기대합니다.4)

노블은 자신이 평양에 내려온 지 8개월 만에 세례 입교인 20명, 학습인 31명이었던 것이 세례 입교인 28명, 학습인 235명, 총 263명으로 증가했다고 보고했다. 그리고 다시 1년 후 1897년 연회에서는 배로 늘어난 525명(입교인 52명, 학습인 378명)을 보고했다.5) 여기에 학습을 받지 않은 구도자(원입인)를 포함하면 매주일 5백-7백 명이 집회에 참석했다는 계산이다. 예배당이 또 좁게 되었다. 그래서 교인들은 1897년 여름 또 다시 예배당을 늘려 지었다. 그 결과 'ㄱ자 예배당이 '정(丁) 자 예배당(강단 뒤쪽 부분을 약간 들어냄으로 보기에 따라 'ㅏ자형'으로도 보였다)으로 바뀌었다. 강대를 중심으로 양쪽 날개 부분에는 남성이, 가운데 몸통 부분에는 여성이 앉아 예배를 드렸다. 증축 공사를 마친 1897년 10월 18일 서울에서 스크랜턴 장로사가 평양에 내려가 예배당을 살펴보았는데 그 모습을 감리교 기관지 『조선크리스도인회보』에 소개했다.

평양 서문 안 회당에 가서 본즉 남녀 회원 수백 인이 일심으로 합력하여 큰 예배당을 정 자 모양으로 지었는데 간수는 16간이나 되고 유리 등(燈)을 좌우로 6개를 달았으며, 또한 아이들을 교육하기 위하여 따로 학당을 설립하고 하나님께 예배함과 아이들 교육하기를 날로 힘쓰는데,

이 회당과 학당을 지을 때에 서양 목사의 돈으로 지은 것이 아니라 본국 교우들이 각각 연보하기를 힘쓰고 돈이 없는 사람들은 몸으로 가서 역사(役事)를 성심껏 하여 일을 이루게 하였으니, 참 이 교우들은 위로 하나님을 공경하고 아래로 세상 사람을 사랑하는 마음이 밖에까지 나타났으니 감사하고, 또 생각할 것은 누구든지 일심으로 무슨 일을 하면 참 성신의 도와주심을 받아 이루지 못할 것이 없을 줄을 알 것이오.[6]

이번 예배당 증축도 평양 교인들의 헌금과 노력 봉사로 이루어졌다. 이런 평양 교인들의 수고와 헌신에 대하여 노블 부인은 미국에서 제작한 오르간(풍금)과 종을 선물로 주었다. 오르간도, 종도 평양에 처음 들어온 것이었다. 남산현교회에서 처음 '풍금 소리'를 들었던 김세지의 증언이다.

 1897년 어느 때 일이다. 노블 부인이 미국에 있는 그의 친구의 보조를 받아 우리 남산재 예배당을 위하여 조그마한 풍류 하나를 사왔는데, 이는 당시 조선 우리 북도 지방에서는 처음 있는 서양 악기였다. 예배당에 풍금을 갖다놓던 첫 주일은 노블 부인의 타는 풍류 소리를 듣고 일반 교우들이 크게 기뻐하는 중 나의 남편은 기쁨의 감격이 되어 춤을 추고 눈물을 흘리며 찬송가를 불렀다.[7]

평양 감사도 오르간 소리를 듣고 싶어 한다는 소식을 들은 노블 부부는

1897년 11월 30일 평양 감사를 집으로 초청해서 만찬을 베풀었고, 만찬 후 노블 부인의 반주에 맞추어 「한 복지 있으니」(There is a happy land) 찬송가를 함께 불렀다.8) 감사가 선교사 집에 가서 찬송을 불렀다는 것은 평양 주민들에게 놀라운 소식이었다. 예배당 안에서 듣는 오르간 소리보다 더 충격적인 것은 평양성 안에 울려 퍼진 예배당 종소리였다. 노블의 1898년 8월 연회 보고다.

두 달 전 노블 부인이 미국에서 들여온 종을 교회에 기증했습니다. 우리는 예배당 위쪽으로 종탑을 세웠고, 그 다음 주일 신나게 종을 울렸습니다. 3천 년 만에 처음으로 평양 사람들을 흔들어 깨워 하나님께 예배드리러 오라는 종소리였습니다.9)

나중에 '평양 명물'로 꼽히게 되는 '평양성 종소리'는 이렇게 남산재에서 처음 울려 퍼졌다. 그것은 선교 초기 시련과 박해를 견뎌낸 교회의 승리를 의미하기도 했다.

이처럼 노블은 2년 동안 세 번에 걸쳐 예배당 건축과 증축 공사를 성공적으로 이루어낸 평양 교인들의 신앙 열심과 헌신을 바탕으로 평양 목회와 선교 사역을 본격적으로 추진해 나갔다. 그는 우선 1897년 연초에 주일학교를 시작했는데, 처음 20명으로 시작해서 넉 달 만에 83명으로 늘었다.10) 계속해서 노블은 평양 남산현교회 주일학교 재적학생을 1898년 130

명, 1899년 208명으로 보고했다.11) 이 같은 주일학교 학생 증가는 교회 부속 매일학교(day school) 성장으로 연결되었다. 교회 부속 학교는 1893년 홀이 평양에 처음 내려와 대찰리에서 시작했지만 홀의 순직과 전쟁, 선교사 부재로 인해 제대로 운영되지 못하다가 노블이 평양에 주재 선교사로 내려오면서 체제를 갖추고 수업을 시작했다. 평양 교인들은 1896년 봄 남산재에 새 예배당을 지으면서 교회 부지 안에 별도 건물(6간)을 마련해 학교 교사로 사용했다. 그때부터 남산현소학교라 불렸는데, 후의 광성소학교 및 광성고등보통학교의 전신이다. 노블은 1897년 선교 보고에서 학교 상황을 이렇게 보고했다.

> 매일학교는 우리 교회 권사인 오[석형] 씨가 맡아 가르치고 있습니다. 그는 아주 신실하고 착한 사람입니다. 6개월 동안 이교도 고전[유교 경전]과 기독교를 혼합해서 가르치다가 결국 이교도 고전을 포기하기로 하고 지금은 한문과 한글로 인쇄된 기독교 과목만 가르치고 있습니다. 처음에는 학생 수가 줄지 않을까 우려했는데 전혀 그러지 않았습니다. 거의 모든 학생들이 매주일 오전 주일학교에 출석할 뿐 아니라 주간 중에 실시하는 기도회에도 많은 학생들이 참석합니다.12)

초창기 남산현소학교 교사로는 오석형 외에 정용하와 황정모 등이 수고했는데, 20명 수준이던 학생 수도 1년 후에는 80명 수준으로 늘었다.13) 노

남산현교회 교인들

62 ‖ 2. 남산재 언덕에 세워진 교회(1893-1909)

블은 이 밖에 토착 전도인(목회자) 양성을 목적으로 겨울 신학반(theological class) 수업도 실시했다. 즉 겨울철 농한기에 교회 지도자들에게 성경과 기독교 기본 교리를 가르쳐 그들로 하여금 평양과 인근 지역에 나가 복음 전도 사역을 담당하도록 했다.[14] 그 결과 '평양성 밖에 교인들이 생겨났고 그것은 지교회 개척으로 이어졌다. 그 첫 번째 교회가 대동강 건너편 봉룡동(鳳龍洞)에서 이루어졌다.[15] 1897년 10월 봉룡동에 살던 남산현교회 학습교인 한인명과 김정길이 주동이 되어 학습 교인 30여 명의 헌금으로 전에 마을 서낭당이 있던 곳에 수백 명을 수용할 수 있는 '4간 반 예배당을 짓고 마침 서울에서 내려온 스크랜턴 장로사의 봉헌으로 정식 교회가 설립되었다.[16] 봉룡동교회는 후에 선교리(船橋里)교회로 이름을 바꾸어 평양 동남부 선교의 거점이 되었다. 노블은 봉룡동교회에 오석형을 보내 교인들을 지도하도록 했다.

봉룡동교회 개척을 시작으로 대동강 건너 절골(寺洞)과 요포는 물론 멀리 강서와 증산, 함종, 용강, 진남포 등지에도 교인들이 생겨나 집회가 시작되었다. 이들 지방 교회들을 순회하며 집회를 인도하는 것은 전적으로 김창식 전도사 몫이었다. 다음은 1898년 8월 김창식 전도사의 연회 보고다.

> 저는 작년 연환회 이후로 특별이 외처에 다니며 전도하는데 평양 경내에 다섯 곳이요, 강서에 여덟 곳이요, 용강 경내에 여덟 곳이요, 삼화 경내에 다섯 곳이요, 함종 경내에 여섯 곳이요, 증산 경내에 두 곳이요,

선교리교회. 벽돌 예배당 헌당식을 마치고 함께 기념촬영했다.

상원 경내에 네 곳이니 합하여 삼십 구처요, 멀기는 일백오십 리에 지나지 못했으며, 강서와 용강과 삼화와 함종 네 고을을 일곱 번 다니고 증산과 상원에는 세 번을 다녔아오며, 본처 회당[남산현교회]에서 전도하는 일은 노블 목사가 주장하여 보시고 나는 예배 육일마다 성외 성내에 다니며 교우 중 병인을 찾아보았으며…….17)

이처럼 노블은 평양에 내려온 지 2년 만인 1898년에 이르러 자신이 담임하는 평양 구역 안에 남산현교회와 봉룡동교회를 포함하여 40여 곳의 교회와 기도처를 관리하게 되었다. 그는 김창식을 삼화로 파송하여 진남포 개항으로 인구가 급증하는 평안도 남서부 지역 선교를 담당하도록 했다.

노블도 수시로 평양과 인근 지방에 흩어진 교회 교인들을 둘러보면서 성례를 베풀고 신앙생활을 지도했다. 그리고 연초에 전체 구역 교인들이 참여하는 사경회를 개최했는데, 1898년 12월 말부터 1899년 1월 초까지 평양 남산현교회에서 개최한 사경회에 참석한 교인들 중에 "상당수가 과거 습관적으로 저질렀던 죄로 인해 눈물 흘리며 통회하고 사함을 받은 감격을 누렸다."18) 교인 수만 는 것이 아니라 교인들의 신앙도 질적으로 바뀌고 있었다. 노블은 그렇게 신앙이 성숙한 교인들을 교회 속장과 권사, 혹은

김창식과 평양 지역 전도인들. 뒷줄 왼쪽 첫 번째가 김창식이다.

전도사로 세웠다. 그리하여 1896년 연회에서 김창식이 본처 전도사(local preacher)로 임명을 받았고,19) 1898년 연회에서는 김창식 전도사 외에 오석형이 본처 전도사로, 박석필과 안기형이 평양 구역 권사로 각각 파송을 받았다.20) 이들은 노블을 도와 평양 성내와 인근 지역 교회를 맡아 목회했다.

그리고 노블은 1897년 10월 평양 남산현교회 남성 교인 40여 명으로 청년회를 조직했다.21) 그해 5월 연회를 주재하러 온 조이스(Joyce) 감독이 미국 감리교회의 청년회 조직인 엡윗청년회(Epworth League)를 소개하면서 한국에서도 각 교회마다 청년회를 조직해서 신앙 교육과 교제 및 전도 활동을 조직적으로 추진할 것을 권면했다. 이에 따라 서울, 인천, 평양 지역 교회들이 청년회를 조직했는데, 각 교회 청년회 지회에는 한국을 방문한 바 있는 미국 감리교회 감독들의 이름을 붙였다. 그렇게 해서 평양 남산현교회 청년회는 1891년 내한했던 굿셀 감독의 이름을 따서 '굿셀회'(Goodsell chapter)라 했다.22) 평양 남산현교회 청년회 조직에 대한 『대한크리스도인회보』 보도다.

구월 이십이일[음력]은 예배 삼일인데, 하오 칠점 종에 평양 서문 안 아영동 회당에서 모여 청년회를 처음 세우는데, 목사 노불 씨가 사무를 주장하여 회중에서 임원을 택정하고, 여러 사람을 모아 청년회 규칙을 읽어 들려주었으며, 회원은 교회 중 사람으로 뽑되 나이는 십오 세로부터 사십 세까지로 하였고, 사무는 매 예배 육일로 작정했으며, 교우 중

에 먼저 가입한 회원이 사십이 인이더라.23)

평양 굿셀지회 청년회원들은 매주 토요일 교회에 모여 교제하면서 신앙과 시국 문제를 놓고 토론회를 개최했고, 평양과 인근 지역에 나가 전도 활동을 펼쳤다. 굿셀지회는 처음 40여 명으로 시작했는데 1900년에는 65명으로 늘어났고, 1903년에 이르러 2백 명을 넘겼다. 이 청년회원들이 선교 초기 노블과 김창식을 도와 평양 남산현교회를 이끌어간 평신도 지도자들이었음은 물론이다. 또한 이들은 1897년 조직된 독립협회 관서지부(회장 한석진) 회원이 되어 평안도 지역 민족운동을 이끌었다.24) 다음은 1899-1904년 평양 남산현교회 청년회를 이끈 임원들이다.25)

연도	회장	전도국장	인제국장	학문국장	다정국장	통신국장	회계국장
1899	오석형	박승필	임정수	김락선	오석찬	강인걸	김재선
1900	김성호	오석형	김재선	이태황	김득수	임정수	염치언
1902	이은승	김성호	김재선	오석형	안석훈	김득수	염치언
1903	이은승	오석형	안석훈	김귀혁	홍치범	강신화 김득수	임정수
1904	베커	이은승	안석훈	김귀혁	김득수	오기선	김찬홍

이처럼 노블이 남산현교회를 중심으로 교회와 매일학교, 주일학교, 청년회, 지방 전도 사역을 추진해 나갈 때 의료 선교사 폴웰도 평양에서 의료 사역을 시작했다. 폴웰은 1894년 미국에서 이화학당 교사로 사역하던 해리

출처: 한국기독교역사박물관

기홀병원 전경

스(Mary W. Harris)와 결혼한 것이 계기가 되어 부인과 함께 1895년 한국 선교사로 내한하여 1년 동안 서울에서 어학 공부를 한 후 평양으로 파송되었다. 그는 홀 부인이 스크랜턴에게 맡겨 두었던 '홀기념병원 기금'으로 2년 동안 폐쇄되었던 평양 서문 안 시약소 건물을 대대적으로 수리한 후 1897년 2월 '기홀시약소'(Hall Memorial Dispensary)란 이름으로 환자를 받기 시작했다.26) 평양에 "서양 의사가 다시 왔다"는 소문이 나자 평양뿐 아니라 인근 지역에서 환자들이 몰려왔다. 폴웰은 1898년 연회에서 1년 동안 총 3,552명의 환자를 7,658회 진료했다.27) 매일 쉬지 않고 10명 이상의 환자를 20회 이상 진료한 셈이다. 이처럼 환자들이 몰려오자 병원의 진료와 입원 공간이 부족했다. 다행히 홀 부인이 1898년 평양으로 귀환하면서 가져온 기금으로 폴웰은 시약소 옆에 방 5개짜리 벽돌 건물을 짓고 '기홀병원'(Hall Memorial Hospital)으로 이름을 바꾸어 환자를 치료했다.28) 이 병원은 후에 감리교 여자병원인 광혜여원 및 장로교 병원인 제중원과 합하여 평양연합 기독병원이 되었다.

이로써 평양에는 노블이 관리하는 남산현교회와 교회 부속 매일학교, 폴웰이 관리하는 기홀병원이 교회-학교-병원으로 이어지는 삼각 선교(triangle mission) 체제를 구축하고 평양 및 북한 지역 선교를 본격적으로 추진해 나갔다.

2.2.2 여성이 여성에게

노블과 폴웰이 평양에서 남성을 중심으로 교회와 학교와 병원 사역을 전개하는 동안 노블 부인과 홀 부인도 여성 사역을 본격적으로 추진했다. 앞서 살펴보았듯이 노블 부인은 평양에 내려오자마자 2년 만에 '한 살짜리' 두 아이를 잃는 것으로 '호된 신고식'을 치렀다. 그런 중에도 노블 부인은 찾아오는 부인들을 가르치고 전도하는 것으로 사역을 시작했다. 즉 첫 아이 시릴을 서문 밖 언덕에 묻은 직후인 1897년 11월 26일, 서문 안 유경골(대찰리) 사택에서 부인 9명과 어린 아이 몇 명으로 여학교를 시작했다.29) 학생이 대부분 가정 주부였으므로 매일 학교에 오기 어려워 처음엔 매주

1회, 목요일 하루만 수업을 했다. 그래서 '오일회(五日會)'라 불렀다. 노블 부인은 부인들에게 우선 성경을 읽히기 위해 한글 읽기와 쓰기부터 가르쳤다. 한글을 익힌 후에는 「세례문답」과 「미미교[감리교]문답」, 「묘축문답」, 「신약대지」 같은 기초 교리와 성경을 가르쳤는데, 그런 과정에서 평양 부인들은 한글을 깨치고 기독교 복음을 접하게 되었다. 그런 식으로 노블 부인에게 한글을 배우고 노블에게 세례를 받은 김세지의 증언이다.

나는 처음에 그[노블] 부인의 권고로 오일회에 다니기 시작했으며, 언문을 깨친 후에 책으로는 「미미교문답」을 처음 배웠다. 나는 집에서 바느질을 할 때에도 입으로는 그 책을 외며 마침내 한 권을 다 외어가지고 그 부인께 암송[講]해 드렸더니, 부인은 나를 심히 칭찬하며 또 권하는 말이, 눈으로 보지만 말고 손으로 쓰는 것도 배워야 한다 하고, 자주 써 보라고 하셨다. 그러므로 나는 집안 일이 바쁜 중에도 그가 가르쳐 주는 대로 틈틈이 쓰기와 읽는 것을 연습하며 성경 공부에 열심한 결과 부인이 평양에 오시던 해 10월에 드디어 노블 목사에게 세례를 받고 '세디(Sadie)'란 이름을 얻었다. 나의 이름은 그의 부인이 지어준 것인데, 오래 동안 이름이 없이 살던 나는 주의 은혜를 힘입어 세례 받던 날로부터 여자 된 권리 중에 한 가지를 찾게 되었다. 이로 보면 조선 여자의 해방은 우리 그리스도교로부터 시작되었다고 할 만하다.30)

김세지는 한글을 깨치고 글을 읽게 된 감격보다 세례를 받으면서 '이름을 얻은' 것에 더 큰 감격을 느꼈다. 조선시대 5백 년 가부장시대에 여성들은 '이름 없는 존재'였다가 기독교가 들어오면서 비로소 (비록 서양식이지만) 이름을 갖게 되었다. 이처럼 초기 기독 여성에게 이름은 단순한 호칭이 아니라 '존재의 의미'를 되찾게 만들어주는 '자유와 해방'의 의미를 지닌 것이었다.[31] 그렇게 해서 선교 초기 세례를 받으면서 이름을 얻은 평양 기독 여성들로는 김세지 외에 오석형의 부인인 오아비가일(Abigail)과 형수인 이수산나(Susanna), 그리고 이수산나의 전도로 믿게 된 평양 관리(김재찬)의 부인 노살롬(Salome)과 김헬넨(Helen), 임메불(Mabel), 노살롬의 사촌인 김또라(Dora) 등이 있었고, 그 밖에 이메레(Mary), 김떠커스(Dorcas), 김다비다(Davida), 이시벨(Isabell) 등이 있다.[32] 이들은 앞서 세례를 받은 전삼덕과 함께 평양 지방 초기 여성 선교를 이끌어나간 지도자들이었다.

자신감을 얻은 노블 부인은 1897년 2월부터 매일 모이는 여학교를 시작했다. 그러나 서울 이화학당이 처음 시작할 때처럼 평양에서도 여학생을 구하기 어려웠다. 그때 노블 부인을 도와 학생 모집에 나섰던 노살롬의 증언이다.

노블 부인을 도와서 그때부터 집집에 다니며 아이의 부모들을 권고하며 아이들을 모집하여 학문을 가라치려 하는 중 어떤 이는 말하기를, "처녀 아이에게 글이 다 무엇이냐!" 하고, 또 어떤 사람은 "천주학을 가르치려고 그러느냐! 안 보낸다" 하고, 어떤 사람은 "서양 사람이 아이를 데려다가 무슨 약을 먹여 미치게 한다" 하여, 여러 가지로 비방하는 것을, 천백 가지로 권면한 결과 세 아이를 겨우 모아 글 가르치기를 시작했다. 매일 오전 9로부터 12시까지 공부를 시키고 오후 2시부터 4시까지는 집집이 다니며 한편으로는 주의 말씀을 전하고 또 한 편으로는 아이에게 글을 가르치라고 권면하여 하나씩 둘씩 모집하여 가르치니, 학교 설립한 지 3년 만에 아이들이 40명이 되었고, 예수를 믿기로 작정한 부인이 백여 명이 되어, 그는 많은 기쁨과 재미를 보고 주께 감사했다. 이것이 평양 여자 교육의 시작이었다.33)

이렇게 시작한 여학교 초기 교사로는 노블 부인과 폴웰 부인 외에 김세지와 김또라 등이 수고했다. 처음 수업은 노불 부인 사택에서 시작했는데, 학생 수가 늘어남에 따라 1902년 남산현교회 부속 남학교가 있는 남산재(수옥리) 선교 부지 안에 단층 벽돌 건물을 짓고 그리로 옮겼다. 이 학교 건축비를 미국 필라델피아 해외여선교회 와이오밍지회에서 대 주었기 때문에 선교사들은 '와이오밍여학교'(Wyoming Memorial Girl's School)라 불렀지만, 한국 이름은 '정진여학교(正進女學校)'였다.34) 이렇게 시작한 여학교는 후에 정진여자보통학교와 정의여자고등보통학교로 발전했다.

이렇게 해서 노블 부인이 평양에 내려와 처음 시작한 오일회와 여학교는 초기 어려움을 극복하고 착실하게 발전했다. 그 결과 여성 교인들이 증

출처: 한국기독교역사박물관

정진여자보통학교의 건물과 학생들.

가했다. 이에 노블 부인은 1897년 1월부터 남산현교회 안에 '여성 속회'를 시작했으며, 그해 3월부터 별도로 주일 오후 여성 집회도 시작했다. 그 무렵 노블 부인의 일기다.

1백 명은 족히 모여서 방 안이 가득 찼고 들어오지 못한 사람은 밖에서 예배를 드렸다. 모두 진지하게 경청했다. 지난[3월] 18일 도착한 오르간을 연주했더니 모두들 처음 들어보는 소리라며 감탄했다. 가난하고 나이 든 부인들이 한글을 익히려 애쓰고 있다. 그래야 교리서를 공부할 수 있기 때문이다. 한 부인은 거울 가까이 앉아서는 거울 속의 자기 보습을 보고, "당신 몇 살이우?" 하고 물었다. 무려 세 번이나 반복해서. 그러자 다른 부인들이 웃으면서 그것이 무엇인지를 설명해 주었다.35)

노블 부인이 인도하는 남산현교회 '여성 집회'에 참석하는 부인들은 대부분 복음에 대한 관심보다는 '서양 여성'과 '서양 악기'에 대한 호기심 때문에 온 사람들이었다. 그 점은 1897년 봄 평양을 세번째 방문했던 영국 여행가 비숍의 증언에서도 확인된다.

주일날 나는 서울에서 내려온 스크랜턴 박사와 함께 평양에서 처음으로 시작한 여성들만의 정규 집회에 참석했다. 대단히 많은 여성들이 모였는데, 그들은 모두 우상을 숭배하던 이들로서 상당수는 '서양 부인'을 보러 왔다. 하나님과 기도에 대한 기본 지식도 없고 도덕적으로 무엇이 옳고 그른지 구분조차 할 수 없는 이들을 데리고 예배를 드린다는 것은 불가능했다. 그들의 관심을 모으기도 힘들었다. 그들에겐 종교적 관념이 거의 없었다. 우리 대변인처럼 일하던 나이 많은 부인이 말하기를 "저들은 하나님을 대왕 귀신쯤으로 생각하고 아래 급 귀신들을 쫓아내줄 것으로 기대하고 있습니다" 했다. 이것이 초기 단계에 이루어진 선교 사역이었다.36)

비록 '무속과 미신 수준에서 예배당을 찾아온 부인들이었지만 노블 부인과 먼저 믿은 교인들은 이들을 가르치며 신앙으로 지도했다. 그 과정에서 토착 여성 전도자 양육이 필요했다. 이에 노블 부인은 부인사경회(Bible Institute for Women)를 시작했다. 즉 1898년 11월 14일, 배우기를 원하는 부인 25명으로 한 주간 사경회를 열었는데, 평양 성내뿐 아니라 '수 마일'을 걸어온 지방 부인들도 상당수 포함되었다.[37] 후에(1921) 남산현교회 전도부인으로 사역하게 되는 이효덕은 어린 시절 어머니를 따라 삼화에서부터 120리 길을 걸어서 평양 부인사경회에 참석했던 기억을 이렇게 진술했다.

집에서 평양은 백이십 리나 되는 길이었는데 탈 것은 말밖에 없으나 농가에서는 시집장가 가기 전에는 말을 탈 수 없는 풍습인 고로 어머님께서는 걸어서 사경회에 가실 봇짐을 지시고 걸어서 가는 수밖에 없었고 어린 나도 걸어서 가는 길 밖에 없었다. 첫날 90리 길을 걷는데, 다리가 너무 아파서 울며불며 보채니, 어머님께서는 나를 봇짐 위에 올려 지시고 걷기까지 하셨다. 날이 저물어 여관에서 밤을 샌 후 이른 새벽 동이 트기 전 아침 식사도 아니 하고 사경회 개최 시간에 맞추어 가느라고 걷기 시작했다. 평양을 10리 앞두고 해가 뜨기 시작하더니 남산현 예배당 시작 첫 종이 들렸다. 모두가 그 종소리를 들으니 새로운 힘도 나고 마음도 바빠져서 달음박질하여 남산현 예배당에 다투어 도착했다. 교회에 도착하니 먼저 와 계신 분들이 모두 형님! 아우님! 하면서 반가이 맞이해 주어 어린 나이에 아주 천당에 온 듯한 느낌이 들었다. 모두

들 즐거움과 기쁨에 들떠서 배고픈 줄도 몰랐다.[38]

이러한 열성을 가지고 평안도 일대에서 참석한 부인들은 성경과 기초 교리를 배웠다. 부인사경회에 자신감을 얻은 노블 부인은 폴웰 부인과 함께 1899년 3월 16일 '전도부인 양성과'(Women's Training Class)를 개설해서 성경과 기초 교리를 가르쳤다.[39] 이 과정을 마친 부인들은 전도부인(Bible woman)으로 임명받고 평양과 인근 지방에서 전도 사역에 임했다. 노블 부인은 1899년 1월 처음으로 김세지와 김다비다, 이시벨, 김떠커스 등을 전도부인으로 임명하면서 김세지와 김다비다는 평양 성내, 김떠커스와 이시벨은 평양 외촌(外村)에 파견했다.[40] 그리고 노블 부인은 여학교 사역을 돕던 노살롬을 평양 성 안팎과 봉룡동 및 칠산 구역에 파송했고, 1900년 강서로 파송하여 그곳에 여학교와 교회를 개척하도록 지원했다.[41] 계속해서 노블 부인은 김떠커스를 평안도 전도부인으로 파송했는데, 김떠커스가 "순행하던 고을은 평안남도에서 평양과 강서, 증산, 함종, 삼화, 용강, 진남포, 중화, 순안, 숙천, 안주, 성천, 순천과 평안북도에서 영변, 태천, 운산, 희천, 정주, 박천군과 황해도의 수안, 신계, 서흥, 봉산, 황주 등 군이요, 총 여행 여정은 2천 9백 리에 남짓했다." 전도부인들은 여성의 몸으로 이처럼 넓은 지역을 순회하며 전도하는 과정에서 많은 수모와 시련을 겪었다. 김떠커스의 증언(1927)이다.

내가 이 여러 지방으로 돌아다닐 때에 각 지방 사람들의 우리 교회에 대한 태도로 말하면 대개 반대함을 보였다. 그래서 평생에 예수의 이름을 들어보지 못한 사람들이라도 상당한 이유도 없이 예수에 대한 말만 들으면 그저 반대할 뿐만 아니라 못된 욕설까지 했다. 그러므로 나는 가는 곳마다 그곳 사람들의 반대와 욕하는 말을 들었고, 어느 곳에서는 돈을 줄지라도 음식을 팔지 아니하므로 때때로 나는 자연 금식을 하고 다닌 적도 많다.[42]

이런 전도부인들의 활약으로 평양과 인근 지역 여성 사회에 복음이 확산되었고 여성들이 주도하는 집회(교회)가 시작되었다. 노블 부인과 폴웰 부인과 홀 부인 등 평양 주재 여선교사들은 이처럼 전도부인들이 시작한 여성 집회를 순회하며 돌보는 것이 또 다른 사역이 되었다. 그런 식으로 1898년 성탄절 직후, 평양의 홀 부인과 전도부인 노쑤슨이 전삼덕이 살던 강서 왁새말에 내려갔는데, 그때 일을 노쑤슨은 『대한크리스도인회보』에 다음과 같이 기고했다.

하나님이 택하신 김참봉 어머니[전삼덕] 집에서 날마다 모여 성경 보고 찬미하고 기도하는데 늘 30여 명씩 모이고, 그 중 20명씩은 성심으로 모이고 그 성심으로 모이던 사람들은 학습인이 된 여인이 8인이오, 남자가 5인이오, 모두 열세 사람이 이름을 붙였소. 그 사람들이 공부하고자 하여 책을 사기로 책을 26권을 풀었소. 가지고 간 책이 부족하여 더 못 풀었소이다. 한 예배 동안 다녀온 고로 그 집에서 예배하는데 여러 곳 사람을 청하여 함께 예배하고 좋은 음식을 미리 예비하였다가 먼 데서 온 손님을 사랑하는 마음으로 잘 대접하여 보내고, 그 날에 여러 사람이 더욱 하나님 은혜를 감사하고 영광을 주께 돌렸소이다.[43]

홀 부인은 평양에 귀환한 지 6개월 만에 강서를 다녀온 것인데, 남편(홀)에게 전도를 받고 고향에서 교회를 시작한 전삼덕 부인의 모습을 통해 순직한 남편의 사역이 헛되지 않았음을 확인할 수 있었다. 홀 부인은 남편 장례식을 치른 후 미국으로 들어갔다가 미 감리회 해외여선교회(WFMS) 파송을 받아 1897년 11월 다시 내한하여 서울 정동에서 커틀러(M. M. Cutler)가 맡아보던 여성전용병원 보구여관 일을 돕다가 1898년 4월 전도부인 노쓰슨과 함께 평양에 부임했다. 홀 부인으로서는 청일전쟁 직전에 평양을 떠난 후 4년 만의 귀환이었다. 그런데 홀 부인은 평양에 도착한 한 달 후 5월 23일, 미국에서 유복자로 태어나 세 살이 된 딸 에디스 마가렛(Edith Margaret)을 이질로 잃는 슬픔을 겪었다.[44] 남편에 이어 딸까지 잃은 충격이 컸지만 홀 부인은 딸 시신을 서울 양화진 아버지 무덤 곁에 안장하고 돌아와 6월 16일 평양 서문 안에 있던 한옥을 개조하여 여성병원을 시작했다. 그는 한 달 반 동안 4백 명을 진료하는 '초인적인' 활약을 보였다.[45]

그렇게 홀 부인에게 치료를 받고 살아난 평양 여인 가운데 평양 감사

ⓒDrew-GCAH

광혜여원 전경

부인이 있었다. 이에 평양 감사는 감사의 뜻으로 '달걀 1백 개와 씨암탉 세 마리를 선물로 주면서 홀 부인의 병원에 '광혜여원(廣惠女院)'이란 이름을 지어 주었다.46) 이 사실이 알려지면서 평양뿐 아니라 인근 일대에서 여성 환자들이 홀 부인의 병원을 찾아왔고, 홀 부인은 이후 1년 동안 총 5,375명을 진료했다. 그 결과 병원의 치료 공간이 비좁게 되었다. 이에 홀 부인은 죽은 딸의 유품을 경매하고 친지들의 후원금을 모아 1899년 광혜여원에 붙여 아동진료실인 '에디스마가렛기념병동'(Edith Margaret Memorial Wards)을 지어 병원 공간을 넓혔다.47) 또한 홀 부인은 광혜여원에 전도부인 노쑤슨과 박에스더를 전도부인으로 두어 병원 안에서 정기적인 집회를 열고 환자와 그 가족을 대상으로 복음을 전하도록 했다. 광혜여원 사역에 대한 홀 부인의 1899년 선교 보고다.

지난 번 계삭회 후로 우리 행한 바 일은 동생 쑤슨과 에스더로 함께 광혜여원에서 오는 병인을 볼새 새로 온 사람이 육백십구 인이요, 전후 도합이 일천 일백십삼 명인데, 이 열 명 중에 교인이 하나씩은 왔고 외인 삼십 명 중에 하나씩은 학습인이 되었아오며, 날마다 병 보기 전에 병인과 더불어 기도하였는데, 에스더나 쑤슨으로 성경을 읽어 가르쳤습니다.[48]

이런 홀 부인의 광혜여원 사역을 1900년 10월부터 박에스더가 돕기 시작했다. 이화학당 초기 학생이었던 박에스더(김점동)는 1894년 12월 귀국하는 홀 부인과 함께 미국으로 들어가서 홀 부인의 주선으로 영어 공부를 한 뒤 볼티모어여자의학교에 입학하여 1900년 졸업하면서 '한국인 여성 최초의 의학박사' 학위를 받았다. 박에스더는 그해 7월에 귀국하여 1910년 결핵으로 별세하기까지 평양에서 홀 부인의 의료 사역, 노블 부인의 전도부인 양성 사역을 도왔다.[49] 이후 광혜여원은 1906년 큰 화재를 당해 건물 전체가 불탔으나 1908년 더 크고 웅장한 벽돌 건물을 건축하고 평양과 북한 지역의 유일한 여성 병원으로서 많은 환자를 치료했다.

홀 부인

이처럼 평양에서 광혜여원을 성공적으로 시작한 홀 부인은 새로운 사회구제 사역으로 맹인 교육을 시작했다. 홀 부부가 평양에 와서 첫 번째 얻은 교인인 오석형의 딸, '봉네'가 앞을 보지 못하는 맹인이었다. 이에 홀 부인은 남편 장례식을 치른 후 미국으로 돌아간 3년 동안 뉴욕에 있는 맹인 학교에 들어가 점자를 비롯한 맹인 교육법을 배우고 돌아와 1898년부터 오봉네를 가르치기 시작했다. 이것이 한국 근대 맹인 교육의 효시인 평양맹학교의 출발이다. 홀 부인은 새로 시작한 맹인 교육에 대해 1899년 선교 보고에서 이렇게 보고했다.

내가 바라는 것은 평양의 맹인 아동들을 모아 한 반을 만들어 우리 아동병원 한 방에서 함께 생활하면서 매일학교에 교실을 내서 배우게 하는 것입니다. 내가 읽는 법을 가르친 어린 소녀[봉네]는 이미 다른 맹인을 가르치는 데 도울 자세가 되어 있습니다. "난 앞 못 보는 아이들을 그들이 모르던 길로 데려올 거예요. 나는 그들이 몰랐던 길로 이끌 겁니다. 나는 그들 앞에 있는 어둠을 광명으로 바꿀 것이며 굽은 길도 곧게 만들어줄 거예요." 그 아이의 말입니다.[50]

홀 부인은 광혜여원 '에디스마가렛기념병동'의 방 하나를 교실로 꾸며

평양맹학교. 남편 장례식을 치른 후 미국으로 돌아간 홀 부인은 3년 동안 뉴욕의 맹인학교에 들어가 점자를 비롯한 맹인 교육법을 배우고 다시 한국으로 돌아와 이 학교를 세웠다(1910년대).

맹인 교육을 실시했고, 1902년 여자 매일학교(정진여학교)가 남산재에 새 교사를 짓고 옮길 때 교실 하나를 맹인 교육 전용 교실로 꾸몄다. 정진여학교 안에 새로 마련한 '맹인 교실'을 '클로크 맹아 교실(Clocke Class for Blind Girls)'이라 불렀는데, 이는 맹인 교육 시설비를 대준 뉴욕의 클로크(Clocke) 부인의 이름을 따서 지은 것이다. 오빠가 맹인이었던 클로크 부인은 한국에서 맹인 교육을 처음 시작했다는 소식을 듣고 홀 부인을 통해 맹아 교실 꾸미는 비용은 물론 학급 운영비까지 대 주었다. 그 결과 1905년에 이르러 맹인 여성 7명이 수업을 받게 되었다. 홀 부인의 첫 번째 맹인 학생 오봉네는 세례를 받으면서 '프루던스(Prudence)'란 세례명을 얻었는데, 그는 학생 수준을 넘어 교사처럼 홀 부인의 맹인 교육을 도왔다. 홀 부인의 1905년 선교 보고다.

손가락으로 읽는 법을 배운 첫 번째 한국 여학생인 오봉네는 이미 성인이 되었습니다. 그녀는 지난해 구약 역사와 지리와 음악을 배웠는데, 그런 중에도 많은 시간을 자기보다 어린 학생들에게 읽고 쓰는 법, 가사 일을 가르쳐 주고 있습니다. 모국 연회의 미들타운과 핸콕지회 지원금으로 봉네 수업료를 충당했습니다. 봉네는 무엇을 배우든 그것을 자기 것으로 만드는 뛰어난 능력의 소유자로 이미 나의 학생 겸 교사가 되었습니다.[51]

이렇게 시작한 평양맹학교는 계속 발전했고 1910년부터는 농아(聾啞) 교육까지 겸했다. 초기 평양맹학교 발전에는 미 감리회 평신도 선교사 락웰(Nathan Rockwell)의 공로가 컸다. 미국 커네티컷주 리지필드에서 구두 제조업을 경영하며 부요하게 지내던 그는 1908년 '신앙적 결단'을 하고 자비량 선교사로 내한해서 황해도 해주에 머물면서 인근 옹진과 강령뿐 아니라 평양 지역까지 순회하며 복음 전도 활동을 펼쳤는데, 그러던 중 홀 부인이 하던 평양맹학교에 특별한 관심을 갖고 이 학교 운영비를 후원하는 한편 지방을 다니면서 만나는 맹인들을 데려와 평양맹학교에 입학시키고 학비를 대서 '맹아(盲兒)들의 아버지'로 불렸다.52) 락웰은 계속해서 한국에 농아자(聾啞者) 교육 시설이 없음을 알고 홀 부인을 설득하여 농아 교육도 실시하도록 권면했고, 농아 교육 시설에 필요한 경비도 댔다. 그렇게 해서 1910년 한국에 최초 농아 교육 기관인 '계암학교(啓暗學校)'가 평양맹학교 안에 설립되었는데, 그 당시 맹학교 학생은 23명, 계암학교 학생은 3명이었다.53) 다음은 1911년 5월 『그리스도회보』에 실린 계암학교 관련 보도다.

남녀 계암학교에서 금년 봄 세상을 떠난 우락웰 목사와 홀 의사 부인이 열심히 주선한 결과로 1910년에 처음 설립한 학교인데, 자금은 해외에 가서 벙어리 가르치는 법을 졸업하고 돌아온 이익민 씨와 그 부인이 이 학교에서 열심히 가르치며, 학도는 남자 벙어리 4인과 여자 벙어리 3인이라. 가르치는 방법은 성대를 짚어 발음케 하고, 국문의 자모음과

평양 계암학교 학생들

합음법을 가르쳐 손가락으로 모든 말을 통하며 온갖 글을 읽게 하니, 이 것은 조선에 처음 있는 일이라. 보는 자마다 하나님께 감사함을 마지 아니 한다 하더라.54)

평양맹학교와 계암학교를 지원하던 락웰은 1910년 12월 30일 해주에서 급작스럽게 별세하여 두 학교 학생과 교사들에게 큰 충격을 안겨 주었다.55) 그러나 락웰 사후에도 미국의 유가족들은 계속해서 평양맹학교와 계암학교를 재정적으로 지원했다. 맹인, 농아 두 학교는 후에 평양맹아학교

(盲啞學校)로 통합되어 대찰리에 독자적인 교사를 마련하고 많은 맹인 교육자 및 전도자를 양성했다.56) 이렇듯 평양은 홀 부인과 락웰의 관심과 후원으로 한국에서 최초 근대 맹인 교육과 농아 교육이 시작된 곳이란 '명예'를 얻게 되었다.

2.2.3 평양 최초 벽돌 건물

노블과 폴웰 가족, 그리고 홀 부인이 평양에 정착하여 학교와 병원, 맹학교를 시작하고 남녀 사경회를 주기적으로 개최하면서 평양과 북부 지역 교인은 계속 늘어났다. 그리하여 1899년 8월 연회 직후 미 감리회 선교부는 하나였던 평양 구역(circuit)을 둘로 나누어 평양 남산현교회를 비롯하여 봉룡동, 칠산, 증산, 강서, 접섬, 귀엄 등지 교회를 관리하는 평양 북구역과 삼화, 진남포, 박고지, 줄바위, 선돌, 함종, 비석거리, 금당리, 병매 등지 교회를 관리하는 평양 남구역으로 분할했다. 그렇게 구역을 분할한 후에도 교회는 계속 부흥했다. 특히 평양과 북한 지역 선교 거점이 된 남산현교회의 교세 증가는 선교사들의 예상과 기대를 훨씬 뛰어 넘었다.

노블은 1899년 연회에서 평양 구역 교세에 대하여 "1년 사이에 학습인은 473명에서 703명으로, 입교인은 52명에서 77명으로 늘어나 총 교인 수가 525명에서 785명으로 늘었다"고 보고했다.57) 이때부터 남산현교회 교인들은 '1천 명을 수용할 수 있는' 새 예배당을 건축할 목표를 세우고 기도를 시작했다. 계속해서 노블은 1900년 순수 평양 남산현교회 교세를 세례입교인 74명, 학습인 461명, 총 535명으로 소개하면서 "교인들의 등을 타고 넘으며" 세례를 주었던 사실을 보고했다.

평양성 교회는 북구역의 중심 교회일 뿐 아니라 모든 사역의 중심입니다. 지방 교인들은 이 교회를 메카처럼 여기고 끊임없이 방문합니다. 그들은 이곳에서 일반적인 교육을 받고 무엇이 바른 신앙생활인지 배웁니다. 예배당은 최대한 3백 명 정도를 수용할 수 있습니다. 그 말은 곧 230명이 넘는 교인들이 안으로 들어올 수 없다는 뜻입니다. 집회 때마다 들어오지 못한 평양 교인들도 많아서 지방에서 올라와 예배를 드리고 싶어도 엄두를 못 내고 집에서 주일을 지켜야 하는 교인들도 많습니다. 얼마 전 44명이 세례를 받기 위해 제단 앞에 나와 무릎을 꿇고 기다렸는데 공간이 좁아 반만 그렇게 했습니다. 그들 가운데에는 아이를 엎고 온 부인들도 있었습니다. 집례 목사는 결국 교인들의 등을 타고 넘어가면서 예식을 베풀었는데 가장 엄숙해야 할 예식이 큰 혼란에 빠졌습니다."58)

목사가 "교인들의 등을 타고" 예배당에 입장하는 장면은 그해(1900) 성탄절에도 재연되었다. 노블 부인의 일기다.

예배 시작 한 시간 반 전에 박에스더와 홀 부인이 와서 마당은 물론 예배당 입구까지 사람들이 가득 차서 도저히 예배당 안으로 들어갈 수 없다고 말했다. 우리는 노블 목사를 앞장세우고 군중을 타고 넘어 출입문에 가까스로 도착했다. 예배당 입구로부터 강단에 이르는 통로로는 도저히 입장할 수 없어서 우리는 군중을 헤치고 기어서 강단 위에 올라갔다. 회중은 설 틈조차 없이 빽빽했고 장내는 대혼란이었다. 노블 목사가 그들에게 조용히 하라며 주의를 환기시키려 했지만 불가능했다. 뒤에 서 있던 군중들이 들어오려고 밀치는 바람에 부인 하나가 넘어졌고, 어린 아이 몇 명은 깔려 위험한 지경이 되었다. 노블 목사와 교인 몇 명이 모든 출입문을 열고 사람들을 모두 내보낸 후 교인들만 들어오도록 했다.[59]

그날 2백 명을 수용하는 예배당 안에 교인만 4백 명이 운집했고, 예배당 밖에서 예배를 드린 인원은 그보다 더 많았다. 이런 평양교회의 부흥은 한국에 나와 있는 선교사들은 물론 본국 선교부 관계자들 사이에도 큰 화제가 되었다. 그래서 1901년 4월, 미국에서 연회를 주재하기 위해 나온 무어(David H. Moore, 문대벽) 감독은 연회 전에 먼저 한국 교회 부흥의 현장을 살펴보기 위해 평양을 방문했다. 감독은 4월 28일 주일예배를 남산현교회에서 드렸는데, 8백 명 교인이 운집하여 "예배당이 좁아서 다 앉을 수 없는 고로 마당에 포진하고 남녀 교우가 갈라 앉은 모습을" 보고 감동을 받아

"사진을 박자" 하여 사진 촬영 후 예배를 드렸다. 그날 감독의 설교 내용을 『신학월보』는 이렇게 소개했다.

> 감목[감독]께서 논설하실 때 십계명 중 제5계명에 너희 부모를 공경하여라 하신 말씀을 제목잡고, 허두는 대한 사람의 모양을 보니 유대 사람과 같은 것이 많고 또 사기를 보아도 대한 사람은 셈의 자손이오 미국 사람은 야벳의 자손이매, 대한 사람이 예수 씨와 동족이라고 하니 교우들이 예수 씨와 한 족파라 함을 다 기뻐했고, 또 예수 씨가 양심으로 세상 사람을 붙드는데, 예수 씨는 지남석이 되시고 모든 양심으로 행하는 자는 다 예수 씨에게 붙는 법이매, 무론 누구든지 믿는 자는 예수 씨가 잡아당겨야 자기에게 붙었다 하니 교우들이 아까 족파로 말할 때 한 족파라 하매 예수 씨와 가까운 줄 알았더니 지금은 예수 씨에게 한 덩어리가 되었다 하니 교우들이 더욱 기뻐하였는지라.[60]

감독은 설교를 마치며 회중에게, "새 예배당을 지을 건축 헌금을 하자"고 제안했다. 그러자 즉석에서 헌금이 1,234원이나 걷혔다. 감독도 선교부 지원을 약속하며 개인적으로 100원을 헌금했다. 감독의 권면과 헌금으로 남산현교회의 새 예배당 건축은 '결정된 사항'이 되었다. 감독은 내친 김에 5월 1일 새 예배당 건축 부지에서 기공식까지 한 후 연회를 주재하기 위해 서울로 떠났다.[61] 1901년 5월 9-14일 서울 정동교회에서 개최된 미 감리회

노블과 함께 한 평양 지방 전도인들(앞줄 양복을 입은 분이 노블. 뒷줄 오른쪽이 김창식).

한국선교회 제17차 연회에서는 그동안 단일 지방이었던 한국 교회를 남방지방회(서울, 수원, 이천, 공주)와 서방지방회(인천, 강화, 부평, 남양, 연안, 해주), 북방지방회(평양, 진남포, 역포, 삼화, 증산, 운산, 수안, 원산, 함경도, 강원도) 등 세 개 지방회로 나누었다.[62] 노블은 신설된 북방지방회 장로사로 임명을 받았고, 그를 도와 평양 지역에서 사역할 이로는 김창식과 오석형 외에 박성필, 강인걸, 안기형, 황정모, 김재선, 김선규 등이 '본처전도사'로 파송을 받았다.[63]

그리고 연회 마지막 날 한국 교회 역사상 최초로 한국인 목사 안수례가 거행되었는데, 평양의 김창식과 인천의 김기범이 그 주인공이었다.[64] 선교사들로부터 '조선의 바울'이란 칭호를 받았던 김창식 목사는 홀과 함께 평양 선교를 개척했고, 시련과 역경 가운데서도 교회를 지켰으며, 노블이 평양에 내려온 후에는 평양 인근 지역으로 나가 복음을 전하고 교회를 설립함으로 평양 구역의 부흥을 이끌어냈다. 김창식 목사는 목사 안수를 받고 수안 구역 담임자로 파송을 받았고, 대신 평양 구역에는 오석형 전도사가 파송을 받아 노블의 목회를 도왔다. 노블은 1901년 연회 보고를 통해 자신이 담당했던 평양 남·북 구역 교인(세례 입교인과 학습인 도합) 총수를 1,703명, 그 중에 남산현교회가 속한 평양 북구역 교인을 1,135명, 그리고 남산현교회 교인만 696명으로 보고하면서 남산현교회에 '1,200명을 수용할 수 있는' 새 예배당이 시급하다는 사실을 다시 강조했다.

우리 교인들은 2부로 나누어 시간을 달리해 예배를 드려야 했습니다. 한 무리가 예배를 드리는 동안 다른 무리는 밖에서 기다렸습니다. 전체 회중이 함께 예배를 드리려면 야외에서 드려야만 합니다. 이렇게 예배를 나누어 드렸는데도 교인들이 급속하게 늘어나 또 다시 한 무리를 떼어 따로 드려야만 했습니다. 작년에 우리는 6백 명을 수용할 수 있는 예배당이 필요하다고 보고했는데, 지금은 그것으로 모자라 1,200명을 수용할 수 있는 예배당이 필요합니다. 그만한 규모의 예배당을 한국식으로 지으려면 적어도 미국 돈 3천 달러는 필요합니다.[65]

처음 노블이 구상한 남산현교회 '새 예배당'은 한옥 기와집 형태였다. 아

노블이 스케치한 남산현교회 예배당

직도 기독교에 대해 부정적으로 생각하는 평양 분위기에서 서양식 건물이 위화감과 반감을 불러일으킬 것이란 판단 때문이었다. 마침 대동문 안 널다리골에서 예배드리던 장로교회가 1년 전(1900) 장대재 언덕 2천 5백 평 부지에 7천 원 경비를 들여 1천 명을 수용할 수 있는 72간 'ㄱ자 기와집' 예배당을 건축하고 장대현교회 시대를 연 것도 자극이 되었다.66) 그러나 구체적인 검토에 들어갔을 때 전통 한옥 건축에서는 무거운 기와지붕 무게를 견딜 수 있는 기둥과 벽체 공법이 불완전하고 또 건축 비용도 벽돌로 짓는 것이 보다 저렴하다는 계산이 나와 결국 서울 정동교회처럼 '벽돌 예배당'을 짓는 것으로 방향을 바꾸었다. 평양 교인들도 기와집 예배당보다 벽돌 예배당을 선호했다.

이에 노블은 남산현교회 새 예배당을 서양식 벽돌 건물로 짓되 보다 많은 회중을 수용할 수 있는 로마네스크 양식을 취하여 빛이 들어올 수 있도록 고창층(高窓層)을 내기로 했다. 그래서 밖에서 보면 2층 건물로 보이지만 내부는 천정이 높고 수평 공간이 넓은 단층 건물이었다. 새 예배당은 그동안 미 감리회 선교부에서 여러 차례에 걸쳐 확보한 남산재 언덕, 수옥리 332번지 일대 2천여 평 부지에 세우기로 했다. 부지가 넓었기 때문에 기존 '정 자형' 한옥 예배당은 그대로 두고 새 터전에 건축을 시작했다. 본격적인 공사는 1901년 가을부터 시작하여 터 닦기와 기초 공사를 마친 후 1902년 5월에 정초식을 거행했다. 1901년 5월 연회 직전 기공식을 집례했던 무어 감독은 1년간의 중국과 아시아 선교 지역 방문을 마치고 1902년 5월, 한국 연회를 주재하기 위해 다시 내한했는데, 그는 연회 장소를 평양으로 정했다. 이로써 미 감리회 선교가 시작된 후 평양에서 처음으로 연회가 열리게 되었다. 아직 남산현교회 예배당 건축이 끝난 것은 아니지만 무어 감독으로서는 성공적인 선교 정착과 교회 부흥의 현장인 평양에서 연회를 개최함으로 다른 지역에서 사역하는 선교사와 토착 목회자들에게 용기와 자신감을 심어주려 했다. 그리하여 무어 감독은 연회 개회 전 날인 5월 15일 오후 남산현교회 예배당 정초식을 거행했는데 그 장면을 『신학월보』가 자세히 보도했다.

5월 15일 2시 반에 남산재 예배당 모퉁잇돌 놓는 예식을 행할 새 감목[감독] 문대벽[무어] 씨와 여러 목사들과 여러 부인들과 장로회 목사들과 대한 형제자매들이 일제히 모여 예식을 행할 새 모든 교우들이 열심에 삼킨바 되어 비오는 것을 다만 하나님의 은혜 주시는 표로 여기고 비를 맞으며 예식을 행하였으니, 이때 석함 속에 녹치(錄置)한 것은 달력과 「미미교문답」과 국문 신약과 제일 첫 번 대한(大韓)에서 보던 국문 복음과 「묘축문답」과 「세례문답」과 백동전과 동전과 엽전과 평양교회 사기와 모든 목사와 부인들의 작문한 것과 명함들을 넣어 두었으며, 이 날 수전한 돈(헌금액)은 대한 당오전으로 이천 삼백십이 냥 닷 돈이오, 모든 모인 교우와 모퉁잇돌을 사진으로 박이니라.67)

그런데 5월 16일 연회를 개회한 그날 저녁, 평양에서 사역하던 여성 의료 선교사 해리스(Lillian A. Harris)가 별세함으로 30여 명 연회 참석자들은 충격과 슬픔에 잠겼다. 평양 기홀병원을 맡아보던 폴웰의 처형이었던 해리스는 오하이오 웨슬리언대학과 신시내티의과대학, 필라델피아대학을 졸업하고 동생을 따라 한국 선교를 지원하여 미 감리회 해외여선교회 파송으로 1897년 12월 내한, 서울 동대문 부인병원(보구여관)에서 사역했다. 그리고 1901년 5월 안식년 휴가를 떠난 홀 부인을 대신하여 평양 광혜여원 사역을 맡아 보던 중 시골의 전염병(티푸스) 환자를 치료하다가 그 병에 감염되어 37세 나이로 목숨을 잃은 것이다.68) 동료 선교사들의 슬픔도 컸지만 평양 교인들의 충격도 컸다. 5월 17일 연회원들의 애도 속에 장례식을 치른 해리스의 유해는 서문 밖 '창광산 외국인 묘지'에 안장되었다.69)

해리스 장례식을 치른 이튿날, 5월 18일 주일에 무어 감독은 남산현교회에서 「스데반의 순교」라는 제목으로 설교했다. 이날 남산현교회 교인들과 연회원들은 "이왕부터 있는 회당은 좁아서 못 모이고, 새 회당은 지금 짓고 있는 고로 못 모이고, 뒷마당에 포진(布陣)하고" 예배를 드렸는데, "외인들은 담장 밖에서 들어오지 않고 다만 담 안에는 교우만 모였는데 모인 교우는 먼저 나간 이 외에 구백칠십칠 명이요 사람이 이같이 많으나 고요하고 엄숙함으로 예배를 하였으니 이 일을 생각하건대 대한 사람 행실 중에 처음 되는 일"이었다.[70] 건축 중인 새 예배당 뒷마당에 천막을 치고 드린 그날 예배에 무려 977명이 참석했음에도 질서정연하고 경건하게 예배를 드리는 모습에서 평양 교인들의 성숙한 신앙을 발견할 수 있었다.

5월 19일 속개된 연회에서 노블은 평양 구역 통계(입교인과 학습인)에 관하여 "평양 800명, 칠산 208명, 봉룡동 179명, 증산 90명, 그 외 작은 교회들 91명, 도합 1,245명"이라고 보고했다. 그러면서 성인 8백 명 교인을 보유한 남산현교회에 주일학교 학생 4백 명이 교사 20명의 지도를 받고 있어 전체 교인 수가 이미 1,200명을 넘겼음을 밝혔다. 그리고 나서 노블은 새 예배당 건축과 관련하여 다음과 같이 보고했다.

1년 전 우리는 새 예배당 부지에서 첫 삽을 떴습니다. 그 결과 현재 우리는 이 웅장한 건물의 벽체가 세워지는 모습을 볼 수 있게 되었는데 그것은 이곳 교인들의 자발적인 헌금과 무어 감독님의 지칠 줄 모르는 수고, 그리고 본국 교회 교인들이 관심을 갖고 지원해 준 결과라 하겠습니다. 이번 겨울 서리가 내리기 전에는 건축을 마무리 지을 수 있을 것으로 믿어 의심치 않습니다. 벽돌 건물인데, 크기는 84×64피트입니다. 다음 연회 때 봉헌식을 할 수 있을 것으로 보이는데, 이처럼 웅장한 건

물이 완성된다면 예배당 공간은 매주일 교인들로 가득 찰 것입니다.71)

1896년 남산재에 처음 짓고 그 후 두 차례 증축한 한옥 예배당이 평양 교인들의 헌금과 노력 봉사로 마련한 것이면, 이번에 짓는 벽돌 예배당은 평양 교인과 선교사, 그리고 미국 교회 감독과 교인들의 헌금으로 짓는 한·미 연합 건축물이었다. 그래서 의미도 있었고 공사도 순조롭게 진행되었다. 그리하여 1902년 11월 30일 '수은제'(受恩祭, 추수감사절) 예배를 새 성전에서 "은혜 중에 회당을 필역한 것과 괴질을 잘 면한 것과 추수를 잘 되게 하신 일을" 감사하는 마음으로 "각처 교우들이 무론 남녀하고 열심히 볏단과 면화 송이와 각색 곡식과 실과를 갖다가 성단 앞에 꾸며 놓코 기쁘고 감사함으로 예배를" 드렸다. 그날 설교는 평양 숭실학당 교장인 북장로회 선교사 베어드(W. M. Baird, 배위량)가 와서 했다.72) 그해 남산현교회의 성탄절 행사는 더욱 성대했다. 『신학월보』 기자는 방금 건축을 완료한 남산현교회 새 예배당의 성탄절 모습을 자세히 소개했다.

회당 안으로 말하면 청송홍요(靑松紅燎)를 30척 높게 틀어 세우고 각색 꽃을 두루 꽂았으며 홍요 우에는 비단 현판에 청수(靑繡)로 '구주탄일' 네 글자로 뚜렷이 높이 달고 좌우에는 큰 태극기를 높이 달았으며 홍요 꼭대기에는 큰 별을 만들어 붙였고 현판 밑에는 열 개의 종을 만들어 달고, 그 종에 '구세주 예수 기쁜 성탄'이라 삭였으니 소리 없는 종소리가 각인의 마음을 격동하여 기쁨을 일으키며, 회당 안 좌우편은 각색 등으로 단장하고 회당 밖으로 말할진대 좌우 남녀 출입문 앞에 청홍 요를 쌍으로 세워놓코 태극기와 십자기를 쌍을 지어 달았으며 홍요 이마에는 좁쌀 글자로 '구주탄알'이라 하는 현판을 쌍으로 달아 두고 지붕 위에는 수백 개 등을 높이 달아 광채휘황하니 빛이 백리항[베들레헴] 들에 목자에게 나타나던 영광과 같이 온 평양을 비추어 구주 나심을 고하더라.73)

불과 2년 전 성탄절에 몰려든 4백여 명 군중 때문에 대혼란을 이루었던 것과는 전혀 다른 모습이었다. 그날 성탄절에 2천 명이 몰려 왔는데 2백 평이 넘는 예배당 공간을 마련한 후라 전혀 혼잡이 없었다. 그리고 성탄 장식 중에 남산현교회 교인들이 예배당 출입문에 '십자기'와 '태극기'를 게양한 것에서 초기 기독교인들의 '충군애국(忠君愛國)'하는 민족정신을 발견할 수 있다. 성전 건축이 사실상 마무리된 1903년 5월 1-7일, 서울에서 개최된 연회에 참석한 노블은 남산현교회 새 예배당과 관련해 다음과 같이 보고했다.

평양성 새 예배당은 사실상 건축이 완료되었습니다. (평양뿐 아니라) 지방 교회 전체가 이 웅장한 건물을 보면서 감격해 하고 있습니다. 지금 생각해 보니 이 건물을 지을 때 흙과 나무로 지으려 했던 처음 계획을

건축 직후의 남산현교회 전경

바꾸어 벽돌로 지은 것은 여러 가지 면에서 참으로 잘한 것이라 여겨집니다. 지방에 있는 교인들은 마치 순례하듯 평양에 세워진 새 예배당을 보려고 찾아오고 있으며 평양의 일반 주민들도 (평양에) 이런 건물을 보유하게 된 것에 시민으로서 자부심(civic pride)을 느끼는 듯합니다. 예배당은 2천 명 정도를 수용할 수 있는데, 지난 성탄절에 그만한 군중이 몰려들어 성탄을 축하했습니다.74)

평양 시내가 한눈에 내려다보이는 남산재 언덕 위, 2천여 평 부지 위에 2층 높이로 지은 95간(270평) 규모의 양철지붕 벽돌 예배당은 '평양 명물이 되었다. 남산현교회 새 예배당은 평양뿐 아니라 북한 지역 최초 벽돌 예배당이었고, 당시로서는 전국에서 가장 규모가 큰 예배당이었다. 평양 교인뿐 아니라 예배당을 구경하려는 지방 교인들의 '순례 행렬'이 끊이지 않았고 교회에 다니지 않는 일반 시민들도 평양에 처음 세워진 벽돌 건물에 자부심을 느꼈다.

이런 남산현교회 예배당 건축에 협력을 아끼지 않은 무어 감독은 서울에서 연회를 마친 후 곧바로 평양으로 내려와 새 예배당 봉헌식을 집례했다. 1903년 5월 24일 무어 감독이 집례한 남산현교회 새 예배당 봉헌식에는 선교사 10여 명과 평양 및 지방에서 올라온 교인을 합하여 모두 2,124명이 참석했다.[75] 그리고 1904년 봄에 노블은 평양 시내 한복판에 교회 부속 건물 하나를 구입했다. 서점을 겸하여 전도관으로 사용할 목적에서 구입한 이 집은 선교부 재정이 아니라 노블 가족의 후원금으로 마련했는데, 우선 급한 대로 남산현 부속학교 '고등과 수업을 그곳에서 시작했다.[76] 이로써 2천 명을 수용할 수 있는 새 예배당과 부속 전도관을 구비한 남산현교회는 평양을 넘어 북한 지역을 대상으로 본격적인 복음 전도와 선교 사역을 추진해 나갈 수 있다.

2.3 평양 대부흥 운동과 남산현교회

2.3.1 열기 띤 말씀 공부

새로 마련한 남산현교회 예배당은 평양 교인들만의 것이 아니었다. 지방 교회 교인들을 위한 집회도 이곳에서 자주 열렸다. 우선 새 예배당 건축을 끝낸 직후인 1903년 11월 28-29일 미 감리회 북방지방회가 남산현교회에서 개최되었는데, 노블 장로사가 주재하는 지방회를 마친 후 일반인들의 방청이 허락된 가운데 전도사와 교회 청년들의 특별 강연이 있었다. 즉 1902년부터 남산현교회에 파송을 받아 실질적인 담임자로 사역해온 이은승 전도사가 「속회 진보할 일과 교우가 단정히 하여야 할 문제」, 1901년 목사 안수를 받은 후 수안 구역 담임 목사로 파송을 받아 황해도 지역을 담당하게 된 김창식 목사가 「남녀 경위와 혼인법 문제」, 남산현교회 오석형 본처 전도사와 강인걸 전도사가 「교인 자기 가속 구원할 문제」, 남산현교회 청년 회원인 송상유와 김선규가 「계주(戒酒) 문제」, 김성호와 김정길이 「연보 문제」, 윤형필이 「학교 왕성케 할 문제」 등으로 각각 연설했다.[1]

사경회를 마친 부인들이 기념촬영을 했다. 모두 흰옷에 하얀 수건을 쓴 것이 아주 인상적이고 신비스럽기까지 하다. 성경 속의 '하얀 세마포 옷을 입은' 모습이 이런 것일까.

그리고 매년 봄가을에 개최하는 지방 사경회도 남산현교회에서 열렸다. 새 예배당 건축 후 처음으로 1902년 11월 14일부터 25일까지 남산현교회에서 북방 지방 부인 사경회를 개최했는데, 등록한 115명 중 73명이 '외촌(外村)에서 올라온' 교인들이었다. 이들은 노블 부인에게 『마태복음』과 『사도행전』, 『로마서』, 『성서지리』 등을 배웠고, 마지막 날 노블 목사가 집례한 성만찬에 참석하고 돌아갔다.2) 노블 부인은 1903년 4월 18일부터 28일까지 '북방 지방 부인 봄 사경회'를 역시 남산현교회에서 개최했는데 등록한 125명 가운데 80명이 '외촌' 교인들이었다. 이번에는 노블 부인 외에 1901년 평양에 내려온 에스티(E. M. Estey), 1902년 내려온 로빈스(H. P. Robbins) 등이 교사로 참여하여 『사울왕사기』, 『디도서』, 『성사총론』, 『예수사기』 등을 가르친 후 토론(간증) 시간을 가졌다. 그 내용을 노블 부인이 소개했다.

여러 분이 한 번은 한 집에 모여 이야기를 할 새 제목은 「믿음의 복스스로 온 것」이라. 이때에 한 여인이 말씀하기는 "이전에 내가 제일 기쁘고 재미를 본 것은 내 딸에게 가서 상종하는 것이더니, 지금은 그 같은 기쁨으로 사경회에 올라왔노라 하고, 또 값없이 받는 가르침을 요긴하게 받을 때에 이왕에는 무심히 받았더니 지금은 그 요긴한 뜻을 깨닫고 사경회를 위하여 노자를 조금씩 모아두었다가 가지고 왔노라" 하는 이도 있더라.3)

이런 식으로 사경회에 참석한 부인들은 대부분 여비는 물론 자기가 먹을 양식과 이불까지 싸가지고 와서 10일간 남산현교회에 머물면서 공부하였다. 남산현교회 교인들은 이런 지방 교인들을 위해 숙소와 편의를 제공했다.

지방 연합 남성 사경회도 주기적으로 열렸다. 즉 1902년 12월 1일부터 12일까지 남산현교회에서 '북방사경회'가 개최되어 152명이 참석했는데, "어떤 형제는 오백여 리 밖에서 오신 이도 있고, 어떤 형제는 백여 리 밖에서 삼형제 과량(裹糧: 양식을 준비하는 일)하고 온 이도 있고, 형제 과량하고 온 이도" 있었다.[4] 이들은 3반으로 나누어 수업을 했는데, 1반은 김창식 목사가 『전도총론』, 이은승 전도사가 『예수사기』를 가르쳤고, 2반은 1901년부터 평양 사역을 시작한 모리스(C. D. Morris, 모리시)가 『사도행전』, 원산에서 사역하다 1902년부터 평양으로 옮겨 온 맥길(W. B. McGill)이 『묵시록』을 가르쳤다. 그리고 3반은 노블이 전적으로 맡아 『로마서』와 『영혼론』, 『속장의 직분』, 『논설법』 등을 가르쳤고 사경회 마지막 날에는 노블이 사경회에 참석했던 모든 교인들을 자기 집으로 초청하여 "말하는 기계와 전기 기계로 징관할 목적을 삼고 친문하는 뜻을 살펴서 모든 마음을 기쁘게" 했다.[5] 이런 식으로 사경회는 평양과 지방 부인들이 기독교 복음과 함께 서구 문명과 문화를 접하는 기회가 되었다.

그리고 사경회에 참석한 지방 교인들의 전도 활동으로 지방 교회 개척도 활발하게 이루어졌다. 남산현교회는 1897년 '평양성 밖의 첫 번째 지교회로 봉룡동에 교회를 설립한 후 대동강 건너편에 교인들이 계속 늘어나자 본격적으로 지교회 설립을 추진했다. 그 결과 평양 지방의 세 번째 교회로 1899년 봉룡동[선교리]에서 동남쪽으로 10리 떨어진 곳에 칠산(七山)교회가 설립되었다. 칠산리에 살던 김택영과 이동식 등 몇 사람이 봉룡동 교회에 다니면서 동네 사람들에게 전도한 결과 교인 수가 30명으로 늘어나 김택영이 자기 집을 예배 처소로 내놓아 1899년 5월부터 집회를 시작한 것이 칠산교회의 출발이다. 칠산교회는 집회를 시작한 후 교인이 70명으로 늘어나 그해 9월에 4간 초가집 예배당을 짓고 예배 처소를 옮겼으며 이후에도 교인들이 계속 늘어나 1900년 110명, 1901년 172명, 1903년 294명을 기록했다. 이에 칠산교회 교인들은 건축 헌금 1,500냥으로 예배당을 배로 늘려 지었고 교회 부속 학당도 설립했다.6)

이처럼 설립 4년 만에 교인 300명으로 급성장한 칠산교회의 부흥은 주변 마을 교회 설립으로 연결되었다. 1903년에 이르러 칠산교회에 출석하던 교인들이 유동(柳洞)과 문수골에서 집회를 시작했다. 우선 칠산에서 10리 떨어진 유동교회는 이곳 속장 송익주와 송관주 형제가 칠산교회에 출석하며 마을 주민들에게 전도하고 또 평양 남산현교회 청년 전도자 윤형필이 이곳에 자주 나와 전도 활동을 펼친 결과 10여 명 교인이 생겨남으로 1903년 봄부터 교인 오철수 집에서 예배를 드리기 시작했다. 이후 교인이 60명으로 늘어나 6간 초가 예배당을 건립하고 예배 처소를 옮겼다.7) 유동교회와 같은 시기 문수골에서도 집회가 시작되었는데, 문수골 집회는 같은 시기 집회를 시작한 절골교회로 흡수되었다. 대동강면 의암리에 위치한 절골 교회는 개종한 무당의 굿당에서 집회를 시작한 교회라는 점에서 흥미롭다. 1903년 12월 『신학월보』가 소개한 절골교회 설립 역사다.

> 절골은 성내에서 상거가 십 리 되는 곳인데, 그곳에 김 씨라 하는 부인이 이전에 무술(巫術)로 생활을 하다가 지금은 예수 구원하시는 참 이치를 깨닫고 모든 우상을 다 멸하고 장고와 장삼 등의 물건은 다 목사 댁에 보내고 독실하게 주를 믿는데, 그 동리에 벌써 주를 믿기로 작정한 사람이 8인이요 자기 집으로 예배당 삼기를 원하는 고로 문수골 교우들이 그곳에 가서 예배한다더라. 그뿐 아니라 성 내외에 있는 무당들은 거의 다 이 김 씨의 제자인데, 만일 김 씨가 힘써 전도만 하면 평양은 무당이 아마 없어지리라고들 하더라.8)

절골교회는 후에 사동교회(寺洞敎會)로 명칭을 바꾸어 대동강 북부 선교의 거점이 되었다.

이처럼 평양 남산현교회가 새 예배당을 건축한 1903년에 이르러 평양 인근에 많은 교회들이 개척되었고, 그것은 '평양 구역' 교세 성장으로 연결되었다. 다음은 1903년 5월 연회 때 노블이 보고한 '평양 구역' 교세 통계다.9)

교회	입교인	세례인	학습인	총계
남산현교회	141	157	733	1,031
칠산교회	63	59	170	292
봉룡동교회	22	38	144	204
증산교회	13	19	51	83
기타		17	29	46
합계	239	290	1,127	1,656

여기에 2백여 명 '원입인'(구도자)과 7백여 명 주일학교 학생들까지 포함한다면 평양 남산현교회는 이미 2천 명 교인을 확보한 '대형교회'로 발전했음을 보여준다. 이로써 남산현교회는 당시 한국 감리교회 중에 가장 교세가 큰 교회가 되었다.[10] 이렇게 강력한 교세를 확보한 평양 남산현교회는 평양과 대동강 일대뿐 아니라 평안남도의 강서와 삼화, 함종, 증산, 맹산, 안주, 황해도의 신계와 수안, 서흥, 평안북도의 영변과 태천, 희천, 운산, 구성 등지에 이르는 광활한 북한 지역 감리교 선교의 거점이 되었다.[11]

2.3.2 깨어난 여성들의 단체 조직

평양 남산현교회의 새 예배당 건축이 마무리 단계에 들어섰던 1903년 7월, 서울 배재학당 출신으로 정동교회 전도사로 사역하던 문경호가 노블 장로사 초청을 받고 지방 전도를 목적으로 평양을 방문했다. 그는 평양에 한 달 간 머물면서 남산현교회를 비롯하여 대동강 건너 칠산과 봉룡동, 유동, 절골은 물론 삼화와 함종, 강서, 증산 등지까지 순회하며 집회를 인도했다. 그는 각처 집회 상황에 대하여 "평양 성내 교회에서 예배하러 오는 형제자매들이 많은데, 주일에 모이는 교우들을 본즉 평균 7백여 명이 모이고 삼일기도회에는 평균 4백 명 가량이 모이며 또 청년회에는 남녀 합 2백 명씩 모이고" 있다고 보고했다.[12] 여기서 주목할 것은 남산현교회 엡윗청년회(굿셀청년회) 회원이 남녀 합하여 2백 명이 모였다는 점이다. 서울 정동교회의 경우 남자지회(월은청년회)와 여자지회(조이스회)가 별도 조직으로 활동했었다면, 평양 남산현교회는 남녀 회원이 같은 조직 안에서 함께 활동하고 있었다. 그만큼 평양 교인들이 서울 교인들보다 '개방적'이었던 것이다.

이런 평양교회 청년들의 '개방적'인 활동은 1903년 5월 남산현교회에서 열린 '부인 글짓기 대회'에서도 확인된다. 남산현교회 굿셀청년회에서 주최한 글짓기 대회에 4백여 명의 청년회원들이 참여했는데, 여자 회원들도 포함되었다. 그날 여성들에게 주어진 시조 화제(話題)는 '화덕'이었고, 운자(韻字)는 '게, 네, 세'였다. 이에 대하여 『신학월보』는 "부인들로 글을 짓게 한 것은 우리 대한에는 처음 있는 일이라"며 네 명의 작품을 소개했다.[13]

강씨 메불

저기 놓은 쇠통 보게 엄동설한 요긴하네

추운 사람 덥게 하니 생각건대 화덕일세

임씨 통달

식은 지체 되지 말게 항상 사람 덥게 하니
네가 참말 화덕이냐 덥게 하니 화덕일세

전씨 삼덕

찬 화덕에 불씨 두게 석탄불로 덥게 하네
우리 마음 차고 차나 성신불로 덥게 하세

김씨 또라

맘이 찬 자 이리 오게 천국화덕 여기 있네
예수 천하 화덕 되니 온화하고 더움일세

　작품을 낸 강메불, 임통달, 전삼덕, 김또라는 남산현교회 초기 여성 신자들로 그 중에도 전삼덕은 평양 최초 '휘장세례' 주인공이었고, 김또라는 남산현교회 부속 여학교 교사로 활동하고 있었다.14) 이러한 '부인 글짓기'는 봉건사회에서 침묵을 강요받았던 여성들이 기독교 복음을 받아들인 후 한글을 깨치고 자기 신앙과 의지를 공개적으로 밝히기 시작했다는 점에서 중요한 의미가 있었다. 이러한 교회 여성들의 자의식(自意識) 계발은 교회 여성들의 자치 기구 조직으로 연결되었다. 즉 이런 '부인 글짓기 대회'가 열렸던 1903년 남산현교회 전도부인 김세지를 중심으로 부인회(보호여회)

가 조직되었다. 이에 대한 김세지의 증언(1926)이다.

> 나는 돈을 모아가지고 남산재 예배당 안에 기도방도 짓고 또 아직 주의 이름이 들어가지 아니한 곳에 기도방을 세우려고 동지 교우들과 의론한 후에 평양 교회에 부인회를 조직했다. 즉 지금 있는 보호여회가 그것인데, 평양에서 여자의 단체로는 이것이 맨 처음 조직된 단체였다. 일반 교우들이 나를 동회 회장으로 선거하매 나는 이를 사양할 수 없어서 수십 년간 이 회를 위하여 일하게 되었다. 그때 동회의 회비는 매월 10전으로 정했었는데, 그것을 언제 모아 큰 돈을 만들어 기도방을 설립하겠는가 하고 비웃는 이가 많았으나, 그러나 우리 회원 일동은 쉴 새 없이 활동한 결과 이로 인하여 하나님 나라 일을 확장하는 데 다대한 도움을 주었다.[15]

처음에는 교회 안에 기도방을 만들고 복음이 들어가지 않은 곳에 기도처를 세울 목적으로 매월 10전씩 회비를 모으는 것으로 보호여회 사업을 시작했다. 그 결과 보호여회를 조직한 지 8년 되는 1911년에 평양 근교에 전도부인 한 명을 파송했고, 남산현교회 전도부인 생활비를 전담했으며, 1922년에는 만주에 여성 선교사 한 명을 파송하여 2년 동안 매월 50원씩 보조했다.[16] 그뿐 아니라 평양 남산현교회 보호여회는 민족 의식이 강한 교회 여성들을 중심으로 1919년 삼일운동 직후 애국부인회를 조직하고 항

애국부인회 회원으로 활약한 남산현교회 보호여회 임원들. 앞 줄 중앙이 회장 김세지다.

일투쟁을 벌이는 기반이 되었다.

이처럼 평양 남산현교회가 새 예배당을 건축하고 보호여회를 조직하면서 활발하게 선교 활동을 펼쳐 나가려 할 즈음 평양과 교회는 또다시 시련을 겪었다. 1904년 러일전쟁이 터진 것이다. 서울에서 열린 미 감리회 한국선교회 제20차 연회 개회 날인 2월 10일 인천 앞바다에서 일본과 러시아 함대의 포격전으로 시작하여 전선은 평양과 선천을 거쳐 5월 초 압록강 건너 만주로 이동했다. 평양은 또 한 번 전쟁의 소용돌이 속에 휘말렸다. 다행히도 평양전투가 오래 지속되지 않았고 또 10년 전 청일전쟁을 치른 경험이 있어 차분하게 대처하여 큰 피해를 입지 않았다. 전쟁 직후 노블 가족은 안식년 휴가를 얻어 미국으로 돌아갔고, 평양에는 모리스와 무어. 베커, 폴웰 등 남성 선교사들만 남아 교회와 선교 기관을 지켰다.[17] 노블은 미국으로 출발하기 직전(5월 9일) 서울에서 속개된 연회에 제출한 보고서를 통해 전란 중 남산현교회 모습을 이렇게 증언했다.

> 우리는 즉각 심방위원회를 조직해서 심방대원들로 하여금 교인 가정을 방문하여 전도지를 나눠 주며 말씀을 전하도록 했습니다. 그런 식으로 대탈출이 이루어지기 전에 모든 교인들의 집을 방문해서 형편을 파악할 수 있었고, 일본군이 평양성을 가득 메우기 전 교인이든 일반인이든 질서 있게 지방으로 탈출할 수 있어 피해를 줄일 수 있었습니다. 전투가 벌어진 처음 열흘 간에도 우리는 저녁마다 집회를 열었고 낮에는 누구든 들어오게 예배당 문을 열어 놓았습니다. 그 결과 전쟁 중 75명의 구도자가 새로 등록했습니다. 평양 성내가 군인들로 가득 차게 되었을 때 우리는 여성 교우들에게 내륙으로 피란갈 것을 권했습니다. 그 결과 6, 7백 명 모이던 교인이 70명 수준으로 떨어졌는데 남은 교인들은 대부분 남성들입니다.[18]

노블의 증언처럼 일본군이 평양에 입성하기 전 거의 모든 평양 주민들이 성 밖으로 나갔다. 남산현교회 여성 신도들도 대부분 지방으로 피신했다. 1백 명 미만의 남성 교우들만 평양에 남아 선교사들과 함께 남산현교회를 지키며 집회를 계속했다. 그 중에도 굿셀청년회 회원들의 활약이 두드러졌다. 이에 대해『신학월보』는 "비록 난중이라도 한 회도 정지하지 않고 항상 모여서 기도했으며, 회당을 위하여 17원 66전을 주고 좋은 괘종 1좌를 사서 걸었으며, 또한 이왕 교중 매장지로 쓰기 위하여 20원을 주고 3,900보 주회(週回)되는 산지(山地)를 샀으며, 지금 유치한 돈도 18원이나 되어 요긴한 것에 쓰기 위해 논의 중이라"고 기록했다.[19] 교회 청년들이 오히려 전쟁 중에 교회 괘종시계와 매장지를 구입하는 열의를 보인 것이다. 이처럼 평양 '성 안에' 남은 교인들이 헌신적 신앙 열정을 보인 것과 마찬가지로 '성 밖으로' 나간 교인들도 피난 간 그곳에서 열성적으로 전도활동을 펴 지방 교회의 부흥을 일궈냈다. 다시『신학월보』의 보도다.

모든 교우 중에 성내서 거류하는 이도 있었거니와 여러 집은 피란차로 외촌에 나갔으니 성내 회당은 매주일 모이는 회원이 백 명이 차지 못하는지라. 섭섭함을 이기지 못하여 다만 어서 평화 되기만 기다리더니, 찬미할지어다. 뉘 능히 하나님의 넓으신 경륜을 측량하리요. 외촌에 나간 회우들이 마치 사도행전 8장 예루살렘 군축(群逐)에 믿는 자들이 나아가 이방 사람에게 전도함같이 우리 교우들이 힘써 예수의 이름을 간증하여 믿는 자가 날로 일어나서 외촌 회당은 거의 터지게 된다 하오니, 이로 보건대 우리 모든 믿는 자들이 무론 아무 환란을 당하든지 참 하나님께 의지하여 깊이 생각할 바로다.[20]

외곽으로 피난 간 남산현교회 교인들의 전도 활동으로 대동강 건너편 칠산과 봉룡동, 유동, 절골 등지 교회가 크게 부흥했고 새로운 교회들이 개척되었다. 청일전쟁 때는 김창식 혼자 남아 힘들게 교회를 지켰던 상황과는 전혀 다른 모습이었다. 그 결과 청일전쟁 때도 그러했지만 러일전쟁을 거치고 난 후 교회는 더욱 부흥했다.

전선이 압록강 건너편으로 옮겨간 5월 중순부터 피란갔던 교인들이 평양으로 돌아왔고 교회는 예전 모습을 회복했다.[21] 그리하여 5월 22일 주일에 모리스 장로사 집례로 성찬식을 거행할 때 남녀 교인 5백 명이 참석하여 '전후 평화 회복'을 기원했다.[22] 그리고 7월 20일부터 남산현교회에서 '평양 지방 직원 사경회'를 개최했다. 지방 내 각 교회에서 사역하는 전도사와 권사 23명이 참석하여 『히브리서』(모리스), 『성경약론』(폴웰), 『사민필지』(베커), 『성경대지』(무어), 『교회사기』(에스터) 등을 공부했는데, "이 다섯 분 선생께서 한국 방언도 잘 하시고 열심히 가르쳤으며 배우는 형제들도 힘과 믿음을 다하여 공부했으니 하나님의 은혜로 도와주심을 많이 받아 크게 유익을 얻었다."[23] 그리고 그해(1904) 10월 말에 남감리회 선교사 하디(R. A. Hardie, 하리영)와 무스(J. R. Moose, 무야곱)가 평양 남산현교회에 와서 부흥회를 인도했는데, 이 집회에 대하여 모리스는 "우리 교인들 모두 은혜를 받았습니다. 나는 그때 그처럼 교인들이 죄를 깊이 깨닫는 모습을 본 적이 없습니다"라고[24] 보고했다.

하디의 1904년 10월 평양 집회는 1903년 원산에서 일어난 부흥 운동을

1907년 평양 대부흥 운동으로 이어주는 매개가 되었다는 점에서 특별한 의미가 있다. 1903년 8월 원산의 남감리회와 캐나다장로회 선교사 연합사경회에서 촉발된 부흥 운동의 불길이 남감리회 선교 구역인 철원과 개성과 미 감리회 선교 구역인 서울을 거쳐 평양에 이르게 된 것이다. 하디는 1906년 8월에 다시 평양에 와서 북장로회 선교사들을 대상으로 부흥회를 인도했는데, 그것이 이듬해 1월 일어난 대부흥 운동의 기폭제가 되었다.

2.3.3 영적 부흥과 민족 구원

평양 대부흥 운동은 어느 의미에서 1904년 10월 하디가 인도한 부흥회에 참석한 남산현교회 교인들의 "죄를 깊이 깨닫는 모습"에서 이미 시작되었다고 볼 수 있다. 죄를 깨닫고 회개하며 기독교 신앙의 본질을 체득한 평양 교인들은 '윤리적 갱신'과 '변화된 삶'으로 기독교인 됨의 의미를 전도 활동으로 실천했다. 그 결과 안식년 휴가를 마치고 1905년 10월 평양에 귀환한 노블은 1년 사이에 '뜨겁게' 바뀐 평양교회 분위기를 확인할 수 있었다. 그는 1906년 6월 연회에서 "평양 제일교회[남산현교회]는 전례 없는 부흥을 이룩했다"며, "지난 1년 동안 신입 교인만 7백 명이 넘어 총 교인 수는 1,556명이 되었다"고 보고했다. 그리고 "이 숫자는 교인 명부에 오른 사람만이고 [한국인] 목사가 제출한 교인 명부엔 2,240명이 등재되어 있다"고 밝혔다.[25] 남산현교회는 러일전쟁 이전 수준을 이미 뛰어넘고 있었다.

이런 교회 부흥은 남산현교회 교인들이 1905-06년 겨울에 실시한 대전도 운동의 결과였다. 이 전도 운동은 매년 연초에 실시하는 지방 사경회를 계기로 실시했는데, 전에는 성경 공부에 중점을 두었다면 1906년 1월 사경회는 전도에 초점을 맞추었다. 그 결과 1906년 1월 28일 주일 하루에만 새 신자 106명이 교회에 등록했다. 그 '감동적안' 사실을 노블 부인은 일기에 이렇게 적었다.

> 지난 한 주간 동안 교인들은 집집마다 전도지를 나누어주면서 주민들에게 주님께 돌아와 예배에 참석할 것을 권면했다. 그 결과 어제[1월 28일] 주일에 41명의 새 신자가 제단 앞에 나와 섬기던 우상을 부수고 주일을 지키며 예수 안에서 하나님께 기도하겠노라 약속했다. 설교 후에 우리 한국인 동역자 이은승 목사가 나와 모든 교인들은 예배를 마치고 주일학교 모임을 갖기 전까지 식사하지 말고 금식한 후 나가서 사람 낚는 어부가 되자고 권면했다. 교인들이 그렇게 한 결과 오후 주일학교 시간에 새로운 교인 20명이 제단 앞에 나왔다. 저녁 예배 때 하나님의 성령이 다시 사람들의 마음을 움직여 44명이 예수님을 새로 믿게 되어 그날 하루에 총 106명이 주님의 이름으로 교회에 등록했다.[26]

평양 시내 축호 전도 운동을 지도한 이은승 목사는 1903년 5월 연회에서 목사 안수를 받은 후 평양 남산현교회 부목사로 파송을 받았다가 노블이 평양을 떠나 있던 1905년 6월 연회에서 남산현교회 담임목사로 파송을 받았다. 이로써 남산현교회의 한국인 목사 담임 시대가 열렸다. 이은승 목사는 담임목사로서 처음 주관하게 된 1906년 겨울 사경회를 전도 운동으로 유도했던 것이고 그 결과는 선교사들을 감동시키기에 충분했다. 그것은 노블의 1906년 연회 보고 내용에서 확인된다.

우리 교인들의 진취적 기상은 지난 겨울 실시한 평양성 복음화 운동에서 잘 드러납니다. 교인들은 조직을 갖추어 축호 전도를 실시했는데, 그 결과 한 주일 만에 4백 명이 우리 제단에 나왔습니다. 그런 후 교인들은 평양 시내 지도를 놓고 집집마다 교인 여부를 파악한 결과 전체 가구 중 40%가 교인집이거나 가족 중 한 명이라도 교회에 다닌다는 사실을 확인할 수 있었습니다. 이런 결과는 불과 10년 전과 비교했을 때 참으로 놀라운 변화라 할 수 있습니다. 그때는 세 집 중 두 집이 술집이었고 평양은 조선에서 가장 사악한 도성이라는 오명을 받고 있었습니다. 그 많던 술집들이 문을 닫거나 사라졌는데 이유는 더 이상 술장사가 되지 않기 때문입니다.27)

이런 식으로 선교 10년 만에 기독교는 평양 사회를 바꾸어 놓았다. 이런 부흥과 전도 운동 분위기는 1906년에도 지속되었다. 특히 1906년 8월, 원산 부흥 운동의 주역 하디가 평양에 다시 와서 북장로회 선교부 사경회를 인도한 것이 '교회 부흥을 희구하는' 장로교 선교사와 한국 교인들의 기도 운동으로 연결되어 1907년 평양 대부흥 운동을 촉발시켰다.

'통성기도'와 '통회자복', '공개적인 죄의 고백', '보상과 배상', '용서와 화해', '윤리적 갱신' 등을 특징으로 하는 평양 대부흥 운동은 1907년 1월 6-16일, 평양 장대현교회에서 개최된 장로교 '평남 도사경화'에서 시작되었다. 그것이 1월 중순 숭덕소학교와 숭의여학교를 거쳐 2월 숭실중학교, 3월 평양 장로회신학교 부흥회로 연결되었다.[28] 그런데 당시 숭실중학교는 북장로회와 미 감리회 선교부가 공동 운영하는 '연합학교'였다. 그래서 이 학교에 다니던 감리교 학생 다수가 부흥 운동에 접하여 '통회자복'하는 현상이 나타났다. 당시 미 감리회 선교부를 대표하여 숭실중학교 경영에 참여하고 있던 베커(A. L. Becker)의 보고를 노블 장로사가 이렇게 소개했다.

우리는 도저히 시간을 통제할 수 없었습니다. 기도회 때마다 집회가 종료되었음을 몇 번이고 광고하여도 학생들은 성령에 감동되어 울부짖으면서 '할 말이 있어요' 하고 외쳤습니다. 어떤 경우엔 낮부터 한밤중까지 집회를 계속해야 하는 고역을 치르기도 했고, 어떤 경우엔 학생들이 우리 숙소까지 따라와 기도해 달라고 했습니다. 어느 날 밤에는 학생 네 명이 예배당을 떠나지 않고 밤새 기도하는 것도 보았습니다. 이번에 학생 열 명 중 아홉 명이 큰 은혜를 받고 거듭났습니다.[29]

출처: 한국기독교역사박물관

손정도(오른쪽)와 고종철

그렇게 '성령 충만'과 '거듭남'의 체험을 한 숭실중학교 감리교 학생 중에 훗날 목사로서 독립운동에 큰 족적을 남긴 손정도(孫貞道)가 있었다. 강서군 증산 출신인 손정도는 23세 때(1904) 관리 등용 시험을 보러 평양에 가던 중 조촌리(趙村里) 기독교인 마을에 들렀다가 복음을 접하고 즉시 개종을 결심한 후 상투를 자르고 집으로 돌아가 집안 사당을 부수었다. 그 일로 "미쳐도 크게 미친" 사람으로 몰려 집안에서 쫓겨난 그는 평양으로 올라와 남산현교회에 출석하면서 무어(John Z. Moore, 문요한) 선교사의 후원으로 숭실중학교에 입학, 신학문과 기독교를 배우기 시작했다. 조만식과 선우혁, 김득수, 이성휘, 박상순 등이 그의 동기였다. 그러다가 1907년 2월 숭실중학교에서 열린 부흥회에 참석해서 '통회자복'과 '윤리적 갱신'을 체험한 것이다.

그런데 대부분 부흥 운동 체험자들이 '초월적'인 신앙에 몰입해 정치 사회적 현안에 대해 '현실도피적인' 자세를 취한 것과 달리 손정도는 '영적 갱신'을 체험한 후 민족 문제를 갖고 진지하게 고민하며 기도하기 시작했다. 당시 한반도 상황은 1905년 '을사조약' 체결 이후 통감부를 내세운 한반도 지배 정책이 본격적으로 추진되는 가운데 시류를 타서 일진회와 같은 '친일파' 조직이 세를 확장하고 있었고, '을사조약' 체결 직후 강렬하게 일어났던 항일의병 운동도 수많은 희생자만 내고 소멸 상태에 이르렀다. 무기력한 대한제국 정부와 국권 상실로 인한 실망감이 대중에 만연되어 있었고, 이에 실망한 이들이 해외로 망명길을 떠났다. 손정도에겐 '영적 각성'과 함께 좌절과 위기에 처한 '민족 구원'이 포기할 수 없는 기도 제목이었다. 그래서 손정도는 "광명한 종교적 정화의 세례를 찾기 위하여 또는 캄캄한 조선이 구원의 길로 나아갈 살 길을 찾기 위하여 쉼 없는 기도를" 했고 마침내 응답을 받았다.

바로 새벽녘이었다. 앞길의 광명을 찾으려고 애달프게 호소하던 나의 앞에는 신의 광명한 빛이 세상에서 볼 수 없는 이상의 빛으로 빛났다. 인자하시고 건실하신 구주 예수께서 자애 깊은 눈물을 흘리며 나에게 임하셨다. 나도 흐느꼈고 그도 느끼셨다. 이 흐느낌은 슬프거나 답답해서가 아니라 너무 감격하고 말할 수 없이 기쁜 그 극(極)에서 정화된 눈물이다. 광명을 찾은 즐거움이요 앞으로 나아갈 그 길을 하도 애쓴 뒤에 발견한 기쁨에 넘치는 눈물이다.30)

동시에 손정도는 "자신 앞에 2천만 남녀 동포가 하나도 빠짐없이 죽 늘어선" 환상을 보았다. 손정도는 그것을 "죄악의 멍에에 차꼬를 찬 그들을 구원하고 해방함이 나의 책임이라"는 사명감으로 해석했다. 이처럼 '환상 체험'을 통해 '민족 구원'에 대한 소명 의식을 얻은 손정도는 '전도자'(목회자)로 헌신할 것을 결심하고 남산현교회 언덕을 올랐다.

그 이튿날은 마침 주일날이었다. 남산재 예배당을 향하고 올라갈 때에 자기의 한 발걸음을 옮길 때마다 땅이 우묵우묵 오르고 내림을 느꼈다. 이는 2천만을 구원할 무거운 짐을 자기의 등에 진 까닭에 자기의 몸이 그만큼 중대함의 상징이었다. 이로부터 외치는 소리는 불신성한 자 또는 불철저한 가면 운동자의 모든 위선을 책하며 기독의 완전무결한 구원의 도리를 전파하기에 하루같이 하여 올 뿐더러 훗날에 갖은 고생을 당하여도 그리스도주의에 충성하게 되었다.[31]

이처럼 손정도에게 '종교적 각성'과 '윤리적 갱신', '영혼 구원'과 '민족 구원', '기독교 신앙'과 '나라 사랑'은 물과 기름처럼 상관없는 별개가 아니라 동전의 양면처럼 서로 연결되어 함께 추구할 '목회 가치'였다. 그가 감리교 목사가 되어 목회와 목양에 충실하면서도 민족 독립운동을 외면하지 않고 지원, 혹은 참여했던 이유다.

이런 식으로 손정도와 함께 숭실중학교 부흥회를 통해 영적 각성을 경험하고 전도 사역에 나선 '감리교 학생'으로 손정도의 1년 후배인 고종철(高宗哲)과 남산현교회 전도부인 김떠커스의 아들 강신화(康信華)가 있었다. 이들도 앞서 베커 선교사의 증언에 나오는 "밤을 새워 기도했던" 숭실 학생들이었다. 바로 이들, '숭실의 감리교 학생'들을 통해 장대현교회에서 타오르기 시작한 부흥의 불길이 남산현교회에 전달되었다.[32] 그런데 당시 남산현교회 담임자였던 이은승 목사는 처음에 '열광적인' 통성기도와 통회자복 현상에 부정적인 자세를 취했다. 그러나 숭실중학 감리교 학생들의 '끈

질간' 기도와 청원으로 마침내 이은승 목사도 '통회자복' 대열에 동참했다. 그리하여 2월 10일 남산현교회 주일예배에서 감리교 부흥 운동이 시작되었다. 그 현장을 목격했던 노블 부인의 일기다.

어제[2월 10일] 오전 우리 교회에서도 몇 주 전 장로교회에서 일어난 것과 같은 엄청난 죄의 고백이 이루어졌다. 교인들이 신앙적 가르침에 점점 예민하게 반응하더니 마침내 모두가 죄를 자백하며 고꾸라졌다. 두 주 혹은 열흘 전에도 자복할 기회가 있었는데, 그때는 우리 교회 토착 목회자[이은승 목사]가 장로교회에서 일어난 현상에 대해 탐탁지 않게 여겼고, 과연 그것이 성령의 임재와 그 결과인가 하는 것에 의심을 품었다. 그러나 그도, 교인들도 마침내 더 이상 기다리거나 주저할 수 없는 지경에 이르렀다.[33]

2월 10일 주일 아침예배는 노블 장로사가 인도했는데, 그가 먼저 '성령의 뜨거운 불을 체험했고 그것이 교인 회중의 통회자복을 끌어냈다. 계속되는 노블 부인의 일기다.

그[노블]는 이곳에서 성령의 능력을 체험했고, 그래서 주일 아침 예배를 인도하게 되었는데 거기서 교인들이 자기 죄를 자백하고 주님께 돌아왔으며 우리 모두는 성령의 불, 부흥 운동의 한복판에 서게 되었다.

많은 이들이 울면서 통회했고, 어떤 이들은 공개 자복을 하면서 죄로부터 자유함을 얻었다. 오후 주일학교 시간에도 같은 형상이 연출되었는데 교인들이 죄의식에 강하게 사로잡혀 있어 장로사는 예정대로 차분하게 수업을 할 수 없었다. 역시 죄로 인해 괴로워하는 현상이 나타났으며 저녁 집회에서도 같은 현상이 나타났다. 그렇게 죄를 자백한 후에는 사죄의 은총 속에 오는 평안을 경험했는데, 그런 평안을 회복하는 데 시간이 걸리는 교인들도 상당수 있었다.[34]

이러한 교인들의 통회자복이 터져 나온 주일예배를 마치고 남산현교회는 이튿날(2월 11일)부터 2주 동안 동안 예정에 없던 부흥회를 개최했다. 오전(여자)과 저녁(남자)으로 나누어 노블과 이은승 목사가 인도한 집회에서 같은 현상이 연출되었다. 이은승 목사의 증언이다.

성신께서 우리 죽은 교회를 살리려 하실 때에 먼저 죽이기를 시작하셨으니 모든 권능을 베푸시는 중에 특별이 행하는 것은 각 교우의 마음에 빛을 비추사 죄를 나타나게도 하시며, 각 마음을 책망하사 진노하심을 나타나게도 하시며, 각 마음을 떨리게 하사 그 죄를 심히 애통하게도 하시며, 각 마음을 누르사 그 죄를 항복하게도 하시며, 각 마음을 찌르사 가슴이 터지는 것 같게도 하시며, 각 마음에 눈을 밝히사 십자가에 달리신 구주를 능히 바라보게도 하실 새, 어떤 사람은 음식을 전폐하고 여러 날을 지내며, 어떤 사람은 잠을 이루지 못하고 여러 밤을 지내며, 어찌 하여야 구원을 얻으리이까 하는 이도 많더라.35)

이 같은 통회자복 현상은 여성 집회에 참석했던 전도부인과 여성 교인들에게도 나타났다. 그 중에도 남산현교회 보호여회 회장으로 여성 사역과 집회를 이끌던 김세지의 회개는 구체적이었다. 노블 부인의 증언이다.

    그[김세지]는 자기 죄로 인해 괴로워했다. 그는 울면서 손으로 마루바닥을 쳤다. 그는 자기를 주체할 수 없을 정도로 괴로워하다가 마음을 억눌렀던 죄를 회중들 앞에서 털어놓았다. 그 하나가 사랑 없이 분노로 행했던 것인데, 교회 나오던 부인이 죽었을 때 교인들이 생각했던 것처럼 그가 당연히 가서 시체에 염을 해야 했는데 사랑하는 마음이 없이 가서 하였고, 한 번은 가기를 거부했다고 자백했다. 그리고 목사에 대해 불만을 품었던 죄도 자백했다. 또한 다른 사람들이 무서운 죄를 자백하는 것을 보고 바리새적인 태도를 취했었다는 것을 자백하는 단계에 이르러 자신을 주체할 수 없을 정도가 되었다. 그는 신앙생활을 하기 전에 살았던 어두운 과거를 고백했고, 믿기 시작한 후에도 나쁜 짓을 저질렀으며 자기 어머니를 일찍 돌아가시게 했다고 했다.36)

같은 집회에서 남산현교회 전도부인으로 활동하고 있던 오수산나도 '통절하게' 회개했다. 그 장면을 노블 부인은 이렇게 기록했다.

> 부인 집회에 참석했던 오수산나는 자기 가슴을 쥐어뜯으며 마루바닥을 뒹굴다가 정신을 차리고는 폴웰 부인에게 다가가 그 발 앞에 엎어지면서 그에게 좋지 않은 마음을 품었던 것을 용서해 달라고 했다. 그리고 이은승 목사에게 가더니 그 발 앞에 엎어졌다. 목사가 그를 부축해 일으키려 애썼다. 나도 가서 그녀를 부축했는데 그러자 몸이 굳어지더니 내 품에 안겼다. 그는 조금 후 정신을 차리고 용서해 달라며 기도했다. 그녀는 사죄의 평안을 얻었고 그 후 지금까지 아주 기쁘게 신앙생활을 하면서 큰 능력으로 다른 부인들을 가르치고 있다.[37]

이처럼 남산현교회 목회자와 교인들은 남녀를 불문하고 통회자복하고 거듭나는 체험을 했다. 특히 목회자와 전도부인 등 토착교회 지도자들의 회개와 공개 자복은 그들의 '영적' 권위와 지도력을 훼손하는 것이 아니라 오히려 높여 주었다. 그리고 회개한 교인들은 상호간에 용서와 배상을 실천했는데 목회자와 교인, 토착 교인과 선교사 사이에서 그런 화해와 일치가 이루어졌다. 노블 부인은 그것을 부흥 운동의 가장 큰 결과물로 여겼다.

우리 외국인 동네 사람들도 성령 충만하여 새롭고 풍성한 축복을 받았다. 서로가 서로를 진심으로 사랑하게 되었고 한국 사람들에게 보다

가까이 다가가게 되었으며 그 어느 때보다 그들을 깊이 이해하게 되었고 그들도 우리를 이해하게 되었다.38)

계속해서 2월 11일부터 남자 초등 학생들도 광성소학교에서 집회를 시작했는데 거기서도 회개가 터져 나왔다. 이에 노블 선교사와 이은승 목사는 한 주간으로 예정했던 남산현교회 부흥회를 한 주간 더 연장하기로 했다. 그러면서 부흥회 저녁 집회를 남산현교회에서 남녀 혼성집회로 갖기로 했다. 비록 가운데 휘장을 쳐서 좌석을 구분했지만 같은 공간에 성인 남자와 여자가 함께 모인 것은 처음이었다. 2월 20일 수요일 저녁에는 2천 명이 넘는 인파가 모였는데 그 중 반 이상이 여성이었다.39) '성령 충만의 부흥집회에 남녀 구별이 없었다.

평양의 감리교 부흥 운동은 2월 20일부터 토착 목회자 양성 과정인 신학회에 참석했던 학생들의 부흥회와 2월 21일부터 정의여학교 학생 부흥회로 연결되었다. 그리고 3월 28일부터 4월까지 평양 지방 부인 연합 사경회가 열렸는데, 평양 시내에서 110명, 인근 지방에서 177명, 총 287명이 참석하여 평양 주재 여선교사들만으로는 손이 모자라 토착 전도부인 몇 명을 교사로 충당했다. 이 사경회에서도 역시 통회와 자복이 일어났다. 노블 부인의 증언이다.

평양 시내 교회들에 대각성 운동이 일어난 직후 봄 사경회를 열었는데 부인 쪽에도 놀라운 부흥의 불길이 휩쓸었습니다. 우리는 몇 차례 저녁 집회를 열었는데, 그때마다 성령의 놀라운 임재가 나타났고, 어느 날은 오전 기도회 중에도 너무 많은 이들이 나와서 죄를 자복하고 거듭났음을 간증하는 바람에 오전 시간을 대부분 기도와 자복 순서로 진행했습니다. 사경회 내내 성령께서 강하게 역사하심으로 사경회가 끝날 무렵엔 참석했던 대부분이 주님께 온 맘을 바치게 되었습니다.[40]

이처럼 평양 지방 연합 사경회에 참석했던 전도부인들과 여성 교인들을 통해 부흥 운동은 지방으로 확산되었다. 이런 식으로 평양에서 폭발한 부흥 운동의 열기는 전국으로 퍼져나가 한국 교회와 사회를 변화시켰다. 이 부분에서 남산현교회 목회자와 교인, 숭실중학교 학생들이 역할이 컸다. 특히 부흥 운동의 불길을 남산현교회로 옮겨 오는 데 결정적인 역할을 했던 '숭실의 감리교 학생' 손정도와 고종철, 강신화 등이 부흥 운동의 지방 확산 과정에서 중요한 역할을 했다. 즉 손정도는 이은승 목사와 함께 3월 말에 인천 내리교회로 가서 부흥회를 인도했고,[41] 고종철과 강신화는 4월 공주읍교회에 내려가 부흥회를 인도한 결과[42] 두 곳에서도 평양과 똑같은 통회자복과 회개 운동이 일어났다.

이렇듯 남산현교회는 1907년 평양 대부흥 운동을 통해 목회자와 교인들이 회개와 중생과 성화라는 기독교(감리교) 신앙의 본질을 체험하고 그것을 윤리적 갱신과 실천, 화해와 일치로 연결시켰으며, 민족과 사회를 구원하는 '구국신앙'의 원동력이 되었다. 이러한 '성령 충만 부흥 운동'을 거치면서 교인들의 신앙생활은 물론 교회 분위기가 '영적으로' 쇄신되었음은 물론이다.

2.3.4 은혜 뒤에 시험

그러나 남산현교회에 1907년은 '은총의 해'만은 아니었다. '은혜 다음에 시험'이 따르듯 부흥 운동 직후 남산현교회는 교인 분규와 이탈, 목회자 사임이라는 시련과 아픔을 경험했다. 1907년 7월에 일어난 교인 분규 사건은 기홀병원 의사 폴웰과 남산현교회 교인 사이의 토지 분쟁에서 시작되었다. 폴웰 사택 옆에 거주하던 교인이 집을 짓는 과정에서 폴웰의 부지를 조금 침범했는데, 폴웰의 만류에도 공사를 강행하자 폴웰은 이 문제를 평양 감사에게 가져갔고 감사는 그 교인을 감영으로 압송하여 이틀 동안 구류하고 '죄인처럼' 심문했다. 풀려난 교인과 그 가족들은 "교인 간의 문제를 교회 안에서 해결하지 않고 세상 법정으로 가져간 것이 비신앙적이라"며 폴웰을 비난했고, 여기에 상당수 교인들이 동조하여 폴웰의 사과를 요구하며 교회 출석을 거부했다. 이 문제는 폴웰이 사과하고, 마침 평양을 방문했던 윤치호와 손정도 등이 중재에 나서 끝까지 반대한 교인 3명만 장대현교회로 옮겨가고 나머지 교인들이 교회로 돌아옴으로 2주 만에 해결되었으나[43] 그 후유증은 오래 갔다. 무엇보다 부흥 운동을 거치면서 선교사와 토착 교인 사이에 형성되었던 신뢰 관계가 훼손된 것이 가장 큰 피해였다.

폴웰과 교인 사이의 분규 사건이 있은 지 한 달 후 8월에는 남산현교회 담임 이은승 목사가 목사직을 사임하고 교회를 떠났다. 장대현교회의 길선주와 함께 평양 대부흥 운동의 주역으로 활약했던 이은승 목사는 폴웰과 교인 사이의 분규 사건이 일어났을 때 선교사와 반대파 교인 사이를 오락가락하는 행보를 보였다. 그런데 그는 이보다 앞서 남산현교회의 부인 성도와의 '불륜 혐의'로 비난을 받은 적이 있었다. 이에 교회 안에 진상조사위원회가 구성되어 조사한 결과 무혐의로 밝혀졌지만 노블 장로사와 해리스(M. C. Harris) 감독은 이은승 목사가 더 이상 평양에서 목회하기 어려울 것으로 판단하여 그를 공주 지방 순행목사로 파송했다. 하지만 이은승 목사는 이에 불복하고 평양에 계속 머물렀다. 그럴 즈음 이은승 목사가 얼마 전부터 본부인에게 이혼을 요구한 사실이 밝혀지면서 교인들은 더욱 강하게 이은승 목사의 해임을 요구했다. 결국 교인과 선교사들로부터 사임 압력을 받은 이은승 목사는 9월 말 "부인과 아이를 버리고, 교인들에게 많은 돈을 빌려서" 서울로 올라갔다.44) 이은승 목사의 일탈은 그 개인뿐 아니라 남산현교회 교인들에게 깊은 상처를 안겨 주었다.

해리스 감독은 1907년 연회에서 이은승 목사 후임으로 강인걸 전도사를 남산현교회에 파송했다. 평양 남산현교회 엡윗청년회 출신인 강인걸 전도사는 부흥 운동과 분규 사건을 동시에 겪으며 적지 않은 충격과 실망을 느낀 모교회 교인들을 치유하며 교회를 다시 '부흥 성장' 궤도에 올려놓았다.

이는 노블 장로사의 1908년 연회 보고에서 확인된다.

> 지금까지 평양 교회 역사에서 현재처럼 영적으로 변화된 모습을 보여 준 때는 없었습니다. 우리 교인 총수는 2,123명입니다. 강인걸 형제는 특별한 능력을 갖춘 목회자임이 확인되었습니다. 지난 해 새로 등록한 교인만 3백 명이 넘는데 금년 연회 통계에는 반영하지 않은 숫자입니다. 이 교회는 북한 지역에서 가장 큰 교회입니다. 이 교회를 전담할 선교사 한 명을 붙여 주어 그로 하여금 이 교회와 함께 강 건너 지역까지 돌보도록 해야 할 것입니다. 그는 4천 명에 이르는 교인을 돌봐야 할 것입니다.[45]

그러나 강인걸 전도사는 1년 후 1908년 3월 연회에서 진남포교회로 파송을 받아 떠났고 그 후임으로는 그해 연회에서 목사 안수를 받은 이익모(李益模) 목사가 파송을 받아 왔다.[46] 평남 용강 출신으로 진남포에서 목회하다가 강인걸 전도사와 목회지를 바꾸어 남산현교회로 파송을 받은 이익모 목사는 교회를 더욱 안정적인 기반 위에 올려놓았다. 그리고 1909년 6월 미 감리회 연회는 평양 남산현교회에서 열렸다. 남산현교회로서는 새 예배당 건축 중이던 1903년에 이어 두 번째 유치한 연회였다. 연회원들은 그 사이 크게 부흥한 남산현교회 모습을 확인했다. 다음은 1905년부터 1909년까지 연회에 보고된 남산현교회 교세 통계다.[47]

연도	세례 입교인	학습인	원입인	주일학교 학생	총계
1905	299	339	396	500	1,534
1906	209	505	273	490	1,477
1907	243	570	1,487	1,138	3,438
1908	261	855	1,007	850	2,875
1909	278	842	559	1,200	2,879

이처럼 남산현교회는 1907년 평양 대부흥 운동을 거치면서 2천 명 교인을 넘어 3천 명 수준을 기록했다. 이러한 교인 증가는 '평양성 안의 지교회 개척'으로 연결되었다. 그리하여 평양 성내 두 번째 감리교회로 1906년 이간동(履間洞)교회가 설립되었다. 이 교회는 1902년 목포로 성경 번역 사역을 하러 내려가다가 어청도 앞바다에서 선박 충돌 사건으로 순직한 한국 감리교회 개척 선교사 아펜젤러(H. G. Appenzeller)를 기념하여 설립된 교회였다. 아펜젤러 순직 이후 그의 모교인 미국 드류(Drew)신학교 동문과 학생들이 그를 추모하며 선교비를 모아 한국에 보냈는데 한국선교회는 그 기금으로 '아펜젤러기념교회'를 세우기로 하고 그 후보지로 평양을 택했다. 평양을 택한 이유는 다수 '드류 동문'들이 평양에서 사역하고 있었던 점이 작용한 것으로 보인다. 1896년 이후 평양 선교를 이끌고 있는 노블을 비롯하여 1901년 평양에 부임한 모리스, 그리고 1903년 내한해서 곧바로 평양에 파송된 무어(John Z. Moore, 문요한)가 모두 아펜젤러의 '드류신학교 후배 동문'들이었다. 그리하여 '드류 아펜젤러기념교회(Drew Appenzeller Memorial

드류 아펜젤러기념교회(이문골교회)

Church)'가 평양에 설립되었다.

이렇게 미국의 '드류 동문'들이 보내온 선교비로 노블은 1906년 2월 평양 내성 하수문(下水門) 안쪽에 있던 정원 부지(3백여 평)를 구입하고 ㄱ자 한옥 예배당을 마련한 후 집회를 시작했다.48) 교회가 위치한 이간동은 이향리(履鄕里) 혹은 죽전리(竹典里)로도 불렸는데, 평양 중심부에 해당하는 평양 향교 뒤편 양반 거주지였다. 1906년 5월 연회에서 이간동교회 초대 담임자로 3년 전에 내한한 베커(Arthur L. Becker, 백아덕)를 파송했다. 하지만 그는 1905년 가을부터 장로교와 감리교 연합 학교로 운영하기 시작한 숭실학교 사역에 주력했기 때문에 이간동 집회는 주로 노블이 인도했다.49) 양반 촌이어서 교회를 시작한 처음에는 고전하였지만 1년 만에 1백 명 교회로 발전했다. 이간동교회에 대한 노블의 1907년 선교 보고다.

우리는 지난 해 드류 아펜젤러기념교회 사역을 시작했습니다. 그곳에서 첫 교인들을 얻는 과정이 힘들기는 했지만 그곳 사역이 헛되지 않았음을 자신 있게 말할 수 있게 되었습니다. 그곳에 등록 교인이 100여 명에 달하며 평균 50명이 출석하고 있습니다. 그곳 사역을 꾸준히 하지는 못했지만 가능한 한 주일과 수요일 저녁에 가서 설교하려 노력했으며 지난겨울엔 3주에 걸쳐 저녁마다 사경회를 인도했습니다.50)

이후 이간동교회(아펜젤러기념교회)는 꾸준히 발전하여 1908년 출석 교인 1백 명을 넘겼고 1911년에는 성인 244명, 주일학교 학생 250명을 기록하였다. 이에 예배당이 좁게 되어 1911년 2월 교인들이 250원을 거두어 새 예배당 건축에 착수했다.51) 이간동교회는 후에 이향리교회를 거쳐 평양중앙교회로 이름을 바꾼 후 남산현교회 다음 가는 교세를 자랑했다.52)

이간동교회가 설립된 직후 또 하나의 '평양 성내' 교회로 구골(九洞)에 교회가 설립되었다. 그런데 이 교회는 1906년 11월 일어난 광혜여원 화재 사건 결과로 설립된 교회라는 점에서 특이했다. 즉 1906년 11월 서문 안 대찰리에 있던 광혜여원에 큰 화재가 일어나 병원은 물론 붙여 지었던 '에디스기념병동'까지 소실되었다. 이에 홀 부인은 (장차 남성병원과 합할 것을 염두에 두고) 기홀병원 가까이로 옮겨 보다 크고 웅장한 2층 서양식 벽돌 건물을 지었는데, 2년 공사 기간 중에 홀 부인은 남문통(南門通) 구골(박구리)에 한옥 기와집을 구입하여 임시 시약소를 설치하고 그곳에서 여성 환자들을 치료했다.53) 그렇게 홀 부인이 구골에서 2년 동안 진료 사역을 하는 동안 그 지역에 교인들이 생겨났고 이들이 1908년 병원이 떠난 자리에서 교회를 시작한 것이다. 평양에서 가장 번화한 상업 지구에 위치한 구골교회는 이후 꾸준히 성장하여 설립 3년 만인 1911년에 이르러 입교인 39명, 학습인 44명, 원입인 132명이 등록하여 주일예배에 평균 150명이 참석하는 교회로 발전했다.54) 구골교회는 후에 박구리교회로 이름을 바꾸어 착실하게 발전했다.55) 이 구골(박구리)교회에서 1913년 보통강변 외성(外城)에 유동교회(柳洞敎會)를 개척했다. 처음엔 기도처 형태로 유지되다가 교인수가

구골교회

2백 명으로 늘어난 1923년부터 '외성교회(外城教會)로 분립했고 이후 유동교회, 유정교회(柳町教會)로 이름을 바꾸었다.56)

1911년에는 이문골(里門里)에 교회를 시작했다. 대동강변 연광정(練光亭) 부근에 위치한 이문골은 근처 채관리(釵貫里)에 있는 평양 기생학교 때문에 평양에서 가장 대표적인 환락가로 알려진 곳이기도 했다. 그런 곳에 교회를 설립한다고 했을 때 우려하는 교인들이 많았지만 결과는 성공이었다. 남산현교회에 출석하던 '장년 교인 서너 명'으로 이문골 집회를 시작했는데 1년 만에 70명 교인으로 늘었다. 모리스는 이문교회 설립 1년 후 결과를 1912년 3월 연회에서 이렇게 보고했다.

지난해 7월 우리는 이문골에 새 교회를 시작했는데 현재 평균 70명이 출석하고 있습니다. 여기에 주일학교 어린 학생들을 포함하면 숫자는 더욱 늘어납니다. 한국 사람들은 이곳을 가장 사악한 곳이라고 말하는데, 우리가 믿는 바는 하나님께서 다른 곳에서도 그리 하셨던 것처럼 이

곳에서 시작한 우리 사역을 축복하실 것이란 점입니다.[57]

그동안 평양 시내 감리교회는 평양 서문을 중심으로 하여 서남부에 주로 포진해 있었는데, 이문교회는 처음으로 시내 동북부로 진출한 교회였다. 이문교회는 설립 2년 만에 3백 명 교인이 출석하는 교회로 성장했고 교인들의 자급 헌금으로 전도사 1명의 생활비를 댈 정도까지 되었다.[58] 이후 이문리교회는 채관리교회로 이름을 바꾸어 꾸준히 성장했다.

3. 남산재 언덕에서 울려퍼진 만세소리(1910-1929)

출처: 한국기독교역사박물관

광성과 숭실학교 연합 운동회 풍경. 이러한 군중 동원력은 평양 남산현교회에서 만세운동을 일으킬 수 있는 큰 힘이 될 수 있었다.

3.1 1910년대 남산현교회 목회와 선교

3.1.1 '말씀과 기도' 목회

평양 남산현교회는 대한제국이 일본에 '강제병합'되는 민족적 시련으로 1910년대를 맞이했다. 민족적 비극과 시련 속에서 기독교 신앙을 바탕으로 한 '국권 회복'과 '자주 독립'이 민족과 함께 하는 한국 교회의 사명이었다. 그러기 위해서 '자유와 해방'의 메시지를 담고 있는 성경 말씀에 대한 공부와 그 실천, 전도구국(傳道救國)을 위한 기도 운동이 필요했다. 남산현교회는 그런 '말씀과 기도'(딤전 4: 5)의 목회를 경험하고 실천하는 현장이었다. 1908년부터 남산현교회를 담임한 이익모 목사가 그런 방향에서 교회를 이끌었다.

말씀 공부의 가장 효과적인 방법은 사경회였다. 남산현교회는 매년 연초 지방 연합 사경회 장소로 활용되었다. 그런 식으로 1911년 2월 남산현교회에서 지방 사경회가 열렸는데, 노블 장로사를 비롯하여 이익모 목사와 이동식·오기선 전도사 등 평양 구역 목회자들이 '수백 명' 수강생들에게 성경을 가르쳤다.[1] 사경회 참석자들은 오전 공부와 오후 전도 활동으로 일과를 소화했다. 그 결과 남산현교회 새 신자들이 늘어났다. 1911년 2월 12일 주일에 입교 44명, 세례 64명, 학습 66명, 총 174명이 교인 명부에 이름을 올렸고 그 다음 주일에도 16명이 추가로 입교식을 치르는 "복의 소나기"를 맞았다.[2]

그리고 1912년 10월 31일부터 11월 13일까지 두 주간에 걸쳐 평양과 지방 교회 여신도 1백여 명이 참석한 '부인 연합사경회'가 남산현교회에서 개최되었다. 평양 지방에서 사역하는 선교사 부인들과 현석칠, 송희봉, 이하영, 김찬흥 목사 외에 이동기, 송익주, 윤형필 전도사 등이 그들을 7개 반으로 나누어, 『감리교 문답』, 『예수 행적』, 『사도행전』, 『고린도 전후서』, 『데살로니가 전후서』, 『디모데 전후서』, 『야고보서』, 『요한 일서』, 『창세기』, 『출애급기』, 『여호수아』, 『사사기』, 『사무엘 전후서』 등 성경 과목과 『풍속 개량』, 『혼인과 가정교육』, 『학교교육』, 『위생』 등 교양 과목을 가르쳤는데, "재미가 많고 유익을 얻은 것은 말로 다 할 수 없었다."[3]

이 밖에 남산현교회는 지역 사회 소외 계층을 위한 '야학교(夜學校)'도 운영했는데, 1911년 3월 현재 60-70명 불우 아동들이 교회 부속 광성소학교 교실을 빌려 기초 학문을 배웠다.[4] 그리고 1911년 6월 대동강 부벽루에서 남산현교회 교인들이 주최한 '흥미로운' 행사가 열렸다. 이에 대한 『그리스도회보』의 보도다.

평양 남산현교회 일반 교우가 청국에서 전도하던 목사 손정도 씨를 환영하며 이 지방의 순행전도사 이영순 씨를 전별하기 위하여 일전에 대동강 선유(船遊)를 배설하고 서로 친목하는 뜻을 표했으며, 또 부벽루에 내려서 씨름까지 했는데, 손정도 씨가 일등상을 얻었다더라.[5]

이날 교인들로부터 환영을 받고 씨름대회에서 1등상을 받은 손정도(孫貞道) 목사는 앞서 살펴본 바와 같이 평양 숭실중학교 재학 중 1907년 평양 대부흥 운동을 맞아 '통회자복'하고 '영적 갱신'을 체험한 후 이은승 목사와 함께 인천에 내려가 부흥회를 인도했던 장본인이었다. 그는 1907년 부흥운동 기간 중에 위기에 처한 조국의 국권회복을 위해 기도하다가 "2천만을 구원할 무거운 짐을 등에 지는" 신비 체험을 한 후 목회자가 되기로 결심하고 서울 협성신학교에 입학하여 신학을 공부하면서 진남포에서 목회를 시작했다.[6] 그는 이 무렵 도산 안창호(安昌浩), 서울 상동교회 전덕기 목사 등이 조직한 항일비밀결사 신민회(新民會)에 가입하여 민족운동도 병행했다. 그리고 1910년 5월 미 감리회 연회에서 중국 선교사로 파송을 받고 북경에 들어가 선교활동을 펼치는 한편 신민회원 조성환, 안창호 등과 연락을 취하며 무관학교 설립 운동에도 참여했다.[7] 이런 손정도 선교사가 1911년 6월 서울에서 개최된 연회에 참석하여 목사 안수를 받고 중국으로 귀환하는 길에 평양에 들렀을 때 남산현교회 교인들이 그를 대대적으로 환영하고 격려했던 것이다.[8] 이런 식으로 남산현교회 교인들은 자기 교회 출신인 손정도 목사의 해외선교와 민족운동을 지원했다.

손정도 목사는 1년 후 1912년 3월 연회 때도 참석해서 선교 보고를 했는데, 그 연회에서 이익모 목사는 인천 내리교회로 파송을 받아 떠났고, 남산현교회에는 현석칠(玄錫七) 목사가 부임해 왔다.9) 평남 용강 출생인 현석칠 목사는 어려서 한학을 공부하다가 18세 때 개종하고 1909년 해주에서 전도사로 목회를 시작했다. 이후 1911년 서울 동대문교회로 옮겼고, 그해 12월 감리교협성신학교를 1회로 졸업한 후 1912년 연회에서 목사 안수를 받으면서 평양 남산현교회로 파송을 받아 온 것이다.10) 현석칠 목사는 목회 중심을 '말씀과 기도'에 두었다. 그는 교인들의 신앙훈련에서 성경 통독을 특히 강조했다. 마침 그가 남산현교회에 부임한 직후 8년 동안 하루도 거르지 않고 성경을 통독한 부인 속장이 있음을 알고 그 사실을 『그리스도회보』에 소개했다.

본교회 속장 한병례 씨는 지금 연세가 61세요 예수 믿은 지는 10여 년인데, 8년 전부터 지금까지 날마다 하루도 건너지 않고 무슨 사무를 보기 전에 먼저 기도하고 성경을 보는데, 한 씨가 일기를 기록한 책자를 보면 공책에 1년 열두 달 365일 줄 칸을 쳐두고 그 날자 아래 성경을 본 장절을 기록하여 둔 것이 8년에 이르렀으니 우리 주를 믿는 형제자매는 한 씨와 같이 종신토록 날마다 성경의 말씀 곧 영혼의 양식으로 그 영혼을 공급하기를 바란다 하였더라.11)

그리고 1913년 8월 6일부터 열흘간 남산현교회에서 제직사경회를 개최했는데, 평양을 비롯하여 진남포와 영변 지방 교회 임원 105명이 참석해서 「로마서 강의」(모리스), 「장정 규측」(모리스), 「전도인 자격과 직분」(김창규), 「예레미야와 고전」(빌링스), 「강도법」(현석칠) 등을 배웠다.[12] 1914년 1월에도 연례적으로 지방 대사경회를 남산현교회에서 개최하여 남자 186명, 여자 139명, 총 325명이 참석했는데, 현석칠 목사와 이하영 목사, 빌링스 목사, 안동권 전도사, 배형식 전도사, 윤형필 전도사, 김창준 전도사, 최상현 권사, 변성옥 권사, 노준택 권사, 김세지 전도부인 등이 강의했다. 오전에 성경 공부, 오후에 평양 시내 전도 활동, 저녁에 전도집회로 사경회를 열었는데, 한 주간 동안 믿기로 작정한 새 신자는 남산현교회 120명, 구골교회 38명, 이간동교회 34명 이문동교회 20명, 총 112명에 이르렀다.[13] 그리고 1914년 3월 23일부터 열흘 간 김유순(金裕淳) 목사를 초청하여 부흥회를 개최했는데 그 내용이 미국 샌프란시스코에서 간행되던 교포신문 『신한민보』에 자세히 실렸다.

평양 남산재 교당에서 부흥회를 열고 각처 교우들이 모일새 목사 김유순 씨가 인도했는데, 매일 밤에 평균 팔백여 명이 모여 능력이 많으신 하나님의 감화하심을 입어 여러 가지 죄를 고치고 진리를 깨달은 자 많으며, 특별히 남녀 대중소 학생들까지 은혜를 받았으며 당일 기도회와 성경강론회를 행한 후에 전도사 1인을 더 두기로 작정하고 그 경비를 위하여 연조를 청했는데, 일반 교우들이 성심으로 있는 것을 다 거두어 바치매 심히 간난한 자는 밥 지어 먹던 옹달솥까지 팔아 드린 고로 당일 연조가 삼백수십 원에 달했다 하며, 금번 부흥회에 새로 믿기로 작정한 교인이 삼백 명에 달하여 근래에 희유한 성황을 정했다더라.[14]

부흥회를 인도한 김유순 목사는 황해도 신천 출생으로 1904년 평양 숭실중학교를 졸업한 후 미국 하와이로 건너가서 1906년부터 한인교회 전도사로 목회를 시작했고, 1910년 미국 연회에서 목사 안수를 받았다. 그리고 1912년 사우스캘리포니아성서학원을 졸업한 후 귀국하여 경성 지방 소속 부흥사로 서울과 전국을 순회하며 부흥회를 인도하고 있었는데,[15] 미국 유학 출신으로 지적이며 영적인 메시지를 전하는 그의 부흥회에서 3백여 명의 새신자를 비롯하여 많은 회심자가 나왔고 토착 전도인 생활비를 부담하는 자급 헌금도 답지했다.

이처럼 남산현교회의 부흥을 이끌어낸 현석칠 목사는 성경공부와 함께 기도생활을 강조했다. 그 중에도 '새벽기도'를 중요시했다. 그는 남산현교회만 아니라 지방 내 다른 교회와 연합으로 특별 새벽기도회를 개최했다. 1913년 8월 24일부터 한 주간 동안 평양 성내 4개 교회가 실시한 연합 새벽기도회 모습이다.

새벽마다 4시 반으로 5시 반까지 기도회로 모이는데 남산현 교당에

160인, 이간동교회에 35인, 구동교회에 30인, 이문동교회에 20인, 합 242인이 새벽 종소리를 듣고 깊이 든 잠을 깨며 또 해타하던 마음을 떨쳐 열심히 기도하는데 은혜를 많이 받았으며, 이 기도의 효과로 죄를 자복하며 또 항상 성경 보고 기도하기로 작정한 사람과 쉬지 않고 기도하기로 작정한 사람들과 새벽기도 하기 작정한 자와, 삼십 년 동안 인박힌 담배를 거절한 사람이 많사오니 이는 다 기도의 효력으로 된 줄 아나이다.16)

기도의 효력은 전도 결과로 나타났다. 남산현교회는 1916년 7월 8일 주일에 학습세례 예식을 거행했는데 학습인 142명, 세례입교인 66명, 유아세례 15명, 도합 223명이 예식에 참여했고, 그날 새 신자 27명이 등록하여 모두 1,250명이 예배를 드렸다. 현석칠 목사는 이런 현상을 "조선 교회에 드믄 일"이라 칭하면서 그것이 "남녀 교우 수십 명이 1월 1일부터 교회 진흥을 위해 새벽기도를 드린 결과"로 해석하고 여세를 몰아 "금년 12월에도 이와 같이 주께 영광을 돌릴 줄 믿고 여전히 새벽기도를 계속하며 교우들이 한 사람씩이라도 인도하기를 작정했으며 또한 속장들이 새로 믿는 자를 몇 사람씩 맡아가지고 학습과 세례 받도록 가르치기를 작정하고 기도하며 일하는 중이라"고 소개했다.17)

계속해서 7월 16일 주일에 남산현교회 교인들이 '날연보'(day offering)를 실시한 결과 총 5,109일이 헌납되었는데 그것은 "전도인 한 사람이 1년 전

현석칠 목사

도하는 날 수를 365일로 계산한즉 전도인 14명이 전도할 수 있는 날 수"였다.18) 남산현교회 교인들은 수년 전부터 남녀 전도회를 조직해서 그동안 평양 시내 전도에 전념하다가 1916년 4-5월 전도인 2명을 대동강 건너편 칠산교회 남쪽 역포(力浦)로 보내 전도활동을 펼친 결과 한 달 만에 교인 30여 명이 생겨나 예배 처소를 마련하고 역포교회를 시작했다.19)

이러한 현석칠 목사의 '말씀과 기도' 목회 결과로 남산현교회 교인들의 '모범적인 신앙'이 드러나기 시작했다. 현석칠 목사가 소개하는 남산현교회 우치적(禹致蹟) 유사의 믿음이다.

유사 우치적 씨는 회개한 날로부터 지금까지 기도하고 성경 보기를 부지런히 하는 중 금년[1916] 1월부터 가족을 데리고 새벽이면 회당에 와서 기도하며 하루에 아침과 저녁 두 번씩 가속[가족] 기도하며 금년에 자기 자친의 소기[소상]를 당하여 여간 음식을 준비하고 교우를 청하여 그날을 기념코자 하더니, 다시 생각하기를 만일 이같이 하면 교우 중 빈한한 이가 부모상이나 이런 일을 당하여 남과 같이 준비치 못하면 그 마음에 불편함이 적지 아니하여 이것으로 인하여 폐단이 될까 염려하여 음식 분지할 돈 20원을 남전도회에 기부했으니 동 씨의 이 같은 생각은 풍속개량하는 한 모본이 된다 했더라.20)

선교사들은 이런 교인들을 배출한 현석칠 목사의 목회와 지도력을 높이 평가했다. 이는 평양 지방 장로사 모리스의 연회 보고에서 확인된다. 현석칠 목사가 평양에 부임한 지 1년 된 1913년 연회 때 제출한 모리스 보고다.

한국인 목회자들을 아무리 높이 평가해도 지나침이 없다. 그들은 그 무거운 직책을 담당하며 신실하게 사역하고 있다. 그 중에도 큰 남산재교회(평양제일교회) 사역을 감당하고 있는 현석칠 목사에 대해 특별한 언급을 해야만 하겠다. 그는 매 연회 때마다 완벽한 보고서를 들고 참석한다.21)

이듬해(1914) 연회 때 한 모리스의 보고다.

평양 시내 사역이 가장 고무적이다. 모든 교회에서 출석 교인수가 증가했으며 교회 각 부서가 진흥하는 분위기다. 모든 사역자들이 충성스럽게 일하지만, 특히 제일교회[남산현교회]의 현 목사는 다른 어떤 사역자들보다 뛰어나 그로 인해 우리 평양 감리교회에 활발한 기운이 넘

쳐나고 있다.22)

1년 후 모리스의 1915년 연회 보고다.

우리 큰 남산현교회는 능력 있는 현 목사가 관리하고 있는데 아주 건강한 상태다. 지난 해 (건축으로 인한) 모든 빚을 갚았으며 이로 인해 경제적인 상황이 크게 호전되었다. 평양 시내에 있는 세 지교회들도 교인들이 예배당을 가득 메우고 있는데 지난 2월 부흥회를 통해 약 6백 명 새 교인이 등록했다.23)

다시 1년 후 모리스의 1916년 연회 보고다.

평양 시내 사역은 대단히 고무적이다. 남산현교회는 교세를 여전히 유지하면서 옛 소학교 건물에서 다른 교회를 시작했다. 자급이 남산현교회의 원칙이다. 지난 구정 때 엄청난 숫자의 새 신자가 등록했다. 이 문골도 전망이 밝다. 최근 주일 오전예배에 참석했는데 3백 명이 넘게 모였다.」24)

모리스 장로사의 1916년 보고에 나오는 "옛 소학교 건물에서 시작한 교회"는 신천골에 설립된 신양리(新陽里)교회를 의미한다. 신양리교회는 남산

신양리교회 야학교 창립1주년 기념 촬영(1940)

현 교회에서 멀지 않은 남산정 43번지에 있던 옛 광성소학교 건물에서 남산현교회 교인 30여 명이 개척 예배를 드리기 시작했는데 1917년 안동원(安東源) 전도사에 이어 1917년 김홍식(金弘植) 목사가 담임하면서 교세가 크게 늘었다.[25] 그리하여 개척 5년 만에 교인 수가 2백 명을 넘어서 1921년 250평 규모의 벽돌 예배당을 건축했다.[26] 신양리에는 북장로회 선교부에서 운영하는 숭실학교와 평양신학교를 비롯하여 장로교 학교와 기관들이 포진해 있어 평양 시민들이 '양촌'(洋村)으로 불렀던 '장로교 선교 구역'이었는데 그런 곳에 감리교회가 설립되었다는 점에서 또 다른 의미가 있었다. 이로써 평양 성내에 남산현교회를 비롯하여 이간동(이향리)교회, 구골(박구리)교회, 이문동(채관리)교회, 신천골(신양리)교회 등 5개 교회가 '다이아몬드형태'로 포진하고 평양 선교를 추진하게 되었다.

이처럼 '말씀과 기도' 목회로 남산현교회를 안정적인 성장 기반 위에 올려놓은 현석칠 목사는 1917년 6월 평양 남산현교회에서 개최된 미 감리회 연회에서 공주읍교회로 파송받아 떠났고 그 후임으로 신홍식(申洪植) 목사가 부임해 왔다. 청주 출신인 신홍식 목사는 34세 때 세례를 받고 보은에서 전도사로 목회를 시작했으며 1913년 감리교 협성신학교를 졸업하고 그해 목사 안수를 받은 후 연기와 구미 등을 거쳐 1916년 공주읍교회 담임자가 되었다가 이듬해(1917) 현석칠 목사와 교환하는 형태로 남산현교회에 부임했다.27) 그러나 신홍식 목사의 남산현교회 목회는 오래 이어지지 못했다. 1919년 삼일운동이 일어났을 때 그가 '민족대표 33인 중 1인'으로 「독립선언서」에 서명하고 투옥되었기 때문이다.

그리고 이 무렵 남산현교회 부담임자로 박석훈(朴錫薰) 전도사가 사역했다. 평남 강서 출신인 박석훈 전도사는 1911년 남산현교회에 출석하면서28) 평양 숭실중학교에 입학, 1914년 졸업한 후 서울 감리교 협성신학교에 입학하여 1918년 졸업하고 그해 6월 미 감리회 연회에서 목사 안수를 받았다. 신학교 재학 시절인 1916년부터 남산현교회 부담임자로 파송을 받아 현석칠 목사와 신홍식 목사를 도왔다. 이에 남산현교회 전도회에서는 1918년 2월 '신학생'인 박석훈 전도사의 '여비와 학비와 식비를 감당하기로 결의'하여 힘을 실어 주었다.29) 그러나 박석훈 목사의 남산현교회 목회도 오래 가지 못했다. 삼일운동 때 서울로 올라간 담임 목사를 대신하여 평양 지역 만세시위를 주도하고 투옥되었다가 '옥중 순국'했기 때문이다.

3.1.2 어린 생명을 보듬어

모리스 장로사의 지휘를 받으며 이익모 목사와 현석칠 목사가 주로 남성을 대상으로 목회했다면, 여성 사역은 노블 부인의 지휘를 받아가면서 김세지 전도부인이 담당했다. 특히 1907년 평양 대부흥 운동 때 '통회자복'과 '영적 갱신'을 경험하면서 김세지의 권위와 지도력은 더욱 높아졌다. 노블 부인은 김세지의 전도부인 사역에 대하여 칭송을 아끼지 않았다. 노블 부인의 1911년 연회 보고다.

> 언제나 신실한 나의 전도부인 김세지는 지난 1년 동안 2,770회 심방을 하면서 집집마다 그리스도를 전했고, 기독교 서적 83권을 팔았으며, 33명을 주의 제단으로 인도했고, 낙심자 30명을 다시 일으켜 세웠습니다. 세지의 보고를 듣노라면 누구나 감동을 받을 수밖에 없습니다. 많은 부인들이 예수를 사랑한다는 이유로 사정없이 매를 맞고 있습니다. 60세 된 노인이 있는데 그 남편이 교회 출석을 절대로 허락하지 않았습니다. 한 번은 세지가 그녀를 방문하러 갔는데, 그 남편이 기독교인은 얼씬도 하지 말라고 했답니다. 그러자 세지는 그렇게 할 터이니 함께 기도

나 드리게 해달라고 말했답니다. 남편은 그렇게 하라고 했는데, 어쩐 일인지 그 다음부터는 아내가 교회에 가는 것을 막지 않았다고 합니다.30)

이런 '신실하고 능력이 많은' 전도부인 김세지와 함께 노블 부인이 1911년에 새롭게 시작한 것이 영아부(Cradle Roll) 사업이었다. 영아부는 평양뿐 아니라 한국에서 처음으로 실시한 것으로 평양 주부들의 반응이 좋았다. 김세지가 지도한 영아부는 첫 해에 115명으로 시작했는데, 2년 차인 1912년에 360명, 1913년에 513명으로 급증하였다.31) 영아부는 '대성공'이었다. 남산현교회 영아부와 주일학교에 대한 노블 부인의 1912년 선교 보고다.

아동 주일학교는 여전히 잘 꾸려나가고 있습니다만 오고 싶어도 올

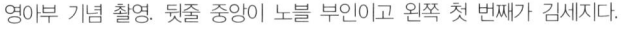
영아부 기념 촬영. 뒷줄 중앙이 노블 부인이고 왼쪽 첫 번째가 김세지다.

수 없는 아이들을 많이 놓친 것이 아쉽습니다. 지난 1년 동안 한두 번 나오다가 더 이상 오지 않은 아이들이 394명이나 되는데, 교사들이 이들을 찾아가고 싶어도 어디 있는지 알 수가 없었습니다. 그런 중에도 402명이 꾸준히 출석하고 있으며 별도로 영아부 아동이 360명이 등록하여 모두 762명 주일학생이 출석하고 있습니다. 주일학교 부장 5명과 교사 24명이 매주 성경 구절 수천 개를 학생들에게 가르치고 있습니다. 영아부 자모회를 2월 25일 열었는데 학부모 150명이 아이를 업고 참석해서 방금 지은 주일학교 교사(校舍)를 둘러보았습니다.[32]

노블 부인의 보고에 나오는 바 영아부 자모들이 둘러보았다는 '주일학교 교사'는 1911년 건축한 남산교회 교육관을 의미한다. 한국 교인들 사이에 '주일학교 집'으로 불린 이 교육관은 1903년 '교회 안에 기도방을 만들 목적으로 창설된 보호여회 회장 김세지로부터 취지 설명을 들은 노블 부인이 "나도 어려서 미국서 다니던 주일학교 집과 비슷한 집을 지어서 주일학교와 사경회와 기도회 처소로 사용코자 하는 생각이 간절하여 늘 기도하고 있었다"며 적극적으로 모금 운동을 시작한 것에서 비롯되었다.[33] 그런 얼마 후 톰슨(W. H. Thompson)이라는 미국에서 온 교인이 평양을 방문했다가 사경회에 참석하기 위해 지방 부인들이 수백 리 길을 걸어 와서 무거운 짐을 노블 부인의 집 문 앞에 내려놓는 모습을 보고 감동하여, "사경회 참석자들을 위한 숙소와 교육관을 짓는 데 돕겠다"며 상당한 액수의

남산현교회 외관 중 주일학교가 있는 부분(왼쪽 반타원원형으로 된 부분).

주일학교 내부. 기둥과 기둥 사이를 접이식 주름문으로 해서 닫으면 각기 방이 되어 독립적인 공간이 되고 열면 강당이 된다.

건축비를 지원했고, 미국 펜실베니아주 뉴타운의 스키어(Annie M. Skeer) 부인도 같은 목적에서 3천 달러를 '성탄절 선물'로 보내주어 노블 부인과 김세지가 꿈꾸었던 '주일학교 집'이 마련되었다.34)

이렇게 남산현교회 보호여회 회원들의 회비와 미국 교인들의 선교비로 마련한 교육관은 기존 남산현교회 벽돌 예배당 뒤쪽으로 붙여서 반타원형(半楕圓形) 2층 벽돌 건물로 지었는데, 결과적으로 남산현교회는 밖에서 보면 제단 뒤편으로 반원형 후진(後陳, apse) 공간을 갖춘 중세 유럽의 '웅장한 고딕 성당' 모습으로 변모했다. '주일학교 집' 내부를 김세지는 이렇게 소개했다.

> 집의 내부는 상하 2층을 다섯 간 씩 나누고 강단은 상하층이 다 한 강단을 사용케 되었으니 아래층에 있으며 강단을 향하야 막힌 각각의 벽은 나무로 만든 주름문을 장치하여 한 선생의 말을 듣도록 되었는데, 조선에서 아직 이와 같이 주일학교를 따로 가르치게 된 예배당은 이곳밖에 없다.35)

음악이나 연극을 공연하던 유럽의 '예술극장' 모습으로 내부를 꾸몄고, 상, 하 각 층에는 나무로 주름문을 만들어 분반공부를 할 때는 교실로 사용하고, 예배나 강연, 통합교육을 할 때는 주름문들을 열어 '강당'으로 바꾸어 실용적인 교육 공간으로 활용할 수 있었다. 처음 목적했던 기도회와 사경회, 주일학교 교육을 '효율적으로' 실시할 수 있게 되었음은 물론이다. 그리고 이 교육관은 남산현교회와 지방 감리교인들만 사용하는 것이 아니라 평양의 기독교 학교와 기관은 물론이고 일반 시민을 위한 교육 및 문화예술 공간으로도 활용되었다. 자연스럽게 남산현교회 '주일학교 집'은 평양의 또 다른 '명물'이 되었다.

이렇게 영아부 설립과 주일학교 교육관 건축을 성공적으로 마무리한 남산현교회는 다음으로 유치원을 설립했다. 한국교회의 '유치원 사역'은 미국 신시내티보육학원을 졸업한 유치원 전문가 브라운리(C. Brownlee)가 미 감리회 해외여선교회 파송을 받아 1913년 12월 내한하면서 시작되었다. 브라운리는 곧바로 1914년 1월 정동 이화학당 안에서 16명으로 유치원을 시작했고 동시에 이화학당 안에 2년 과정의 보육학원을 설립하고 유치원 보모를 양성하기 시작했다.36) 이처럼 서울에서 유치원을 시작했다는 소식을 접한 평양 교인들도 유치원 설립 발기회를 조직하고 기금을 모으며 선교사들에게 도움을 요청했다. 이에 미 감리회 해외여선교회 평양선교부는 평양에도 유치원을 설립하기로 하고 1915년 봄부터 남산재 선교부지 안 광성소학교 교실 하나를 빌려 유치원 교육을 시작했다. 당시 숭의여학교 교사였던 딜링햄(Grace L. Dillingham, 단영함)은 1916년 연회에서 평양유치원 설립과 1년 사역을 이렇게 보고했다.

소학교가 모든 어린 학생들을 수용할 수 없고, 어린 아이들도 가르쳐

달라고 요청하는 상황에서 한국 교인들이 스스로 유치원을 시작했다. 유치원 교사 훈련을 받은 그로브 부인에게 부탁해서 그가 책임을 지게 되었는데, 그는 유치원 교사를 지을 수 있도록 재정 지원도 했다. 물론 많은 부분은 학부모들이 내는 돈으로 운영하고 있다. 서울에 올라갔던 우리 교회 청년 하나가 유치원 사역에 관심을 갖고 내려와 유치원을 점검하고 적당한 조언을 해주었다. 숭의여학교 졸업생 두 명이 유치원 사역을 담당했는데, 그 중 한 명은 그로브 부인 후원으로 서울 이화학당 유치원보육과에 교육받으러 올라갔다. 25-48명 정도가 유치원에 다니고 있다. 성탄절에 유치원 원아들이 출연해서 큰 호응을 받았다.37)

그리고 같은 시기(1916년 7월), 『기독신보』에 실린 기사는 평양유치원의 설립 과정과 초기 교사진, 교육 내용을 보다 자세히 전하고 있다.

어린 아이를 어려서부터 가르쳐야 완전한 교육을 시키는 것이 일반이 다 아는 바이나 그 기관이 없어서 유지 인사들이 이 기관을 세우기 위하여 항상 힘쓰더니 하나님께서 도와주심으로 작년(1915) 봄에 감리사 모리스 부인과 형제 김창준과 조두율 제 씨의 발기로 고 아펜젤러기념 예배당에 모여 상의한 결과 광성학교 부속 유치과를 설립하게 되어 아동 수십 명을 모으고 교사 한국보와 황신덕 양씨가 열심히 가르칠 새 알아듣기 쉽고 재미있는 역사적 이야기와, 유용한 속담과, 의사스러운

남산유치원의 교육 풍경.

수수닥기[수수께끼]와, 활발하고 유쾌한 창가 등으로 재미있게 가르치며, 그 학생에 대한 친절함은 자기의 친자식과 같이 하니 과연 주께서 제자들을 가르치심을 본받은 교사들이며, 금년에는 학부형과 교회가 협력하여 반양제(半洋製)의 새 교실을 건축했으며 학생은 70명에 달했다더라.38)

이 기록들을 종합해 보면 평양유치원은 1915년 봄 모리스 부인과 김창준,[39] 조두율 등이 중심이 되어 아펜젤러기념교회(이간동교회)에서 설립 발기회를 조직하고 설립 기금과 학생을 모집하는 것으로 구체화되었다. 마침 미국에서 유치원 교사 훈련을 받고 1910년 남편과 함께 내한해서 해주 지역에서 선교 사역을 하던 그로브 부인(Mrs. Paul H. Grove)이 평양유치원 설립을 적극 지원하여 기금과 함께 초기 교사로 참여했다. 남산재 광성소학교 교실을 빌려 유치원을 개설했는데, 숭의여학교 졸업생 한국보와 황신덕이 보조교사로 그로브 부인을 도와 원생들을 가르쳤다.[40] 이렇게 시작한 유치원은 1년 만에 원생이 70명으로 늘어났고 이에 학부형들과 남산현교회 교인들의 헌금으로 남산재 선교부지 안에 반양제 건물을 지었다.

이처럼 초창기 평양유치원 설립과 교육을 지원했던 그로브 부인은 1917년 평양을 떠났고, 대신 무어 부인(Ruth B. Moore, 문로득)이 유치원 사역을 담당했다. 무어 부인은 1918년 보고에서 평양유치원을 '꽃밭'이라 칭하면서 그 활기찬 모습을 이렇게 소개했다.

우리는 유치원을 '우리 꽃밭'(Our Flower Garden)이라고 부르는데 말 그대로 예쁘게 자라고 있습니다. 우리가 처음 유치원을 시작했던 곳은 너무 좁아 우리 선교부지 안 빈 터에 크고 새로운 교사를 지었습니다. 세 명의 정원사[교사]가 자기 맡은 일을 성실하게 잘 해주고 있어서 이들이 뿌린 씨앗들이 이제는 자라서 꽃을 피우고 있습니다. 학부모들도 힘을 합쳐 유치원 사역을 돕고 있습니다. 그들은 교사와 관리인 봉급뿐 아니라 운영비까지 부담하고 있습니다. 작년 수납한 수업료가 모두 222.25달러에 달합니다. 등록 원생은 130명인데 평균 110명이 출석하고 있습니다. 그 중 13명이 금년 3월 졸업했습니다. 학부모들의 지원금과 본국 교회와 선교본부 후원금으로 좀 더 많은 설비를 갖출 수 있었는데 교무실 책상과 의자, 칠판, 야외 모래판, 미끄럼틀 등을 마련했고 훌륭한 운동장도 만들 계획입니다.[41]

이후에도 평양유치원은 계속 원생이 늘어나 1920년 남산현교회 뒤편에 있던 한옥 기와집을 한 채 사서 유치원으로 개조하고 옮겼다. 그때부터 유치원 명칭을 '남산유치원(南山幼稚園)'으로 바꾸어 남산현교회 부속기관으로서 성격을 보다 분명히 했다.

이처럼 평양에서 유치원 사역을 시작할 즈음(1916) 남산현교회 안에 또 하나, '과부회(寡婦會)'라는 색다른 선교기관이 만들어졌다. 이번에도 김세지 전도부인이 주도했다. 과부회를 조직하게 된 배경과 과정을 김세지는 이렇게 증언했다.

나는 또 여러 곳을 다니며 교회 일을 보는 중에 처음부터 과부를 많이 상종하게 되었으므로 잘 사는 과부도 많이 보고, 아이들을 많이 데리고 먹고 입을 것이 없어서 애쓰는 이도 많이 보았다. 나도 역시 젊어서부터 과부가 되었으므로 특히 고생살이하는 과수들을 볼 때에는 자연히 동정하는 마음이 생겼다. 그러나 개인의 동정으로 그 많은 사람들을 다 돕지 못할 줄을 깨닫고, 나는 동지 몇 분과 상의하고 이제(1926)부터 10여 년 전에 평양에 과부회를 조직했다. 이 회의 목적인즉 넉넉히 사는 과부들에게 동정금을 모집하여 가난한 과부들을 도와주고, 또 주를 믿지 아니하는 이들에게는 주의 도를 전하여 가르쳐 주고자 함이었다.[42]

과부회는 외롭고 여려운 처지의 과부들이 '상부상조'하며 복음을 전하는 기관이었다. 그리고 과부회는 교회에 출석하는 교인뿐 아니라 교회 밖 '불신자'까지 회원으로 참여하는 지역 사회 봉사 기관이었다. 그 결과 남산현교회는 과부회를 통해 지역 사회와 좀 더 긴밀하게 소통할 수 있었다. 앞서 시작한 교회 부속 학교와 유치원, 영아부의 경우도 그러했지만, 과부회를 통해서 교회는 지역 사회가 필요로 하는 '선한 사역'을 적극적으로 추진할 수 있었다. 남산현교회는 자연스럽게 평양에서 '세상의 소금과 빛'이 되었고 남산재 언덕 위에 우뚝 솟은 남산현교회와 그 주변 선교 기관들은 평양 시민들에게 '숨길 수 없는 산 위의 동네', 또는 '등경 위에 둔 등불'처럼 드러났다. 남산현교회는 1919년 삼일운동 때 그 등불의 역할을 유감없이 발휘하였다.

3.2 삼일운동과 남산현교회

3.2.1 전교인 만세 운동

평양의 삼일독립만세 운동 준비 과정은 다음과 같이 정리할 수 있다.[1)]

1) 1919년 1월 말 평북 선천에서 개최된 장로교 평북노회 연합사경회에 참석중인 오산학교 설립자 이승훈이 중국 상해 신한청년단 특파원인 선우혁을 통해 파리강화회담 특사 파견 소식을 전해 듣고 국내 독립만세운동의 필요성에 관해 논의했다.

2) 2월 초 선우혁은 평양 장대현교회 길선주 목사와 예수교서원 총무 안세환, 장대현교회 교인 이덕환 등을 만나 파리강화회담과 독립운동에 대해 논의했다.

3) 2월 10일 선우혁은 선천에서 이승훈을 다시 만나 평양 회담 내용을 알렸다. 이승훈은 그 무렵 오산학교 제자 김도태를 통해 서울의 최남선이 만나고 싶어 한다는 전갈을 받았다.

4) 2월 12일 이승훈은 서울에서 (최남선 대신) 송진우를 만나 천도교 중심으로 추진되고 있는 독립만세 운동 준비 상황을 파악하고 기독교와 천도교 연합 독립만세 운동을 벌이기로 의견을 모았다.

5) 2월 13일 선천으로 귀환한 이승훈은 사경회 참석 중인 평북노회 소속 양전백, 유여대, 김병조 목사와 이명룡 장로 등에게 '민족 대표'로 참여할 것을 권하여 승낙을 받았다.

6) 이승훈은 서울로 올라가던 중 2월 15일 평양 기홀병원에 환자로 위장 입원하고 평양에 내려와 있던 손정도 목사를 만나 '민족 대표'로 동참할 것을 권했으나 "다른 일로 중국에 갈 일이 있다"며[2] 대신 남산현교회 신홍식 목사를 소개하여 신홍식 목사가 민족 대표로 참여하기로 했고, 장대현교회 길선주 목사도 같은 식으로 민족 대표로 참여하도록 설득했다.

7) 2월 17일 서울에 도착한 이승훈은 천도교측 송진우와 최남선, 기독교측 박희도와 오화영, 이갑성, 정춘수, 오기선 등과 회합, 만세운동을 논의했다.

8) 신홍식 목사는 2월 19일 서울로 올라가 2월 20-21일 이승훈, 박희도, 정춘수, 이갑성, 오기선 등 기독교 진영 민족 대표 모임에 참석하고 2월 22일 평양으로 귀환했다.

9) 이후 신홍식 목사는 남산현교회 부목사인 박석훈 목사와 평양 만세운동을 준비했고, 장로교측에서는 장대현교회의 길선주 목사와 안세환,

윤원삼, 강규찬, 이덕환 등을 중심으로 거사를 준비했다.

10) 2월 25일 신홍식 목사는 서울을 다녀온 안세환을 통해 서울 준비 상황을 전달받았고 그날 진남포교회 홍기황 전도사에게 알려 진남포에서 만세운동을 벌일 것을 권했다.

11) 신홍식 목사는 2월 27일 독립선언식에 참석하기 위해 서울로 올라갔고, 평양에서는 박석훈 목사를 중심으로 만세운동을 준비했다.

12) 2월 28일 「독립선언서」 5백여 매가 천도교 평양교구장(우기주)을 통해 장대현교회 윤원삼 장로에게 전달됨으로 기독교측에서도 선언서를 입수, 이를 다량 인쇄하고 태극기를 제작했다. 이 과정에서 남산현교회와 장대현교회 남녀 교인들과 숭실과 숭덕, 숭의, 광성, 정진 등 기독교 학교의 교사와 학생, 기홀병원 전도사와 직원들이 주도적으로 참여했다.

이런 준비 과정을 거쳐 1919년 3월 1일(토요일) 오후 1시, 서울과 같은 날, 같은 시각에 평양에서도 '고종황제 봉도식(奉禱式)'을 가장한 독립선언식과 만세시위가 시작되었다. 평양에서는 천도교와 장로교, 감리교 등 종교 단체 별로 선언식 장소를 달리했는데, 장로교회는 숭덕학교에서, 감리교회는 남산현교회에서 모였다. 먼저 장로교측 상황을 살펴보면, 관후리 숭덕학교 운동장에서 도인권의 취지 설명, 정일선의 선언서 낭독, 강규찬의 연설, 윤원삼의 만세삼창 순으로 봉도식과 선언식을 마친 후 1천여 명

군중이 태극기를 흔들고 '독립만세'를 외치며 시가행진을 시작했다.3) 장로교 선언식이 야외 운동장에서 거행된 것과 달리 감리교 집회는 남산현교회 예배당 안에서 거행되었다. 담임 신홍식 목사는 민족대표들의 독립선언식에 참석하러 서울에 올라가 있어, 평양 선언식은 부담임 박석훈 목사와 이향리교회 김찬흥 목사, 이문리교회 주기원 목사 등이 인도했다. 예배 형식으로 진행된 봉도식과 선언식을 마친 8백여 감리교인들도 남산재 언덕에서 태극기를 흔들면서 "독립만세"를 부른 후 시내 쪽으로 행진을 시작했다. 시위대는 일본인들이 집단 거주하는 신시가지 야마테죠(山手町), 평양부청과 평양경찰서쪽으로 향했다.

평양의 장로교인과 감리교인들이 신양리와 남산재에서 만세를 부르며 시가행진을 벌이고 여기에 일반 시민과 학생들이 합류하면서 대규모 군중시위로 발전했다. 부녀자들과 어린 소학교 학생들도 만세 행진에 참여했다. 당시 광성고등보통학교 학생(15세)으로 만세시위에 참가했던 정일형(鄭一亨)의 증언이다.

고작 광성학교 3학년 학생에 불과했던 나로서도 그대로 있을 수만은 없었다. 감격에 벅찬 나는 목이 터지도록 '대한독립 만세!'를 부르며 평양 거리를 뛰어다녔다. 만세 행렬은 며칠이고 계속되었다. 마침내 우리는 주동 인물로 지목된 수백 명의 학생들과 함께 경찰서에 구속되었다. 경찰서 유치장은 초만원이었다.4)

삼일운동 직전 중국으로 망명한 손정도 목사의 장남으로 당시 광성소학교 2학년(10세)이었던 손원일(孫元一)의 증언이다.

3월 1일이 밝자 우리 학생들은 대동문 앞 네거리로 모였다. 냉면으로 유명했던 팔각집이 있던 곳이다. 네거리는 어느 새 시민들로 꽉 메워졌다. 누군가가 '대한독립 만세!'를 선창했다. 우리는 감추어 간 태극기를 꺼내 뿌렸다. 군중은 삽시간에 거대한 물결이 되어 흐르기 시작했다. 군중은 시가지 쪽으로 내달렸다. 신시가는 한인들이 사는 대동문 쪽과는 달리 합방 뒤 몰려온 일본인들이 터 잡은 곳이었다. 경찰서도 그쪽에 있었다. 군중이 경찰서 앞에 다다랐을 때에야 헌병 경찰 등 일본 관헌은 당황한 채 진압에 나섰다. 먼저 수동식 소방 호스를 끌고 나와 찬물을 쏘아댔다. 그때까지 군중의 앞줄에 섰던 우리 어린 학생들은 물벼락을 쓰고 도망쳤다. 어린 마음에도 '만세'는 후련한 느낌을 주는 것이었다.5)

손원일의 다섯 살 아래 동생(5세) 손원태는 당시 남산현교회 유치원에 다니고 있었는데 그도 형과 비슷한 장소에서 '물대포'를 맞았다. 손원태의 증언이다.

그날 아침 어머니는 내게 문 잘 잠그고 집을 지키고 있으라고 하시고는 어린 누이동생을 업고 급히 나가셨다. 원일 형도 아침밥을 먹자마자 어디론가 달려갔다. 정오쯤 되어 숭실학교에서 종소리가 크게 울렸다. 황급하게 울리는 종소리를 들으며 나도 집 밖으로 뛰어나가 보통문으로 몰려가는 군중에 합류했다. 숭실학교 운동장은 사람들로 가득 차 있었다. 한 사람이 연설하고 있었는데 단어 하나하나에 힘을 주어 말한 후 사람들 머리 위로 하얀 종이뭉치를 뿌렸다. 독립운동에 나서라는 내용이었다. 그 후 군중은 함성을 지르며 부청으로 행진했다. 나도 그들 틈에 끼었다. 군중이 부청 앞에 도달했을 때 소방대가 사전 경고 없이 군중을 향해 물대포를 쏘아댔다. 그래도 사람들이 흩어지지 않자 일본 경찰이 군중을 향해 발포했다. 내 앞에 섰던 사람이 쓰러졌고 그의 목에서 피가 솟구쳐 나왔다.6)

이처럼 손원일과 손원태 형제가 평양부청 앞 만세시위에 참가했다가 '물대포'를 맞을 때 두 살짜리 막내딸(손인실)을 업고 나갔던 어머니 박신일(朴信一)도 남산현교회 예배당에서 거행된 독립선언식에 참석한 후 교인들과 함께 시가행진에 참석했다. 결국 그날 중국 북경에 가 있던 아버지(손정도)와 강서 할머니(오신도) 집에 내려가 있던 두 딸(손진실과 손성실)을 제외하고 평양에 남아 있던 '손정도 가족' 네 명은 모두 만세시위에 가담한 셈이 되었다. 그런 식으로 평양의 기독교인들은 나이와 성별, 신분을 불문하고 독립만세 운동에 적극 참여했다.

그렇게 시작된 3월 1일의 평양 만세 시위는 밤늦은 시각까지 계속되었고 경찰과 헌병수비대의 발포로 사상자까지 나왔다. 평양 만세 시위에 대한 『매일신보』의 보도다.

> 3월 1일 오후 1시부터 평양 예수교 감리파와 장로파 신도는 이태왕 봉도회라 일컫고, 전자는 교회당에 8백 명, 후자는 숭덕학교에 약 1천 명이 모여서 봉도회를 거행한 후 돌연히 선언서를 낭독하고 계속하여 각기 손에 태극기를 들고 독립만세를 불러, 그 형세가 불온함으로 경찰서에서는 해산을 명했는데 해산된 사람들은 다시 시중을 배회했더라. 1일 저녁때에 이르러 회중은 갑절이 늘어서 해산하기를 설유하나 듣지 아니하고 마침내 경찰서에 돌을 던져 유리창을 부수는 등 경찰서가 매우 위험할 때에 수비대의 보병 중위 이하 7명이 응원하러 왔으므로 드디어 해산했는데, 이날 주모자 열 명과 폭행자 중 40명을 체포했고, 3월 3일 23개소에 수백 명이 모여서 만세를 부르매 경찰 당국은 이것을 해산케 했더라.[7]

이튿날 3월 2일은 주일이었기 때문에 시내가 '평온'했다. 만세 시위를 주도했고, 주도할 교인들이 교회에서 '안식일' 예배를 드렸기 때문이다. 그러나 서울에서 고종황제 인산(因山, 장례)이 진행된 3월 3일 오전부터 평양 시민과 학생 만여 명이 경찰서에 몰려와 '수감자 석방'을 요구하며 만세 시위를 벌였고 경찰과 수비대는 무력 진압으로 맞섰다. 3월 4일에는 신양리

'양촌', 북장로회 선교부 인근에서 시내 여학생들의 연합 만세 시위가 벌어졌던바 경찰에 쫓기는 학생들을 숨겨주었다는 혐의로 장로교 선교사 모우리(E.M. Mowry)가 경찰에 연행되기도 했다. 이처럼 평양에서 격렬한 시위가 계속되자 일본 조선군사령부는 78연대 군병력 100여 명을 평양에 증파하여 경계 태세에 나섰고 시위 조짐만 보이면 가차 없이 발포, 연행했다. 그 결과 3월 6일 이후 평양 시내는 비교적 조용했으나 반면에 평양 외곽 대동군 장수원과 태평리, 선교리, 만경대, 평천리, 오야리, 원장 등지에서 만세 시위가 격렬하게 일어났고, 그 운동은 진남포와 강서, 평원, 안주, 숙천 등 평안도 일대로 확산되었다.8) 서울이 남한 지방에서 그리했던 것처럼 평양이 북한 지역 만세 운동의 요람이 되었던 것이다.

이처럼 격렬했던 평양 만세 운동 과정에서 경찰에 검거된 시위 참가자는 4백 명이 넘었다. 그 중 주모자급 48명이 3월 9일 검찰에 기소되었는데, 그 사실을 『매일신보』는 이렇게 보도했다.

지나간 1일로부터 8일까지 소요 사건으로 평양 경찰서에 검거된 사람이 사백칠 명인데, 그 중에 일백오십사 명은 태형 혹은 구류에 즉결로 처분하고 사십팔 명은 평양 지방법원 검사국으로 넘겼는데, 그 중에 학생이 구 명이요, 상업이 십 명이요, 직공 삼 명이요, 예수교 목사가 십일 명이요, 교원이 구명이요, 기타가 육 명이더라.9)

검찰에 이송된 48명 중 목회자가 11명(25%)이었다. 『매일신보』가 보도한 '48인' 명단은 다음과 같았다.[10]

출신지	피의자(나이와 주소, 직업)
평양	윤인덕(尹麟德, 18세, 관후리 학생) 송광엽(宋光燁, 19세, 경상리 학생) 최동범(崔東範, 22세, 신양리 학생) 김선국(金善國, 19세, 하수구리 학생) 조창일(趙昌鎰, 36세, 관후리 봉재업) 김광호(金光鎬, 20세, 수옥리 학생) 백봉도(白鳳道, 19세, 채관리 직공) 이재명(李在明, 20세, 신양리 직공) 박봉서(楊鳳瑞, 27세, 박구리 잡화상) 김병호(金炳鎬, 25세, 진향리 음식점) 강규찬(姜奎燦, 46세, 계리 예수교 목사) 정일선(丁一善, 37세, 하수구리 예수교 목사) 김선두(金善斗, 44세, 신양리 교사) 한국보(韓國輔, 30세, 대찰리 교사) 안영극(安英極, 37세, 대찰리 전도사) 주기원(周基元, 37세, 경제리 목사) 박현숙(朴賢淑, 24세, 장별리 교사) 이일영(李一永, 46세, 남문정 목사) 송득승(宋得昇,[11] 29세, 박구리 목사) 김찬흥(金燦興, 46세, 이향리 목사) 정영업(鄭永業, 22세, 상수구리 무직) 서기풍(徐基豊, 37세, 장별리 전도사) 김신선(金信善, 19세, 여자고등보통학교) 박치록(朴致錄, 57세, 장별리 인쇄업) 이원근(李源根, 19세, 신양리 고용인) 정재철(鄭在哲, 42세, 계리 牛皮商) 홍완훈(洪完勳, 19세, 상수구리 학생) 송양묵(宋養默, 38세, 박구리 교원) 노원찬(盧元贊, 20세, 신양리 학생) 황찬영(黃贊永, 27세, 상수구리 교사) 김인환(金仁煥, 28세, 상수리 교사) 박석훈(朴錫薰, 26세, 수옥리 목사) 김택홍(金澤鴻, 45세, 대찰리) 장도성(張道成, 19세, 대찰리 학생) 김예진(金禮鎭, 22세, 장별리) 홍환섭(洪環燮, 45세, 대찰리 광성학교 사감) 김연실(金連實, 22세, 대찰리 유치원 교사) 이병곤(李炳坤, 22세, 상수구리 학생) 최응용(崔應用, 22세, 남문정) 최양영(崔養英, 20세, 하수구리) 김이환(金理煥, 25세, 수옥리) 김태현(金泰賢, 25세, 신양리 고용인)
대동군	조익준(趙翊俊, 34세, 고평면장) 김찬종(金燦鍾, 29세, 부산면 마산리 농업) 김이제(金利濟, 47세, 대보면 태평외리 목사) 곽권응(郭權膺, 25세, 재경리면 망덕리 목사) 이구화(李龜化, 20세, 용산면 당상리 학생)
태천군	이영순(李泳舜, 45세, 태천면 서부동 목사)

이 가운데 감리교인으로 분명하게 확인할 수 있는 인물은 남산현교회 박석훈 목사와 이향리교회 김찬흥 목사, 이문리교회 주기원 목사와 안영극 전도사, 박구리교회 송득후 목사, 태천읍교회 이영순 목사, 기홀병원 원목 서기풍 전도사, 광성고등보통학교 교사(사감) 홍환섭, 숭의여학교 교사 박현숙, 평양유치원 교사 한국보와 김연실, 박구리교회 부속학교 교사 송양묵 등이다. 이들 외에 구속자 중에 남산현교회에 출석하는 청년, 학생, 교인들이 상당수 포함되었음은 물론이다.

독립운동가들은 옥중에서 혹독한 고문과 악형을 받았고 '옥중 순국자'까지 나왔다. 남산현교회 부담임 박석훈 목사가 그 주인공이다. 박석훈 목사는 서울로 올라간 담임목사(신홍식 목사)를 대신해서 3월 1일 남산현교회에서 독립선언식을 주도한 후 곧바로 경찰에 체포되어 혹독한 고문을 받고 검찰에 이송되었는데, 고문으로 인해 건강을 해쳐 결국 11월 15일 숨을 거두었다. 경찰의 삼엄한 감시와 통제 아래 장례식도 제대로 치르지 못했다. 대신 그의 '옥중 순국' 소식을 『기독신보』가 짧게 보도했다.

평양 남산현교회 목사 박석훈 씨는 조선독립 운동 사건으로 재감중이더니 그 약한 신체가 어떠한 경우에서 11월 16일 상오 9시에 별세하여 동 18일 상오 10시에 안장했다더라.12)

박석훈 목사의 유가족이 받은 충격이 컸지만13) 목자를 잃은 남산현교회

박석훈 목사와 그 유가족. 원 안이 박목사.

교인들이 받은 충격과 슬픔은 더욱 컸다. 담임목사가 서울에서 투옥되어 있는 상황에서 부목사마저 투옥되었다가 감옥에서 목숨을 잃었고, 그 외에도 많은 교회 지도자와 교인들이 만세 운동에 가담했다가 투옥되었거나 피신해서 큰 예배당에 빈자리가 늘어갔다. 더욱이 남산현교회 예배당은 독립선언식 현장이 되었던 관계로 3월 이후 일본 경찰의 삼엄한 감시를 받았고, 한동안 예배당 종도 치지 못했다. 그러나 '용기를 갖고' 교회에 나온 교인들은 '불굴의' 신앙으로 집회를 이어나갔다. 아직 만세 시위 분위기가 가시지 않은 6월 29일 남산현교회를 비롯한 평양 성내 감리교회는 연합으로 '꽃주일' 잔치를 벌였는데 그 장면을 『기독신보』가 자세히 보도했다.

찬송가 175장(「어두운 후에 빛이 오며」)과 같이 본교는 3월에 조선 독립 운동으로 말미암아 서리 맞음과 같더니 점점 흥왕하여 1, 2개월 내에 전과 같이 재미를 얻는 중 6월 29일 상오 11시에 남산현 예배당에서 성내 미 감리교회 유년주일학교 연합 꽃주일로 모여 순서를 따라 기쁨을 얻었으며, 학생 6백여 명, 남녀 교우 천 3, 4백이 회집하야 성대히 의식을 행했으며, 하나님 은혜 감사하여 주일학교를 위하여 문안하오며 하나님께 간구합니다.14)

이런 상황에서 1919년 11월 6일부터 11일까지 서울 정동교회에서 미 감리회 연회가 개최되었다. 본래 감리교 연회는 5-6월에 모이곤 했는데, 삼일운동 만세 시위가 지방에서 계속되고 있었고 또한 총독부에서 종교 관계 집회마저 통제하고 있어서 시위가 어느 정도 마무리된 11월에야 집회 허가를 받아 연회를 소집할 수 있었다. 그렇게 소집된 연회는 해리스 감독 후임으로 1916년부터 한국 감리교회를 관리하던 웰치(H. Welch) 감독이 주재하였는데, 연회 첫 순서로 '회원 점명'을 한 결과 "출석원이 54인이요 결석원이 50인(별세 1인, 구금 19인)이라"는 서기(배형식) 보고를 받았다.15) 이 보고에 나오는 '구금 19인'은 물론 삼일운동 관계로 투옥 중인 감리교 목사들을 의미하며 그 중에는 남산현교회의 신홍식 목사와 박석훈 목사가 포함되었다. 그리고 연회에 참석하지 못한 '결석원 30인'은 대부분 독립운동 관계로 해외에 망명했거나 피신해 있는 목회자들로 삼일운동 직후 중국 상해임시정부 수립을 주도한 손정도 목사와 현순 목사가 대표적인 경우였다. 그리고 '출석회원 54인' 중에도 선교사 회원 20여 명을 제외하면 한국인 목회자는 30명 정도가 참석했다는 계산이다. 결과적으로 미 감리회 연회 소속 전체 한국인 목회자 가운데 3분의 2가 투옥과 망명, 피신해서 연회에 참석하지 못했다.

독립운동으로 연회원 목사들만 구금된 것이 아니었다. 교회 속장과 권사, 교회학교 교사들도 다수 투옥되었고 교회와 기독교 기관에 유급 직원으로 일하던 교인들도 다수 체포되었다. 다음은 1919년 11월 연회 기간 중 각 지방 감리사 보고를 통해 파악된 지방별 감리교 목회자와 평신도 수감 현황이다.[16]

구분	서울	인천	해주	평양	영변	수원	천안	강릉	공주	원주	합계
연회원	2		3	10	2						17
유급 교역자	3	3	8	28	2	2	5				51
기타	5	6	20	36	13	9	3	9	1		102
합계	10	9	31	74	17	11	8	9	1		170

이 표를 보면 다른 어떤 지방보다 평양 지방의 수감자가 월등히 많았음을 알 수 있다. 평양 지방의 목회자와 교인들이 독립만세 운동에 가장 적극적으로 참여했고, 그래서 평양은 삼일운동으로 가장 많은 피해를 입은

지방이었다. 이는 연회에 제출한 평양 지방 감리사 무어(문요한)의 보고서에서 확인된다.

> 본 지방회를 개(開)하려고 할 시(時)에 조선 목사 중 1인이 말하기를 금년 지방회는 감옥에서 개회하면 좋겠다 하다. 이렇게 말한 까닭은 금번 조선독립 운동으로 인하여 감옥에 있는 목사, 전도사, 권사, 속장, 학교 교사, 주일학교 교사 합수가 60인이라. 3월 1일에 이 운동이 시작된 후로 지금까지 그 영향이 있다. 각 교회 형편을 2부로 분(分)할 수 있으니, 1은 운동 전이요 2는 운동 후라. 본래 목사의 수가 28인인데, 그 중 14인은 금고(禁錮)되고 4인은 사직하다(2인은 생활 곤란으로, 1인은 실업에 착수함으로, 1인은 신병으로). 고로 남은 이가 불과 10인이라. 집사 품 받은 목사가 10인 중 8인은 금고(禁錮)되고 1인은 신병으로 휴직하니 연회 연말에는 2인만 남았나이다.17)

삼일운동이 일어나기 전 평양 지방 한국인 목회자가 28명이었는데 그해 11월 남은 목회자가 2인에 불과했다. 연회에서는 수감 중인 남산현교회 신홍식 목사와 박석훈 목사를 비롯하여 중국으로 망명한 손정도 목사, 그리고 만세운동으로 옥고를 치르고 있는 신양리교회 김홍식 목사, 신창리교회 이윤영 목사, 이문리교회 주기원 목사, 구골교회 송득후 목사, 이향리교회 김찬흥 목사, 덕동교회 최병훈 전도사, 진남포교회 이하영 목사와 홍기황 전도사, 강서읍교회 한예건 목사, 함종읍교회 변학용 목사 등을 '휴직' 혹은' 제명' 처리했다.[18] 문제는 이들이 남기고 간 빈자리를 채우기 어려웠다는 점이다. 계속 이어지는 무어 감리사 보고다.

평양성 내 5처 회당에서 담임목사 6인이 금고(禁錮)되니 그 후로는 여러 회당에 본처전도인 1인과 교회 직원이 합력하여 교회 사무를 처리하여 나가다가 지금은 신임 본처전도인들이 각 구역을 담임하고 그 중 1구역만 목사가 담임하다. 이 구역에 전도사 1인을 파송했더니 사무를 시작한 지 1주간이 못되어 또 금고(禁錮)되다. 어떤 교회는 1주(週)로 4삭간(朔間) 예배를 정지하는 지경에 있을지라도 하나님의 나라 일은 실패되지 아니했나이다.[19]

목사들이 감옥에 가 있는 동안 (오늘의 장로에 해당하는) 본처전도사들이 교회를 맡아 예배를 인도했는데, 그렇게 집회를 인도하다가 또 다시 잡혀가는 목회자들도 생겨났다. 이런 상황에서 교세 감소는 불가피했다. 무어 감리사는 평양 지방 교인수가 25% 감소했다고 보고하면서 가장 큰 이유를 '떨어져 나간 교인보다는 목사가 없어서 세례나 학습을 받지 못한 결과로 해석했다. 주일학교 학생도 25% 감소했는데, 그 이유를 "다수의 유력한 교감과 선생이 금고된 연고요 관공립 보통학교 선생들이 그 어린 아이들에게 말하기를 너희가 주일학교에 다니면 잡혀갈 터이니 가지 말라고

방해한 연고로 여러 백 명의 주일학교 학생이 떠난" 것이라 설명했다.20)

교회 부속 학교들도 피해가 컸다. 무어 감리사는 가장 적극적으로 만세 시위에 참석했던 광성고등보통학교에 대하여 "학생이 2백여 명이더니 금년 3월 1일 후로 6개월을 폐교하고 지금은 전 학생수의 반밖에 못 되었다" 보고했고, 광성보통학교에 대해서도 "선생이 금고되고 폐교했다가 지금은 개학하고 여전하게 지낸다"고 보고했다. 그리고 이승훈이 위장 입원하여 평양 만세운동 논의의 불씨를 당겼던 기홀병원에 대하여 "1년간 입원환자와 매일 환자가 많았으며, 독립운동으로 인하여 부상된 병자가 많았더라"고 보고하여 시위 도중 적지 않은 부상자가 나왔음을 암시했다.21)

무어 감리사는 이런 가운데서도 교회를 지킨 교인들의 신앙 열정이 식지 않고 있음을 강조했다. 그는 우선 교인 수는 줄었는데도 교회 재정은 오히려 전년도에 비해 10% 증가했음을 보고하면서, 특히 목회자 생활비를 교인들이 부담하는 '자급 헌금'이 40% 증가한 것을 높이 평가했다. 시련을 겪으면서 오히려 굳어지는 평양 교인들의 '자립 신앙'을 반증했다. 이런 평양 교인들의 신앙은 사경회를 통해서도 나타났다. 삼일운동이 일어나기 전 2월에 실시한 지방 사경회에 2백 명 정도가 참석했는데, 만세운동이 터진 후 8월 6-19일 실시한 평양 지방 제직 사경회에는 남자 138명, 여자 235명, 모두 373명이 참석하여 감리사로부터 "평양에서 사경하던 중에 제일이라"는 평을 받았다.22) 이처럼 시련과 역경을 겪으면서 오히려 철저해진 평양 교인들의 믿음을 확인한 무어 감리사의 보고는 다음과 같은 '희망 메시지'

로 끝났다.

구약 선지자 시대에 하나님께서 말씀하시기를 모세는 죽었으니 그런 고로 앞으로 나아가라 하신지라. 이때를 생각하니 인도자는 다 옥에 갇히고 일할 수 없게 된 때에 하나님께서 교회에 대하여 명령하시기를 앞으로 나아가라 하신지라. 이상한 것은 평신도가 금고된 목사의 일을 다 담임하고 하나님의 일을 열심히 한지라. 금고되지 아니한 두 목사의 말이 일꾼의 부스러기만 남았으나 하나님께서 그 부스러기를 당신의 영광으로 쓰신다고 말하다. 고로 교인의 마음이 열리고 깨었으니 이러한 시기는 전에 무(無)하던 것이니 이러한 기회를 불실(不失)하고 일할지어다.[23]

이런 감리사 보고를 평양 지방 무어만 한 것이 아니다. 교인과 마을 주민 33명이 불타는 예배당 안에서 희생되었던 제암리교회가 속한 수원 지방과 다수 목회자와 교인들이 수감된 해주 지방, 천안 지방, 영변 지방, 인천 지방 감리사들도 비슷한 내용으로 보고했다. 이런 보고를 들은 연회원들은 수감된 독립운동가뿐 아니라 그 가족을 위한 구제위원회를 조직하고 '구휼금'(救恤金)을 모아 전달했다.[24] 그리고 연회 마지막 날 각 지방 교회에 목회자를 다시 파송했는데 평양 시내 교회로는 남산현교회에 현석칠 목사, 이향리교회에 박봉래 목사, 이문리교회에 송희봉 전도사, 세 명만 파송되었다.25) 나머지 교회들은 여전히 평신도가 예배를 인도하면서 목사 파송을 기다려야 했다. 그만큼 평양 지방 모교회로서 남산현교회의 책임이 컸다.

3.2.2 애국단과 애국부인회 사건

1911년 11월 연회에서 남산현교회로 파송을 받은 현석칠 목사는 이미 1912-17년 남산현교회를 담임하면서 '말씀과 기도'로 교회를 크게 부흥시켰던 경력이 있었다. 그로서는 두 번째 남산현교회 목회였다. 더욱이 현석칠 목사는 삼일운동이 일어났을 때 공주읍교회 담임목사로 공주 지방 독립만세 운동을 지휘하였을 뿐 아니라 서울을 오가며 '한성임시정부 수립운동'에 가담하고 3개월 옥고를 치른 후 평양 남산현교회로 파송을 받았다.26) 웰치 감독으로서는 다른 어느 곳보다 많은 피해를 입은 평양 지방을 회복시킬 적임자로 현석칠 목사를 지목하여 그를 평양으로 파송한 것이다.

그러나 현석칠 목사의 평양 목회는 오래 지속되지 못했다. 남산현교회 담임자로 부임한 지 4개월 만인 1920년 3월 초, 이번에는 '애국단 사건'에 연루되어 평양경찰서에 연행되었기 때문이다. 그는 같은 평양 지방에서 목회하던 이문골교회 송희봉 전도사, 삼화읍교회 정진수 목사, 남산현교회 교인 최용훈, 그리고 철원읍교회 박연서 전도사, 원주읍교회 조윤여 전도사, 횡성읍교회 방기순 전도사, 강릉읍교회 안경록 목사, 양양교회 김영학 목사, 원산지방 유한익 목사 등과 함께 체포되어 조사를 받았다. 이들은 삼일운동 직후 '애국단'이란 항일 비밀결사를 조직하고 상해임시정부와 연락을 취하며 군자금 모금과 독립운동가 포섭 등 임무를 추진하다가 그 조직과 활동이 탄로나 체포된 후 평양경찰서에 다시 수감되었다.[27] 다행히 혐의가 약했던 현석칠 목사는 검찰에 기소되지 않고 투옥 4개월 만에 출옥했으나 두 번씩이나 독립운동 관계로 투옥된 경력 때문에 그의 '평양 복귀'를 꺼리는 경찰 당국의 입장을 고려하여 웰치 감독은 1920년 7월 그를 산골지역인 영변읍교회로 파송했다.[28] 남산현교회 교인들은 또 다시 '목자 없는 양떼'가 되었다.

그때까지 신홍식 목사는 여전히 서울 서대문형무소에서 수감생활을 하고 있었다. 연회에 참석한 평양 지방 감리사 무어는 1년 전에 비하면 많이 나아졌지만 여전히 상당수 목회자들이 수감 중이거나 해외 망명을 떠난 상태에서 '목회자 빈곤'으로 어려움을 겪고 평양 지방 교회 상황을 이렇게 보고했다.

작년 연회에 우리의 지도급 목사들이 대거 참석하지 못했고 적지 않은 연회원들이 중국이나 다른 나라로 떠났습니다. 많은 목사들이 1919년 3월에 일어난 독립운동 때문에 감옥에 갔는데 최근에 몇 사람을 제외하고는 대부분 석방되었습니다. 평양 남산현교회 목사를 비롯하여 지난 연회에서 지방 내 교회에 파송을 받은 목사 세 사람이 연회 직후 감옥에 들어갔는데 1년 내내 우리 곁으로 돌아오지 못하고 있습니다. 평양 시내에서 목사 6명이 자립교회를 담임하고 있었는데 지금은 한 교회 밖에 없습니다. 목사 부족은 심각한 문제입니다. 교인들은 그래도 자리를 지키고 있는데 교회를 관리하고 다시 일으켜 세우는 일은 염두도 못 내고 있습니다.29)

무어 감리사는 "평양에서 가장 큰 남산현교회가 목회자 없이 어떻게 되었는가 하는 것은 1919-20년 통계를 보면 알 수 있다"고 하면서, 1919-20년, 1년 사이에 남산현교회의 세례 아동은 170명에서 53명으로, 학습인은 171명에서 109명으로, 입교인은 649명에서 494명으로, 원입인은 629명에서 477명으로 각각 줄어 교인 총수가 1,619명에서 1,133명으로 총 486명이 감소했음을 보고했다.30) 이는 전체 교인의 30%가 감소했다는 계산이다. 그렇게 해서 교회를 떠난 교인들 가운데는 독립운동을 목적으로 중국 만주 방면으로 망명한 이들이 많았다. 그들은 대부분 청년계층이었고 그 결과 남산현교회는 주일학교 교사진 부족이라는 또 다른 어려움을 겪어야 했다. 계속되는 무어의 보고다.

교회학교 교사들을 포함하여 우리가 훈련시켜 놓은 훌륭한 젊은 청년과 부인들이 지난 해 몇 백 명까지는 아니더라도 적어도 수십 명이 한국을 떠나 중국 및 다른 지역으로 이주했습니다. 그 결과 아동 주일학교가 가장 큰 타격을 받고 있습니다. 그동안 힘들게 훈련시켜 이제 본격적으로 사역에 투입하려는 때에 이들을 잃어버린 것이 가장 큰 실망입니다. 그런 중에도 감사하는 것은 여기보다 더 어둡고 필요한 지역[만주]에 이들이 들어가 하나님의 나라를 건설하는 데 힘을 보탤 것이라는 믿음 때문입니다. 그리고 우리가 특별히 감사하는 것은 이들이 떠난 자리를 보다 많은 지원자들이 와서 채우고 있다는 사실입니다. 그 결과 금년에는 그 어느 해 보다 많은 청년들이 등록했습니다.[31]

많은 청년들이 해외로 망명을 갔지만 그보다 많은 수의 청년들이 교회에 등록했다는 것은 삼일운동을 거치면서 청년과 학생들이 교회에서 '민족구원과 독립운동'의 가능성을 인식한 결과였다. 그렇게 교회는 시련 속에서 새로운 희망을 비추고 있었다.

그런데 무어 감리사가 1920년 10월 서울에서 열린 연회석상에서 이런 보고를 하고 있던 순간, 평양에서는 소위 '애국부인회 사건'이 터져 남산현교회를 비롯하여 평양과 강서, 증산, 함종 지역 감리교와 장로교 여성 1백여 명이 체포되어 시련과 고난을 겪었다. 애국부인회는 1919년 3월 독립만세 운동 직후 많은 수감자들이 생겨나자 교회 여성들이 자발적으로 수감자와 그 가족들을 구휼하기 위해, 그리고 중국 상해에서 조직된 대한민국 임시정부와 독립운동가들을 지원하기 위해 조직한 항일 비밀결사였다. 1929년 6월경부터 활동을 시작했는데, 처음엔 장로교회와 감리교회가 별개

조직으로 움직이다가 1919년 11월 상해임시정부에서 파견한 요원의 중재로 조직을 통합, '대한애국부인회'를 만들었다. 애국부인회 본부 임원은 다음과 같았다.[32]

직책	이름	나이	교파	비고
총재	오신도	61	감리	상해 임시정부 의정원 원장 손정도 목사 어머니
회장	안정석	38	감리	대동군수 조카며느리
부회장	한영신	34	장로	의주 양실학교 교사
재무부장	조익선	30	장로	
부재무부장	김세지	55	감리	전도부인, 남산현교회 보호여회 회장
부재무부장	김보원	33	장로	평양 정명여학교 교사
교통부장	최순덕	23	감리	대동군수 조카
적십자부장	홍활란	28	감리	
적십자부장	정월라	26	감리	하와이 거주
서기	최명실	28	장로	
서기	최매지	24	감리	진남포 사립학교 교사, 진남포지회장
서기	이겸양	26	장로	정명여학교 교사
부서기	주광명	26	감리	정진여학교 교사
평의원	김신희	26	감리	
평의원	강계심	40	장로	미싱 상인
평의원	박봉애	27	감리	
교통부원	송성겸	44	감리	전도부인 증산지회장
교통부원	안경신	25	감리	

이 중앙 조직 아래 평양과 진남포, 강서, 함종, 증산에 장로교와 감리교 6개 지회가 있었는데, 평양 감리교지회는 기홀병원 전도부인 박승일(25세)이 회장, 숭의여학교 교사로서 이미 3월 1일 만세시위 직후 체포되어 5개

월 옥고를 치르고 나온 박현숙(25세)이 부회장을 맡았고, 손정도 목사의 맏딸 손진실(19세)이 서기를 맡았다. 중앙 본부와 6개 지회가 1년 동안 모금한 독립운동 자금이 무려 2,500여 원에 달했고, 그 중 2천여 원이 임시정부 요원 김순일과 김정묵 등을 통해 상해임시정부에 전달되었다.33) 그렇게 1년 동안 애국부인회는, 은밀하게 활동하던 중 1920년 10월 강서 출신 독립운동가 박세환을 추적하던 일본 경찰이 애국부인회 증산지회장 송성겸 전도부인이 박세환을 접촉한 사실을 알고 그의 집을 수색하면서 그 조직이 탄로났다. 그 결과 오신도와 안정석, 김세지, 박승일, 한영신, 주광명, 박현숙, 최매지 등 핵심 간부 50여 명이 체포되었다. 그 가운데 주모자급 13명이 재판에 회부되어 1921년 3월 평양 복심법원에서 다음과 같은 형량을 선고받았다.34)

박승일 한영신: 징역 3년

최매지 안애자 양진실 김성심 이겸양 김용복 최영보: 징역 2년 6월

안정석 이성수: 징역 2년

박현숙: 징역 1년 6월

오신도: 징역 1년

애국부인회는 여성의 몸으로 독립운동 현장에 투신하여 남성 못지않은 활약을 보였다는 점, 대다수 남성 독립운동가들이 투옥되었거나 망명 혹은

피신함으로 생겨난 독립운동 공백을 교회 여성들이 메웠다는 점, 그리고 장로교와 감리교 여성들이 교파를 초월하여 '연합 독립운동' 기구를 조직하고 활동했다는 점에서 특별한 의미를 지녔다.[35] 이런 역사적 의미가 있는 애국부인회에 남산현교회에서는 전도부인 김세지와 박승일을 비롯해서 오신도, 안정석, 손진실, 박현숙, 주광명 등 여성 신도들이 대거 참여했다가 옥고를 치름으로 '민족의 십자가를 지고 고난 받는 교회'의 모습을 다시 한 번 보여주었다.

3.3 1920년대 남산현교회 청년 운동

3.3.1 회복과 치유의 메시지

격동의 삼일운동 와중에 '목자 잃은 양떼'처럼 담임 목회자 없이 1년 6개월을 지낸 남산현교회에 웰치 감독은 1920년 10월 연회에서 김찬흥(金燦興)을 파송했다.[1] 김찬흥 목사는 삼일운동 당시 이향리교회(아펜젤러기념교회)의 담임목사로 남산현교회의 신홍식 목사, 박석훈 목사와 함께 평양 독립만세 운동을 준비하고 당일 시위를 이끌고 체포된 후 1년여 옥고를 치르고 석방된 후 남산현교회 담임자로 부임해 왔다. 김찬흥 목사 부임으로 남산현교회는 안정을 회복했다. 그런데 1921년 연회에서 김찬흥 목사는 1년 만에 인천 내리교회로 파송 받아 갔고 대신 김유순(金裕淳) 목사가 부임해 왔다. 미국 유학 출신 김유순 목사는 이미 경성 지방 부흥사로 활동하던 1914년 3월 평양에 내려와 남산현교회 부흥회를 인도한 경력이 있었다. 그는 1917년 재차 미국으로 건너가 뉴저지 매디슨신학교를 졸업한 후 1920년 귀국해서 1년간 경성 지방 부흥 사역을 담당하던 중 1921년 9월 연회에서

신흥식 목사

남산현교회 담임자로 파송을 받아 온 것이다.2)

그리고 김유순 목사가 남산현교회에 부임한 두 달 후인 1921년 11월 4일, 서울 마포 경성형무소에 수감 중이던 신흥식 목사가 '만기 출옥'(2년 8개월)하여 평양으로 돌아왔다. 신흥식 목사는 3년 전 남산현교회 담임자 신분으로 삼일운동에 가담했기 때문에 그가 투옥된 후 가족은 여전히 평양 남산현교회 사택에 머물고 있었다. 남산현교회 교인들은 그런 신흥식 목사 가족을 '담임목사 가족'으로 여기고 돌봐주었다. 신흥식 목사는 그런 교인들이 고마웠다. 결과적으로 남산현교회는 50대 신흥식 목사와 40대 김유순 목사의 '공동목회' 체제를 갖추었다. 그러나 신흥식 목사는 석 달 후 인천 내리교회로 파송을 받아 떠나게 되어 교인들은 1922년 2월 9일 '신흥식 목사 전별회'를 열어 그를 환송했다.3) 이로써 평양 남산현교회 목회는 전적으로 김유순 목사의 몫이 되었다.

김유순 목사 부임 이후 활기를 찾은 남산현교회는 삼일운동 이전 교세를 회복했다. 남산현교회의 부흥 현상은 매년 겨울철에 2-3주간 실시하는 사경회를 통해 증명되었다. 김유순 목사 부임 직후인 1921년 12월 7일부터 3주간 동안 남산현교회에서 '부인 사경회'가 개최되었고,4) 바로 이어서 1922년 27일부터 3주간 '평양 지방 도사경회'를 개최하였던바 "평안도와 황해도에서 수 백 명이" 참석하는 성황을 이루었다.5) 남산현교회는 이와 같은 사경회 열기를 이어 1922년 2월, 1주간 '구정 특별 사경회 및 전도회'를 개최했다. 즉 2월 5일부터 1주간 동안 매일 오전 시간에는 교회에 모여 사경회 공부를 했고 오후에는 전도대를 조직하여 시내 각처로 나가 전도활동을 벌였다. 저녁에는 새신자 초청 전도집회를 열었는데, 변성옥의 「천국이 가까움」, 홍기황의 「종교와 사회적 관계」, 김창준의 「자각(自覺)」, 김득수의 「인생의 요소」, 박인관의 「행복의 길」, 주공삼의 「인생과 종교」, 이보식의 「고해(苦海)에 침(沈)한 인생아」, 조만식의 「평양 청년아」, 신홍식의 「달관적(達觀的) 생활」 등의 주제로 강연했다.6) 강사로 나선 감리교의 신홍식 목사와 김창준 목사, 홍기황 전도사는 삼일운동 때 옥고를 치른 독립운동가였고 장로교측 연사로 나온 조만식과 이보식, 박인관, 주공삼 등도 민족의식이 강한 연사들이었다. 이런 민족주의 교회 지도자들의 강연으로 진행된 전도집회를 통해 평양 주민들의 개종과 입교가 증가되었음은 물론이다.

이에 남산현교회는 1922년 사람들이 많이 모이는 평양역 부근에 기도처를 세우고 전도활동을 펼쳤다. 본래 그곳에는 교회가 하나 있었는데 역 주변의 '불쾌한 환경' 때문에 오래 전에 폐쇄되었던 것을 남산현교회 남녀 전도회가 다시 전도소를 개설하고 집회를 시작한 결과 1년 만에 40명 교인이 생겼다.7) 무어 선교사는 1923년 연회 보고를 하는 중에 연초에 실시한 평양 지방 사경회에서 445명 새 신자가 등록했다는 사실과 함께 남산현교회의 '특별한 새신자 가족'을 소개했다.

> 남산현교회에서는 하루 저녁에 9명 한 가족이 결심하고 등록했습니다. 그 아홉 명 중에 4명이 그 이튿날부터 시작하는 사경회에 참석했습니다. 그리고 그 중 남자 한 명은 상투를 자르고 그 머리털을 팔아 성경과 찬송가를 샀습니다.8)

'상투를 잘라 성경과 찬송가를 산 남산현교회 새 신자 이야기는 연회원들에게 감동을 안겨 주었다. 이처럼 교회가 부흥하고 지교회를 세워나가는 남산현교회의 '활발한 모습'을 『기독신보』 기사에서 확인할 수 있다.

> 평양부 남산현교회 내 찬양대라 하면 조선에서는 둘째로 가래도 서러워할 만한 터이라는데, 다시 일층 장려하기 위하여 지난[1921] 12월 28일 하오에 대원회(隊員會)를 동 회당에서 열고 장래를 위하여 대대적 활동키로 작정하고 임원을 개선하고 폐회했다더라.9)

남산현교회 성가대는 평양을 넘어 전국에서도 '유명세'를 얻고 있었다.

왼쪽부터 장낙도, 최병헌, 손성도, 김유순 목사

이처럼 김유순 목사가 남산현교회에서 회복 목회를 추진할 때 그를 도왔던 여성 목회자 이효덕(李孝德) 전도사가 있었다. 평남 용강 출생으로 어린 시절 어머니를 따라 남산현교회에서 개최되는 부인 사경회에 참석했던 이효덕은 평양 정진소학교와 숭의여학교를 졸업하고 삼화교회 부속학교 교사를 거쳐 1912년 모교인 숭의여학교 교사로 부임해서 2년간 봉직했다. 그는 숭의여학교 교사로 있으면서 동료 교사 황애덕, 남산현교회 교인 안정석, 숭현여학교 교사 김경희 등과 함께 숭의여학교 학생을 중심으로 군자금 모금과 민족독립 의식 함양을 목적으로 한 항일비밀결사 송죽회(松竹會)를 결성하여 지도했는데, 그때 그의 지도를 받은 박현숙과 송복신, 최자혜, 박경애, 홍마대, 홍마리아, 서메물, 김옥석, 채광덕. 이마대, 최의경 등이 삼일운동이 일어났을 때 각 지방 여성 만세운동의 주역으로 활약했다.

이후 이효덕은 황해도 신기읍 소학교, 강서 사달학교를 거쳐 중화 양무학교 교사로 봉직하던 중 삼일운동을 맞아 중화읍 독립만세 운동을 주도하고 1년 옥고를 치렀다.[10] 1920년 4월 출옥한 이효덕은 여성 목회에 헌신하기로 결심하고 강서읍교회 배형식 목사의 추천을 받아 서울 죽첨정(충정로)에 있던 협성여자신학교에 입학했다. 학비는 평양의 무어(문요한) 선교사가 대주기로 하여 이효덕은 1921년 2월 서울로 올라가 첫 학기 수업을 준비하던 중 '삼일절 2주년'을 기념하는 의미로 2월 28일 학교 뒷동산에 태극기를 게양했다가 발각되어 정학을 맞았다. 정학을 맞고 평양으로 내려온 이효덕을 맞이하는 무어의 태도가 냉랭했다. 그때 일을 이효덕은 이렇게 증언했다.

> 문 목사는 몹시 못마땅한 얼굴로 나를 나무라는 것이었다. '공부할 학생은 공부만 해야 하는 것이지 그런 쓸 데 없는 일에 끼어드는 것이 아니오. 자기가 한 일은 자신이 책임을 져야 하는 것이오. 나는 모릅니다.' 나는 이런 말에 이렇게 대답했다. '만약 목사님에게 미국이라는 나라가 없으시면 어떻게 하시겠습니까. 미국은 2백 년 전 왜 독립을 위해 영국

태화관을 배경으로 한 이효덕 전도사

과 싸우고 투쟁했습니까? 그 당시에 목사님이 미국에 태어났다면 그대로 계셨겠습니까? 목사님도 그 독립을 위한 투쟁에 참가하셨을 것이 아닙니까? 왜 제 나라를 빼앗긴 민족이 제 나라를 다시 찾자고 하는 것이 무엇이 나쁜 일입니까? 나는 한국 민족입니다. 그래서 제 민족의 독립을 위해 노력하는 것입니다. 그것이 잘못이라면 저는 이 세상에 살 필요가 없을 것입니다.' 나의 이런 항변을 들은 문 목사는 그제서야 저를 이해해 주고 동정을 하시는 것이었다. 이 소식을 전해들은 남산현교회 직원들이 이런 애국자는 우리가 도와주어야만 한다고 주장을 하여 남산현 부전도사로 채용되었다.11)

독립운동 전력과 의지 때문에 선교사의 도움을 받지 못하게 된 여자 신학생을 남산현교회 신도들이 "이런 애국자는 우리가 도와주어야만 한다"면서 학비 지원은 물론 '유급 전도사'로 채용한 것이다. 그렇게 해서 남산현교회 '실습 전도사'가 된 이효덕은 개강 중에는 서울에 올라가 신학교 수업을 받고 방학 때 평양에 내려와 집중적으로 주일학교 교육 및 부인 선교 사역에 임했다. 이후 이효덕은 1924년 신학교를 졸업한 후 서울 태화여자관과 전주 기전여학교 교사를 거쳐 조선기독교여자절제회 총무로 활약했고, 해방 후에는 총리원 부녀국 총무 및 여선교회전국연합회 총무를 역임했다. 곤궁에 처한 여자 신학생을 돕기로 한 남산현교회의 '선한 뜻'이 일궈낸 결실이었다.

이처럼 이효덕이 신학생 전도사로 사역할 수 있도록 기회를 만들어 준 남산현교회 직원회는 1920년대 초반 '장유회(長有會)'란 명칭으로 불렸다. 직원회(장유회)는 목사와 전도사 등 목회자 외에 교회 재정을 담당하는 유사(有司)와 예배당과 재산 관리를 담당하는 탁사부장(托事部長), 그리고 속회 인도자인 속장(屬長), 평신도 설교자인 권사(勸師), 주일학교 교장과 선교회 회장 등으로 조직되었는데, 교회 목회와 행정에 관한 중요한 내용을 심의, 결정했다. 예를 들어 1922년 1월 19일 열린 남산현교회 장유회에서는 '세례교인 추천' 및 '부목사 선정의 건'을 가지고 심도 있게 논의한 사실이 『동아일보』에 보도되기도 했다.12) 직원회는 각 교회별로 조직되어 활동했지만 때로는 평양 시내 감리교회 목회자와 직원들이 함께 모이는 '도직원회(都職員會)'를 개최하여 평양 시내 선교와 전도 사역에 관한 사항을 논의하기도 했다. 한 예로 1924년 10월 27일 저녁 남산현교회에서 남산현교회와 채관리교회, 이향리교회, 박구리교회, 유정교회, 신양리교회 등 6개 교회 직원들이 '도직원회'로 모여 "자금(自今) 이후 교회 진흥 및 발전에 대하여 대대적인 활약을 토의하는 동시에 1개월 후 부흥 대전도회를 개최할 것과 공동묘지 매수의 건, 칠성문외(七星門外) 기도처 신설의 건을 협의"했다.13) 이렇게 1920년대 들어서 교회 평신도 지도자들은 목회자를 도와 교회 부흥과 발전에 적극 협력하는 모습을 보였다.

이렇게 2년 동안 남산현교회의 회복과 부흥 목회를 이끌었던 김유순 목사는 1923년 6월 연회에서 충남 홍성 지방 감리사로 파송을 받아 떠났고 남산현교회에는 장낙도(張樂道) 목사가 파송을 받아 왔다.14) '한학과 성경'에 능통했던 장낙도 목사는 1907년 평북 영변읍에서 전도사로 목회를 시작하여 1909년 목사 안수를 받고 1910년 인천 내리교회를 담임하다가 1912년 서울 협성신학교 교수가 되어 이후 20년간 신학생들에게 한문과 성경을 가르쳤다.15) 장낙도 목사와 함께 1923년 홍기황 전도사가 남산현교회 부담임자로 파송을 받아 왔다.16) 홍기황 전도사는 남산현교회 엡윗청년회 출신으로 삼일운동 때 진남포교회 전도사로 있으면서 신홍식 목사의 지휘를 받아 진남포 독립만세 운동을 주도하고 1년 옥고를 치른 '독립운동가'였다. 그는 출옥 후 광성고등보통학교 교사로 부임해 학생들을 가르치면서 남산현교회 목회를 도왔다. 다음은 장낙도 목사가 담임 시절인 1924년 5월, 천도교에서 발행하던 잡지 『개벽』에 실린 '평양 감리교회 교세 현황' 기사 내용이다.

> 금일에는 평양 부내에만 교회가 6처(남산현, 이향리, 박구리, 채관리, 류정, 신양리)에 신도 2,300여 명이 있는데, 과거의 창건 및 발전기에 있어 제일 공로가 많은 이로는 김창식, 오석형(死), 박석훈(死) 같은 이가 있으며, 현재에 교회의 주력이 된 이는 장낙도, 김홍식, 주기원, 안창호, 윤봉진, 김창림 주관목사를 위시하여, 김정선(金貞善), 김병연(金炳淵), 김득수(金得洙), 송기창(宋基昌), 윤자겸(尹滋謙) 등 여러 사람이 있다.17)

그러나 장낙도 목사의 남산현교회 목회는 1년으로 끝났다. 1924년 9월 연회에서 장낙도 목사는 서울 종로(중앙)교회로 파송을 받았고 남산현교회에는 오기선(吳基善) 목사가 파송을 받아 왔다.18) 강서군 함종 출신으로 평양 '관비 유학생'이었던 오기선은 '북한 지역 최초 여성 세례' 주인공인 전삼덕의 전도를 받고 고향에 사립학교를 설립, 운영하다가 1908년부터 함종읍교회 전도사로 목회를 시작했다. 그는 1911년 서울 감리교 협성신학교를 졸업하고 이듬해 목사 안수를 받았으며, 이후 해주읍교회와 서울 동대문교회를 거쳐 1914년부터 장·감 연합 교회로 운영되던 일본 도쿄한인연합교회를 2년간 담임했다. 1916년 귀국해서 평양 지방 진남포교회에서 1년 시무하다가 1917년 연회에서 인천 내리교회 담임 및 인천 지방 감리사로 파송 받았다. 1919년 삼일운동 당시 그는 이승훈과 박희도, 신홍식, 정춘수 등 기독교 민족대표 모임에 처음부터 참여했으나 독립운동 노선과 방법론에서 '이견'을 보여 중도에 이탈했다. 1920년에는 노블 선교사와 함께 미국 감리교 총회에 한국교회 대표로 참석했고 1921년 다시 도쿄한인연합교회 담임자로 파송을 받아 2년 목회한 후 남산현교회 담임자로 파송을 받아 온 것이다.19) 이러한 다양한 경력을 배경으로 오기선 목사는 1920년대 한국 감리교회를 '대표하는' 목사 가운데 한 명으로 부상했다. 이러한 오기선 목사를 맞이하는 남산현교회 교인들도 기대가 컸다.

오기선 목사는 부임 직후 2주간 '특별 새벽기도회'를 하는 것으로 남산현 목회를 시작했다. 그 결과를 『기독신보』가 보도했다.

평양 남산현교회에서는 신임 목사 오기선 씨가 시무하는 벽두에 교우의 신앙을 부흥시키기 위하여 2주간 새벽기도회를 했는데, 과연 신령상 다대한 은혜를 받았으므로 하나님께 영광을 돌린다더라.20)

이런 식으로 남산현교회는 평양뿐 아니라 북한 지역의 '모교회'로서 교회가 지역 사회를 어떻게 바꾸어 나가는지를 '모범적으로' 보여주었다. 무어 감리사의 1926년 연회 보고다.

북부 지역 모든 교회의 모교회(mother Church)인 남산현교회에서는 한 형제가 1천 원을 헌금하여 낡은 한옥 전도소를 옮겨 새로 짓도록 해 주었는데, 그 집은 우리 지방 내에서 가장 훌륭한 교회 부속 건물이 되었습니다. 주일에는 그 집을 주일학교 예배실로 사용하고 주간 중에는 각종 종교 및 사회 모임 장소로 사용하고 있습니다.21)

이 보고에 나오는 대로 '교회 부속 전도소를 짓도록 헌금한 형제'는 바로 10년 전(1916) 현석칠 목사가 소개했던 '모범 신앙인' 우치적(禹致蹟)이었다. 그는 남산현교회에 출석하면서부터 새벽기도회와 가족기도회를 계속했고, 어머니 제사(소상) 때 쓰려 했던 음식 비용을 전도소 설립 기금으로 내놓았던 장본인이었다.22) 그때 마련한 교회 전도소가 낡아 사용하기 어려워졌다는 소식을 듣고 우치적 권사는 1천 원을 헌금했고 그것으로 남산현

교회 부지에 27평 규모의 목조 기와집을 짓고 주일학교와 청년회, 교회 사무실을 겸하여 사용했다.23)

이처럼 오기선 목사 부임 이후 남산현교회 목회와 사역의 내용과 규모가 커지면서 담임목사를 도울 부교역자가 필요했다. 이에 서울 협성신학교를 졸업하고 연희전문학교 재학 중인 송흥국 전도사가 1926년 부임해서 1년 동안 사역하다가 일본 유학을 떠났고,24) 뒤를 이어 개성 송도고등보통학교를 거쳐 일본 칸세이학원(關西學院) 신학부를 졸업하고 귀국한 김종필(金鍾弼) 전도사가 1928년 파송을 받아 왔다.25) 이로써 담임-부담임 목회 진영을 갖춘 남산현교회는 본격적으로 부흥과 전도 사역을 추진했다. 우선 1928년 11월 1일부터 7일까지 서울 상동교회의 홍순탁(洪淳倬) 목사를 초빙하여 '대거부흥회'(大擧復興會)를 실시, 교회와 교인들에게 활기를 불어넣었다.26) 이 부흥회를 마친 직후 남산현교회를 취재 방문한 『기독신보』 기자는 남산현교회 현황을 이렇게 소개했다.

> 동 교회는 평양 감리교회로서는 처음 설립된 교회일 뿐 아니라 지금에 있어서 제일 큰 교회인데, 교인수가 재적수로는 약 천 명이 되며 매 주일이나 매 삼일에 출석수로는 약 오백 명이나 된다고 한다. 그리고 그 안에는 남녀 엡웟청년회, 남녀소년회, 여자야학교, 여자선교회가 있어서 교회를 위하여 여러 가지 방면으로 활동하는 중에 특히 여자선교회에서는 금전을 거두어 연회로 보내어 만주와 인도에 선교하려고 한다.27)

이처럼 남산현교회에 부임하여 뛰어난 지도력을 발휘한 오기선 목사는 1928년 연회에서 베이커(J. C. Baker) 감독으로부터 평양 지방 감리사로 임명받았다. 그동안 노블과 모리스, 무어 등 선교사들이 맡아 왔던 평양 지방 감리사직을 처음으로 한국인 목사에게 맡기면서 오기선 목사를 택했다는 것은 그의 지도력이 인정을 받았다는 증거이기도 했다. 이로써 오기선 목사는 남산현교회 사역 외에 지방 감리사로서 평양 지방 내 23개 구역, 84개 교회들을 순방하며 목회자와 교회를 관리했다.

사실 그 전부터 남산현교회는 평양 지방뿐 아니라 북한 지역 감리교회의 모교회로서 지방회와 연회를 자주 개최했다. 그리고 그렇게 남산현교회에서 개최된 지방회와 연회 행사를 일반 일간지도 비중 있게 보도했다. 예를 들어 민족주의 성향의 『시대일보』는 1924년 6월 19일부터 3일간 남산현교회에서 개최된 미 감리회 평양지방회를 소개하면서, "진남포 신흥리교회에서 다년간 전도부인으로 종사하다가 독립운동 사건으로 수년간 철창생활을 마치고 나오면서 신병으로 1개월 전에 세상을 이별한 양진실(梁眞實) 여사의 추도회를 개최한" 사실을 특별히 언급했다.[28] 추도회 주인공인 양진실은 진남포 비석리교회 전도부인으로 사역하던 중 1920년 애국부인회 사건에 연루되어 2년 6개월 옥고를 치르면서 옥중에서 받은 고문과 악형으로 건강을 잃고 결국 석방 직후 목숨을 잃은 '독립운동가였기에 『시대일보』가 그 사실을 전국에 알린 것이다. 같은 맥락에서 『중외일보』도 1927년 6월 7일부터 9일까지 60여 명 회원이 참석한 평양지방회 소식을 자세히

소개했다.29)

　지방회뿐 아니라 연회도 자주 남산현교회에서 개최되었다. 삼일운동 전인 1917년에 제10차 연회가 개최된 바 있는 남산현교회에서 삼일운동 2년 후인 1921년 9월 28일부터 10월 3일까지 미 감리회 제14차 조선연회가 다시 개최되어 참석한 76명 연회원들은 삼일운동으로 큰 피해를 입은 남산현교회가 시련을 극복하고 다시 부흥하는 모습을 확인할 수 있었다.30) 그리고 1921년 연회가 열리기 1주일 전인 9월 22-25일 제5회 조선예수교장감연합협의회가 남산현교회에서 개최되어, 전국 장로교와 감리교 대표 30여 명이 회집, '선교 구역 분할 문제'를 비롯하여 초교파 선교연합과 협력사업에 대해 논의했다.31) 그리고 두 달 후, 1921년 11월 12일 미국 주일학교 운동가 톰슨(James V. Thompson) 환영회가 남산현교회에서 개최되었는데, 협성신학교 교수 변성옥의 사회로 남산현교회 김유순 목사의 기도에 이어 숭실대학교 찬양대의 합창, 숭실대학 박윤근 교수의 환영사 순서로 진행되었다.32) 이 환영회는 11월 10일부터 14일까지 열린 평양 장·감 연합주일학교 대강연회 기간 중에 열린 것으로, 앞서 서울에서 개최되었던 제1회 조선주일학교대회의 지방 행사로 열린 것이었다. 즉 11월 1일부터 8일까지 전국에서 올라온 1천여 명의 주일학교 대표(교사)들이 서울 수표교교회와 승동교회, 복음전도관 등지에서 다양한 주일학교 관련행사를 전개했는데, 이것을 계기로 초교파 기구로 조선주일학교연합회(朝鮮主日學校聯合會)가 조직되었다. 이때 미국 시카고주일학교연합회 청년부장인 톰슨 목사가 세계주일학교연합회(World's Sunday School Association) 파견을 받아 내한해서 서울 대회를 지원했고 서울 대회 후 전국 지방을 돌면서 유사한 장·감 주일학교 교사 대회에 참석했다. 그런 배경에서 11월 10-14일 평양대회에 참석하여 평양 교인들의 환영을 받은 것이다.33) 이런 식으로 남산현교회는 평양 지역 장·감 연합운동의 구심점이 되었다.

다시 오기선 목사 부임 이듬해인 1925년 6월 17일부터 23일까지 미 감리회 조선연회 제18차 연회가 평양 남산현교회에서 개최되었다. 전국에서 1백여 명 회원들이 참석해서 7일간의 회무를 처리하였다.34) 결국 남산현교회에서 4년마다 연회가 개최되었는데, 서울 정동교회 다음으로 남산현교회가 연회를 많이 개최한 교회였다. 연회가 개최될 때마다 남산현교회 교인들은 전국에서 온 목회자와 평신도 지도자들을 극진히 대접했다. 1928년 연회 때는 남산현교회 교인들이 경영하는 9개 기업이 연회 참석자들을 위해 '간친회'(懇親會, 위로회)를 개최하여 연회원들을 감동시켰다. 이에 대한 『기독신보』 보도다.

평양은 원래 조선에서 공업 중심지로 유명한 곳이다. 따라서 우리 교인의 생산업도 역시 흥왕한 것은 사실이므로 일전 감리교 연회가 당지 남산현교당에 개최되었을 때에 본 교우 중 생산업을 크게 힘쓰는 아홉 상회는 연회원 일동을 우춘관에 초대하고 간친의 연향이 있은 후 본 상회의 직공을 위하여 연회에서 청년 목사 1인을 파송할 것을 희망한다는

뜻을 진술하고 다시 상업에 관하여 좌와 같이 소개했더라.35)

그날 연회에 참석한 자들을 위해 간친회를 베풀었던 9개 기업은 다음과 같았다.36)

회사	직원	생산품목	1년 총생산
조선물산상회(朝鮮物産商會)	36명	양말과 색실(色官紗) 직조	124,800원
대동양말소(大同洋襪所)	306명	양말 직조	248,400원
삼공양말공장(三共洋襪工場)	1,332명	양말 직조	576,000원
공신상회(共信商會)	414명	양말 직조	165,600원
대원상회(大元商會)	460명	양말 직조	496,800원
정창호모상회(正昌護謨商會)	200명	고무신 제조	504,000원
일신당약방(日新堂藥房)	16명	제약 판매	216,000원
세창조직상회(世昌組織商會)	1,675명	양말 직조	134,000원
평안(平安)고무공업사	190명	고무신 제조	350,000원

이들 9개 기업 대표들은 모두 남산현교회 교인들이었다. 이들 기업 대표들은 1백여 명 연회원들을 '평양 제일의 음식점'으로 초대하여 식사를 대접하면서 공장 근로자들의 신앙 지도를 위해 목회자 한 명을 파송해 줄 것을 요청했다. 이들은 회사와 공장을 경제적 이익 창출의 수단으로만 본 것이 아니라 복음 전도의 장으로 삼고자 했다. 이러한 평양 남산현교회 '기독 실업인'들의 소명감은 '안식일 휴무'에서도 드러났다. 무어 감리사의 1927년

연회 보고다.

평양에서는 주일이면 중심 거리에 있는 상점들이 모두 문을 닫는 것이 아주 볼 만하다. 그렇게 문을 닫는 상점 가운데 많은 곳이 우리 감리교 평신도들이 운영하는 곳이다. 전세계적으로 많이 신고 있는 고무신발 제조업이 이곳 한국에서는 신종 사업이다. 평양에서는 그 업종을 대부분 기독교인들이 하고 있다. 우리 감리교 평신도들도 신발 공장을 많이 운영하고 있다. 종업원 275명을 채용하고 있는 공장의 지배인이 바로 우리 감리교회 본처전도사다. 임금도 후하게 줄 뿐 아니라 주일을 철저하게 지키고 있으며, 공장 안에서 예배를 드리고 성탄절에는 교회인지 공장인지 구분이 안 될 정도로 종교적인 모습을 띤다.37)

주일이면 평양 시내 기독교인들이 경영하는 공장이나 상점, 회사는 모두 문을 닫았다. 교인들도 '안식일 매매'를 금기시했기 때문에 불신자들이 경영하는 상점들도 주일이면 장사를 포기하고 문을 닫는 현상이 늘어났다. 그 결과 '주일 철시(主日撤市)'는 '평양성 교회 종소리'와 함께 '평양 명물'이 되었다. 평양을 '조선의 예루살렘'이라 부르게 된 배경이다.

3.3.2 주일학교와 엡윗청년회

평양 삼일독립 만세 운동의 구심점이었고, 그래서 피해도 컸지만 시련을 딛고 일어선 남산현교회에 관한 소식은 평양뿐 아니라 전국적인 관심사가 되었다. 그래서 남산현교회에서 개최된 각종 행사나 집회 소식은 『동아일보』와 『중외일보』, 『시대일보』, 『조선중앙일보』 등 국내 중앙 일간지뿐 아니라 미국에서 간행되는 『신한민보』 같은 신문에서도 관심을 갖고 보도했다. 다음은 1920-29년 각종 일간신문에 보도된 남산현교회 집회 관련 내용이다.

일자	모임과 내용	신문 보도
1920.5.28	노동공제회 평양지회 발회식, 회장 정세윤(鄭世胤), 총간사 김형숙(金亨淑) 선출	『동아』 1920.6.1
1920.6.24	국제노동자대회 참석했던 일본 노동자 대표 (榮木卯平) 강연회	『동아』 1920.7.1
1920.6.23-24	이화학당 전도대 평양순회 음악회 및 전도강연회	『동아』 1920.7.7.3
1920.6.24	엡윗청년회 강연회, 조만식이 「청년의 사명」, 정진여학교 한진실(韓眞實)이 '남녀평등' 주제로 강연	『동아』 1920.6.28
1920.7.1-10	평양 연합엡윗청년회 주최 평양순회 전도대회	『동아』 1920.7.3
1920.7.15-17	평양청년회 주최 경성음악대 초청 음악회와 강연회	『동아』 1920.7.13
1920.7.30	학생대회 순회강연회, 고원승(高源承)「참 눈을 뜨라」, 방정환(方定煥)「노력하라」주제 강연	『동아』 1920.8.2

1920.9.9	엡윗청년회 주최 지정선(池貞善) 초청강연회	『동아』	1920.9.13
1920.9.21	남산현교회 유년여자전도부 창립식	『동아』	1920.9.25
1921.1.21	평양기독교청년회 발기총회	『동아』	1921.2.26
1921.3.24	평양기독교청년회 창립총회	『동아』 『신한』	1921.3.26; 1921.6.30
1921.3.2-	남산현교회 부인사경회	『동아』	1921.3.4
1921.3.22	평양 엡윗청년회 연합회 주최 청년웅변회	『동아』	1921.3.20.
1921.4.8	남산현교회 엡윗청년회 주최 청년연합웅변대회	『동아』	1921.4.13
1921.5.5	남산현교회 엡윗청년회 주최 음악회, 김형준(金亨俊) 박성삽(朴聖心) 독창	『동아』	1921.5.8
1921.5.9	세계기독교청년회 아시아담당 총무 팬슨 박사 초청 강연회	『동아』	1921.5.15
1921.6.9	평양 기독교청년회 주최 일본 동양대학 철학과 교수 야나기(柳宗悅) 초청 강연회	『동아』	1921.6.12
1921.6.12	남산현교회 유년주일학교 기념식	『동아』	1921.6.17
1921.7.13	남산현교회 여자엡윗청년회, 장대현교회 청년전도회 공동 주최 경성여자교육회 초청 강연회	『동아』	1921.7.19
1921.7.22-23	경성 새동무사 주최 '예수행적 활동사진 상연	『동아』	1921.7.27
1921.8.9	남산현교회 남녀엡윗청년회 주최 청년연합토론회	『동아』	1921.8.9
1921.9.16-17	장·감연합 토론회	『동아』	1921.9.15
1921.9.22	조선예수교장감연합공의회	『동아』	1921.9.18
1921.9.28	기독교미감리회 조선연회(10월 3일까지)	『동아』	1921.9.18
1921.10.6	남산현교회 엡윗청년회 강연회, 변성옥(邊成玉)이 「자선」, 김애희(金愛喜)가 「위생」 주제로 강연	『동아』	1921.10.13
1921.11.12	미국 시카고주일학교연합회 부장 탐손 박사 환영회	『동아』	1921.11.18
1921.12.7-	남산현교회 부인사경회(3주)	『동아』	1921.12.11
1921.12.27-	평양지방 도사경회(3주)	『동아』	1922.1.2
1922.1.16	남산현교회 여자엡윗청년회 총회	『동아』	1922.1.23

1922.1.19	남산현교회 장유회(長有會, 직원회)	『동아』 1922.1.27
1922.1.20	남산현교회 남녀엡윗청년회 간친회	『동아』 1922.1.26
1922.1.30-	남산현교회 신년사경회와 대전도회(2월 5일까지)	『동아』 1922.2.3
1922.2.9	남산현교회 신흥식 목사 전별회	『동아』 1922.2.13
1922.2.12	남산현교회 여자엡윗청년회 통상회(通常會)	『동아』 1922.2.13
1922.2.22	남산현교회 부인야학회 교사 위로회	『동아』 1922.3.3
1922.3.4-	남산현교회 부인사경회(2주간)	『동아』 1922.3.11
1922.3.10	남산현교회 여자엡윗청년회 강연회 강사는 한국보(韓國輔)와 최순자(崔筍子)	『동아』 1922.3.18
1922.6.23	남산현유치원 설립 6주년 기념식	『동아』 1922.6.27
1922.8.21	남산현교회 유년주일학교 여자선교부 창립 4주년 기념식	『동아』 1922.8.28
1922.9.10	평양고아원 설립자 고 김병선군 추도회	『동아』 1922.9.9
1922.12.19	남산현교회 엡윗청년회 강연회 「현대사회와 청년」	『동아』 1922.12.29
1923.2.23	남산현교회 엡윗청년회 음악부 주최 음악대회	『동아』 1923.2.22
1923.3.2	남산현교회 엡윗청년회 음악대 경비마련을 위한 음악회	『동아』 1923.3.12
1923.4.28	미국 유학 정치경제과 졸업생 지용은(池鎔殷)과 동경여자고등보통학교 출신 우제경(禹濟京) 결혼식	『동아』 1923.5.3
1923.7.10	남산현교회 주최 동아일보사 평양지국 후원 활동사진 '인생전(人生田)' 상영(광성학교 후원)	『동아』 1923.7.9
1923.7.24	남산현교회 유년주일학교 여자부 주최 평양시내 교회연합 여자토론회	『동아』 1923.7.17, 7.24, 7.28
1923.9.20	남산현교회 유년주일학교 주최 평양시내 각 교회 주일학교 남녀교사 웅변대회	『동아』 1923.10.16
1923.10.10	남산현교회 엡윗청년회 주최 변호사 김지건(金志健, 평양장학회 회장) 초청 「법률과 사회」 강연	『동아』 1923.10.16

날짜	내용	출처
1923.10.31	남산현교회 엡윗청년회 주최 '추계 개인 정구대회	『동아』 1923.10.30
1924.6.10-12	미감리회 평양지방회	『시대』 1924.6.11
1924.10.13-14	평양기독교청년회 주최 청년학생 연합웅변대회	『시대』 1924.10.16
1924.10.16	채관리교회청년회 주최 제2회 평양 소년소녀 웅변대회	『시대』 1924.10.19
1924.10.27	평양시내 감리교회 도직원회(都職員會)	『시대』 1924.10.30
1925.6.23	광성고등보통학교 기독학생청년회 주최 명사(변성옥 황치헌) 초청 강연회	『시대』 1925.6.22
1925.8.14	남산현교회 유년주일학교 소녀회 창립 7주년 기념식	『시대』 1925.8.11
1926.5.29	남산현교회 엡윗청년회 부흥회	『동아』 1926.6.2
1926.6.26	남산현교회엡윗청년회 숭실중학 교장 강봉우(姜奉禹) 초청 강연회	『동아』 1926.6.28
1926.7.27	남산현교회 출신 외지 유학생 환영회	『동아』 1926.7.30
1927.2.11	평양여자기독교청년회 주최 '신춘' 강연회, 협성신학교 교수 김창준(金昌俊)과 평양정의 유치원사범과 교사 동유실(董有實) 강연	『동아』 1927.2.11
1927.6.10	평양 금주단연동맹 강연회	『중외』 1927.6.10
1927.6.7-9	미감리회 평양지방회	『중외』 1927.6.11
1927.9.1	남산현교회 소년회 창립 3주년 기념식	『동아』 1927.8.31
1928.8.16	남산현교회 소녀회 창립 10주년기념식	『동아』 1928.8.20
1928.9.11	남산현교회 관현악단 추기 음악연주회	『동아』 1928.9.7
1929.2.23	남산현교회 여자엡윗청년회 주최 동아일보사 평양지국 후원 '평양 신춘 음악회	『동아』 1929.2.23
1929.4.11.	평양 금주단연연맹 주최 '금주단연 강연회	『중외』 1929.4.17
1929.9.27	평양 금주단연연맹 주최 '금주현상 웅변대회	『동아』 1929.9.7
1929.10.9-18	조선주일학교연합회 제3회 전조선주일학교대회	『중외』 1929.9.29

이들 기사를 분류해 보면 남산현교회에서 개최된 집회나 행사들은 1)사

경회와 지방회, 연회, 직원회 관련, 2)남산현교회 부속 기관인 엡윗청년회와 여자엡윗청년회, 유년주일학교 소년회와 소녀회, 유치원, 여자야학교 관련, 3)평양 기독교청년회와 여자기독교청년회, 조선주일학교연합회, 장감연합공의회 등 초교파 연합 기관 관련, 4)노동자공제회와 평양청년회, 금주단연연맹 등 일반 사회단체 관련 기사로 구분할 수 있다. 이 가운데 사경회나 직원회, 지방회와 연회 관련 기사는 이미 앞서 살펴보았다. 여기서는 남산현교회 부속기관인 주일학교와 남녀 엡윗청년회, 유치원 관련 기사부터 살펴보기로 한다.

우선 남산현교회 주일학교 관련 기사 중에 눈에 띄는 것은 1920년 9월 21일 남산현교회 유년주일학교 여학생들이 조직한 '유년여자전도부' 관련 기사다.

평양 남산현감리교회에서는 어린 여자들이 수삭(數朔) 전에 유년여자전도부를 조직하고 매주 일회식 정기회를 개(開)하여 유년 여자에게 전도하는 일을 강구 처리하여 오던 바 지난 21일 오후 8시에 남산현예배당 내에서 유년여자전도부(幼年女子傳道部) 창립식을 거행했는데, 10세 이내 유녀(幼女) 수십 명 회원이 단아정숙(端雅靜肅)한 태도로 식을 진행한 바 회장 김영녀(金永女) 양의 사회와 회원 수명의 주악(奏樂)이 있은 후 내빈 중 정진여학교(正進女學校) 교사 김진순(金鎭淳) 씨의 축사와 회원의 답사가 있었고, 내빈 중에서 유년여자전도부를 위하여 수십 원의

기부금이 있은 후 폐회하고 내빈에게 다과만찬(茶菓晩餐)이 있었다 했다더라.38)

'10세 미만의 여학생들이 동년배 여학생들을 전도할 목적에서 자체적으로 전도부를 조직하는 모습에 감동을 받은 어른 교인이 즉석에서 '수십 원' 기부금을 냈다. 그런데 이런 전도부를 조직한 여학생들은 이미 1918년 8월 '여자선교회' 혹은 '소녀회(少女會)'라는 자치 단체를 조직해서39) 어른 여선교회(보호여회)와 비슷한 활동을 펼쳐 왔는데, 1920년에 이르러 전도부를 별도로 조직, 보다 적극적인 전도활동을 펼친 것이다.

이 남산현교회 소녀회가 주최한 가장 대표적인 행사로 '여학생 토론회'가 있었다. 토론회는 청년 모임인 엡윗청년회에서 자주 하는 행사였는데 그것을 나이어린 여학생들이 한 것이다. 그리고 그런 토론회를 남산현교회 주일학교 학생들끼리 한 것이 아니라 평양 시내 다른 교회 주일학교 학생들과 연합행사로 진행했다. 예를 들어 1923년 7월 23일 저녁 남산현교회에서 남산현 소녀회 주최로 평양 시내 유년주일학교 '유년여자 토론회'가 개최되었는데, 주제는 「성공의 본(本)은 근승어재(勤勝於才)」(성공의 근본은 재능보다 근면이다)였다. 토론은 가편(可便)과 부편(否便)으로 나뉘어 진행되었는데 출연한 '소녀 연사'로는 남산현교회 유년주일학교에서 김영락(가편)과 김보화(부편), 유정교회 유년주일학교에서 이보패(가편)와 이또라(부편). 신양리교회 유년주일학교에서 김진복(가편)과 오성심(부편), 박구리교회 유년주일학교에서 박성실(가편)과 강양덕(부편) 등이었다. 심판은 남산현교회 유년주일학교 교감인 홍기황과 동아일보 평양지국장인 김성업, 이향리교회 엡윗청년회장 김병연 등이 맡았는데 토론 결과 부편이 승리했으며, 종합 점수에서 남산현교회가 1등, 박구리교회가 2등, 신양리교회가 3등을 차지했다.40) 이런 토론회를 통해 여학생들의 자의식과 민주의식이 개발되었고 평양 시내 교회 유년주일학교 교사와 학생들의 친목을 도모했다. 이처럼 유년주일학교 여학생들이 소녀회와 전도부를 만들고 토론회를 여는 등 활발하게 움직인 것에 비하여 남학생들은 1924년에야 '소년회(少年會)'를 조직해서 활동을 시작했다.41)

이 무렵 남산현교회 유년주일학교 교사들을 위한 간친회(위로회)도 자주 열렸다. 1922년 1월 9일 남산현교회 교인 김형숙(金亨淑)이 주일학교 교감 홍기황을 비롯한 교사 전원을 수옥리 집으로 초청하여 '주일학교 교사 간친회'를 열어 위로했다.42) 그해(1922) 12월 31일 거행된 남산현교회 주일학교 졸업식에서 남녀 학생 21명이 김유순 교장으로부터 졸업장을 받았는데 남학생으로 김유홍, 이형진, 오명찬, 김대성, 김용수, 한희신, 손원선, 양필제, 이형원, 오천덕, 손원일, 이인수, 여학생으로 김은덕, 이복녀, 이신덕, 이서분, 송애성, 이신덕, 최순덕, 이정실, 김기담 등이 졸업장을 받았으며, 졸업생을 대표하여 광성소학교 손원일이 답사했다.43) 답사를 한 손원일은 상해임시정부 의정원 원장으로 독립운동을 전개하고 있던 손정도 목사의 맏아들이었다.

계속해서 1923년 10월 19-20일에는 남산현교회 유년주일학교 주최로 평양 시내 각 교회 유년주일학교 남녀 교사 웅변대회를 개최했다. 본래 이 웅변대회는 9월 중순에 개최할 예정이었으나 9월 1일 일어난 일본 도쿄 대지진으로 사회 분위기가 좋지 않다는 이유로 경찰 당국에서 집회를 허락하지 않는 바람에 늦추어 진행했다.[44]

그리고 6년 후 1929년 10월 9일부터 18일까지 10일간 '제3회 전조선 주일학교대회'가 평양에서 개최되었다. 이는 4년마다 조선주일학교연합회가 주최하는 전국 주일학교 교사들의 대축제였는데, 1회(1921), 2회(1925) 대회는 모두 서울에서 개최되었고 3회 대회를 처음으로 지방에서 실시하면서 장소를 평양으로 택했다. 전국에서 3천여 명 교사 대표들이 참석하는 대규모 행사였기에 평양에서는 남산현교회와 장대현교회, 서문밖교회, 숭실전문학교, 백선행기념관 등으로 나누어 집회와 행사를 진행했다.[45] 대회의 압권은 10월 18일 주일학교 교사와 학생, 그리고 교인들이 참가한 평양 시가행진이었다. 그 장면을 『기독신보』가 자세히 보도했다.

전조선 주일학교대회 순서 중에 하나인 주일학생 대행렬은 예정과 같이 13일 오후 3시 반 광성고등보통학교 운동장에서 시작하게 되었다. 찬송, 기도, 정인과 목사의 강연, 합킨스 박사의 연설, 소녀들의 댄스가 끝나고는 소년군을 선두로 대행렬은 움직이게 되었다. 주일학교 학생만 해도 3천 명이 넘는데, 금년 주일학교대회원, 평양교인들까지 참가하게 되니 그야말로 만여 명의 대중이었다. 서문통으로 들어서 종로 큰 거리로 올라가다가 상수리 영문 앞을 지나서 숭실전문학교 운동장으로 나아왔다. 김정칠 장로의 인도로 조선주일학교대회 만세를 삼창하고 이석락 목사의 기도로 폐회했다.46)

그날 기독교인 1만여 명이 참가한 시가행진은 명목은 '종교행사'였지만 행진에 참가한 학생이나 교사, 교인은 물론 행렬을 지켜보는 평양 시민들은 10년 전에 있었던 삼일독립 만세 시위행렬을 연상했다. 남산재 광성고등보통학교 교정에서 출발하여 평양 중앙 시내를 거쳐 신양리 숭실전문학교 운동장으로 이어지는 행진 장면은 삼일운동 때 시위대의 행진 방향과 일치했다. 숭실전문학교 운동장에서 "주일학교대회 만세!"를 외치는 함성도 그날의 감격을 떠올리기에 충분했다. 그 행렬 가운데 남산현교회 유년주일학교 교사와 학생들이 중심부를 차지했음은 물론이다. 이처럼 1920년대 남산현교회 주일학교는 교회에 활력을 불어넣었다.

유년주일학교와 함께 남산현유치원도 착실하게 발전했다. 북한 지역에서는 최초로, 전국에서는 서울 이화학당(정동교회) 다음으로 1915년에 설립된 남산현유치원은 삼일운동 때 유치원 교사였던 한국보와 김연실이 만세운동에 적극 가담하여 옥고를 치른 일로 한동안 경찰 당국의 집중 감시와 통제를 받았다. 그런 상황에서 남산현교회 교인들은 유치원을 적극 후원하고 나섰다. 그리하여 1920년 9월 "남산현교회 유지 청년 김기연(金基演) 씨를 교감으로 선임하고 일반사무를 쇄신하는바 지난 18일 교원 일동과 같이 신시가(新市街) 일본인 유치원을 견학했다."47) 유치원 교사들이 일본인이 경영하는 유치원을 공개적으로 견학한 것은 일본 경찰의 감시와 통제를 늦추면서 동시에 유치원의 내실 있는 성장을 꾀하려는 의도를 반영한 것이었다. 남산현유치원은 1922년 6월 23일 교인뿐 아니라 일반 시민을 초청하여 '설립 6주년'(실은 7주년) 기념식을 성대하게 치렀다.48)

또한 남산현교회는 삼일운동 이후 평양 시민사회를 위한 행사와 프로그램을 적극 추진했다. 그래서 일반 시민과 학생을 위한 대중 강연회도 종종 열었는데, 예를 들면 1920년 7월 30일 저녁, 서울에서 내려 온 '학생대회 순회강연단' 초청 강연회가 남산현교회에서 열렸던바 해외 유학을 다녀온 고원승(高源承)이 「참 눈을 떠라」, 어린이 운동가 소파(小波) 방정환(方定煥)이 「노력하라」는 제목으로 강연했다.49) 이날 강연장 분위기에 대해 방정환은 후에(1930) 이런 증언을 남겼다.

개성, 황주, 중화를 거쳐 평양 남산현(南山峴) 예배당에서 한 시간 십분 동안의 강연. 내 깐은 열변을 토하고 나니까 이상한 일이지. 청중들이 폐회 후에도 흩어져 나가지 않고 가만히 서서 연사를 보고 있고 일부의 청중은 양복한 이거나 학생복 입은 이거나 감투만 쓴 노인이거나 우루루 단상으로 몰려 올라와서 인사를 한다. 그런데 하기방학(夏期放學) 때이라 그 더운 날에 그 큰 교당(敎堂)에 꽉 들어찬 그 많은 사람에게 한 시간 십 분이나 악을 쓰노라고 내 전신은 양복이 물에 빠졌던 사람처럼 흠뻑 땀에 젖어 있었다. 단상에 올라와서 인사를 하고 에워싼 모르는 이들이 주최측은 젖혀놓고 그들이 '에그 옷이 이렇게 젖었쇠다 그려. 저 밖으로 시원한 데로 나아가십시다' 하여 흩어지지 않은 군중을 헤치고 문 밖으로 몰고 나간다. 나가보니까 높은 지대라 과연 시원한데, 옆에 서 있는 노인 한 분이 '자 벗으시오' 하고 땀에 젖은 양복 저고리를 벗긴다.50)

남산현교회에서는 당시 일반 시민들이 호기심을 갖고 보던 '활동사진'(영화) 상영도 종종 했다. 한 예로 1921년 7월 22-23일 초교파 주일학교 잡지 『새동무』(편집인 한석원)를 발간하는 서울 새동무사 주관으로 예수의 일대기를 담은 '예수 행적' 활동사진 상영을 남산현교회에서 하였는데, 학생뿐 아니라 어른들도 다수 입장하여 성황을 이루었다.51) 그리고 1923년 7월 10일에는 남산현교회에서 동아일보 평양지국 후원으로 '인생전'(人生田)이란 극영화를 상영했는데, 그 내용과 취지를 『동아일보』는 이렇게 소개했다.

사진은 '인생전'이라는 최근 유명한 사진이며 인생이 세상에 나서 선하게 되고 악하게 되는 진경을 일일이 영사한 것이라 간간 청아한 음악소리도 듣게 될 터인바, 이에서 얻은 수입으로는 광성학교를 위하여 가

장 유익하게 쓰도록 할 터이오. 입장료는 보통 30전과 소학생은 20전씩 이라더라.52)

남산현교회는 입장료를 받아 광성보통학교 진흥 기금으로 사용하려는 목적에서 영화 상영을 기획한 것이다. 이런 교회의 취지에 일반 시민사회도 적극 호응했다.

그리고 1920년대 『동아일보』를 비롯한 일반 중앙 일간지에서 가장 많이 보도한 남산현교회 관련 기사는 엡윗청년회가 주관하는 집회와 행사에 관한 것이었다. 남산현교회 엡윗청년회(懿法靑年會)는 1897년 '굿셀지회'란 명칭으로 설립되었다가 1905년 청년회원들이 과격한 정치 애국운동에 가담했다는 이유로 당시 스크랜턴 장로사에 의해 전국 청년회 조직이 해산될 때 남산현교회 청년회도 같이 해산되었다. 그러다가 1910년대 중반에 이르러 순수 종교 조직으로 감리교회 안에 엡윗청년회가 재조직되었는데 남산현교회 엡윗청년회는 1916년에 남자 회원들만으로 재조직되었다.53) 그런데 재조직된 남산현교회 엡윗청년회의 '민족주의 의식'은 변함없었다. 이는 재조직 10년 후인 1926년 6월 『동아일보』가 보도한 내용에서 확인된다.

남산현교회 엡윗청년회는 십수 년 전에 조직되어 많은 활동을 했던바 과거 삼일운동 이후에 중요 간부가 철창생활을 하게 되고 또는 각 회원들이 각지로 이산케 되어 자연 부진한 상태에 처했던바 동 교회 내 유지청년 조종완, 송흥국, 우제순 외 제씨가 수일 전부터 동회 부흥책을 강구하던바 지난 29일 이후 동 교회당에서 부흥회를 개최하고 장래 발전책을 토구(討究)하며, 따라서 임원을 새로이 선거했는데, 이 앞으로 많은 활약이 있을 터이라더라.54)

이름을 확인할 수는 없지만 1919년 삼일운동 당시 남산현교회 엡윗청년회 중요 간부들이 독립만세 운동에 가담하여 옥고를 치렀고, 그 때문에 엡윗청년회 활동이 상당 기간 위축될 수밖에 없었다. 1926년에 이르러 엡윗청년회 '부흥 작업'을 주도한 송흥국 전도사도 삼일운동 때 연백에서 독립만세 운동을 주도하고 옥고를 치른 독립운동가 출신이었다. 이로써 남산현교회 엡윗청년회는 '민족주의' 성격을 띤 청년 단체로 세상에 알려졌다. 엡윗청년회 사업과 활동이 경찰 당국의 주목과 감시를 받게 된 배경이다. 실제로 삼일운동 1년 6개월 후인 1920년 9월 9일, 남산현교회 엡윗청년회가 주최하려던 강연회가 경찰의 중지 명령으로 무산되었는데, 이를 『동아일보』가 「엡윗청년 강연 금지」란 제목으로 보도했다.

평양 남산현 엡윗청년회에서는 지난 9일 오후 8시부터 사리원으로부터 지정선(池貞善) 여사를 청요(請邀)하야 강연회를 개최코자 하다가 경찰서로부터 금지 명령을 당하여 부득이 중지했다더라.55)

이와 같이 1920년대 남산현교회 엡윗청년회가 주최한 행사와 집회가 경찰 당국의 제지와 감시 속에 이루어진 것이었기에 더욱 사회적 관심을 끌었다. 그런 사회적 관심 가운데 엡윗청년회는 계속해서 집회와 행사를 개최했다. 우선 1921년 3월 22일 평양시내 4개 교회 청년회원들로 구성된 평양 엡윗청년회연합회 주최 웅변대회가 박구리교회에서 개최되었는데, 남산현교회에서 변치덕(邊致德), 이향리교회에서 김봉준(金奉俊), 이문리교회에서 배기열(裵基烈), 박구리교회에서 김근성(金根成) 등이 연사로 나섰으며 심판은 김동원(金東元)과 홍기황이 맡았다.56) 그리고 2주 후인 1921년 4월 8일에는 남산현교회 엡윗청년회 주최로 장·감 연합청년 웅변대회가 남산현교회에서 개최되었는데 1등은 창동장로교회 청년회의 이보식(李輔植), 2등은 남산현교회 엡윗청년회의 김하정(金夏鼎), 3등은 이향리교회 엡윗청년회의 김병연(金炳淵)이 각각 차지했다.57)

이처럼 남산현교회 엡윗청년회에서 주최하는 웅변대회와 토론회는 연사와 청중 모두의 '민주의식'과 '시민의식'을 고양시키는 행사로서 교인뿐 아니라 일반 시민에게도 인기가 높았다. 그런 가운데 1921년 8월 9일 저녁 남산현교회에서 엡윗청년회 주최로 「오인(吾人)은 자아(自我)를 위하야 생(生)함이 가(可)하냐 타(他)를 위하야 생(生)함이 가(可)하냐」는 주제를 갖고 남녀 연합토론회가 열렸다.58) 이날 토론회는 아직도 남녀구별에 대한 가부장적, 보수적 분위기가 강했던 지역 사회에서 남녀 청년들이 동등한 입장에서 토론을 벌였다는 점에서 특별한 의미가 있었다. 이런 식으로 교회는

'양성평등' 가치를 경험하고 확산시키는 교육 현장이 되었다. 계속해서 1921년 9월 16-17일 남산현교회에서 엡윗청년회가 주최한 장·감 연합토론회가 열렸고,[59] 10월 6일에는 대중강연회를 개최했는데 평양 숭실대학 출신으로 미국 시카고대학에서 유학하고 돌아온 변성옥(邊成玉)이 「자선」이란 제목으로, 홀 부인의 제자로 경성여자의학교를 졸업한 여의사 김애희(金愛喜)가 「위생」이란 제목으로 강연했다.[60]

해를 넘겨 1922년 12월 19일에도 남산현교회 엡윗청년회 주최로 '현대사회와 청년'이란 주제의 대중 강연회가 열렸으며,[61] 1923년 10월 10일에는 평양장학회 회장으로 활동하던 변호사 김지건(金志健)을 초청하여 「법률과 사회」란 주제로 강연회를 열었는데, "4백여 명 청중이 운집하는" 성황을 이루었다.[62] 1924년 10월 16일에는 채관리교회 엡윗청년회가 주관하는 '제2회 전평양 소년소녀웅변대회'가 남산현교회에서 개최되었는데 교파와 종파를 초월하여 18명 초등학생들이 연사로 참가하여 1등 천도교소년회의 나상만(羅尙滿), 2등 광성학교 학우회의 이덕성(李德成), 3등 정진여학교의 송명신(宋明信), 4등 광성학교 학우회 이성선(李聖善)이 각각 차지했다.[63] 다음은 앞서 살펴본 대로 대대적인 '부흥회'를 거쳐 1926년 5월 29일 새롭게 개편된 남산현교회 엡윗청년회 임원 명단이다.[64]

  회장: 조종완(趙鍾完) 부회장: 우제순(禹濟順)
  총무: 송흥국(宋興國) 서기: 장재준(張在俊) 회계 김덕윤(金德潤)

문학부장: 우제순 음악부장: 이용학(李用學) 사교부장: 장재준

운동부장: 주광순(朱光淳)

이렇게 개편된 남산현교회 엡윗청년회는 1926년 6월 26일 숭실중학교 교장 강봉우(姜奉禹)를 초청하여 강연회를 개최하는 것으로 청년회 사업을 계속 이어 나갔다.65)

강연회와 토론회, 웅변대회 다음으로 엡윗청년회가 자주 열었던 것이 음악 연주회였다. 1921년 5월 5일 남산현교회 엡윗청년회가 주최한 음악회 모습을 『동아일보』가 자세히 보도했다.

정각 전에 이미 회장은 입추의 여지가 없이 만원의 성황이 되고 색채가 영롱한 만국 깃발과 고운 화초문 장식한 식장에 김기연(金基演) 씨의 개회사가 있은 후 순서에 의지하여 주악을 하는 중 특히 김형준(金亨俊) 씨와 박성심(朴聖心) 양의 독창이 가장 청중의 갈채를 받아 여러 번 올라와 출연했으며, 그날 밤 청중 중에서 엡윗청년회를 찬성하여 기부한 금액이 110여 원에 달했는데 동(同) 12시에 산회했다더라.66)

이후 엡윗청년회가 주최하는 음악회도 연례행사가 되었다. 1923년 2월 23일에 남산현교회에서 음악 연주회를 개최했는데, 이때 처음으로 입장료(일반 40전, 학생 20전)를 받았다.67) 입장료를 받은 것은 남산현교회 엡윗청

년회 전속 음악대를 조직하고 그 경비를 마련하기 위함이었다. 그래서 1923년 3월 2일에도 그런 목적으로 남산현교회에서 음악회를 열었는데 역시 "성황을 이루었다."[68] 그렇게 해서 남산현교회 청년 음악인들로 '관현악단이 조직되어 평양뿐 아니라 지방으로도 나가 순회연주를 했다. 한 예로 1928년 7월 말 평양과 평남 일대를 순회하며 음악 연주회를 개최했는데 제1착으로 7월 27일 저녁 진남포 신흥리교회에서 열린 음악회 장면을 『동아일보』가 보도했다.

> 정각 전부터 청중은 물밀듯이 회집하여 장내는 입추의 여지가 없이 대만원을 이루었으며 음악은 전후 2부로 나누어 12종의 곡목을 연주했는바 미묘(美妙)를 극(極)한 선율은 만장청중(滿場聽衆)을 광홀(狂惚)케 하여 곡목마다 우레와 같은 박수소리가 장내가 떠나갈 듯이 동요(動搖)하는 성황리에 종료했다.[69]

이후 남산현교회관현악단은 봄가을로 정기 음악 연주회를 개최했는데 동아일보 평양지국이 후원했고 남산현교회 성가대와 협연하는 경우가 많았다.[70] 그때마다 수준 높은 연주였기에 교인과 일반 시민은 입장료를 내고 연주장으로 꾸민 남산현교회 예배당을 찾았다. 남산현교회 엡윗청년회는 음악회 외에 봄가을로 체육대회도 개최했다. 즉 1923년 10월 31일 동아일보 평양지국 후원으로 '추계 개인정구대회'를 개최했는데 참가 기회를

일반 시민에게도 개방하여 남산현교회 뒤편 코트장은 교인과 시민이 어울린 축제 마당으로 바뀌었다.[71]

앞서 1921년 8월 남산현교회 엡윗청년회가 개최한 '남녀 토론회'를 소개한 바 있다. 이 토론회를 계기로 남산현교회에 출석하는 여자 청년들만의 엡윗청년회를 조직하려는 움직임이 일기 시작했다. 그 운동의 핵심에는 '독립운동 전력'의 이효덕 전도사가 있었다. 이미 1910년대 숭의여학교 교사 시절 '송죽회'라는 항일 비밀결사를 조직한 바 있었고, 삼일운동 때 여학생과 전도부인, 여성 신자들을 규합하여 만세운동을 전개했던 경험이 있던 이효덕은 1920년대 '문화통치' 하에서 교회 여성들의 의식과 의지를 집결하여 교회와 일반사회 모두를 염두에 둔 여성 운동을 전개할 기구가 필요하다고 여겼다. 남산현교회에는 이미 1903년 조직한 보호여회(여선교회)가 있어 선교와 전도활동을 전개하고 있었지만, 이 조직은 장년층 기혼여성 중심으로 조직되었기 때문에 미혼, 청년계층 여성들이 참여하기엔 한계가 있었다. 그렇게 해서 구상한 것이 '여자엡윗청년회'였다. 이런 이효덕의 생각에 남산현교회 여성들도 적극 찬동하고 나섰다. 그리하여 1922년 1월 16일 남산현교회 여자엡윗청년회 창립 총회가 열렸는데 그때 선출된 임원은 다음과 같다.[72]

회장: 이효덕(李孝德)   부회장: 정봉서(鄭奉瑞)
총무: 주원명(朱元明)   서기: 박영복(朴永福)   회계: 오인근(吳仁根)

전도부장: 박순자(朴筍子)　음악부장: 오인근　문학부장: 정봉서

사교부장: 박영복

남산현교회 여자엡윗청년회는 1월 20일 남자 엡윗청년회와 '남녀연합 간친회'를 여는 것으로 일을 시작했다.[73] 여자엡윗청년회 회원들은 매주 토요일 오후 '통상회(通常會)'란 명칭으로 정기 모임을 갖고 성경공부와 문화 프로그램을 실시했다.[74] 그리고 여자엡윗청년회는 남자엡윗청년회처럼 토론회와 강연회, 음악회도 개최했다. 1922년 3월 10일 저녁 남산현유치원 교사로서 삼일운동 때 옥고를 치른 한국보(韓國輔)와 최순자(崔筍子)를 초청하여 강연회를 개최한바 마침 평양 지방 부인사경회 기간 중이라 평양에 올라왔던 많은 지방 교회 여성들도 참석하여 대성황을 이루었다.[75]

그리고 남산현교회 여자엡윗청년회가 창설 직후 시작한 중요한 사역으로 '부인야학(婦人夜學)'이 있다. 일반 기초학문을 배울 기회가 없었던 기혼 여성을 대상으로 한 야학이었는데, 문을 열자마자 60여 명이 지원하여 두 반으로 나누어 수업을 진행했다. 다음은 1922년 2월 22일 부인야학 학생들이 주최한 남산현 부인야학 교사위로회에 대한 『동아일보』 기사다.

부인계(婦人界)의 약간한 상식이나마 보급케 하자는 목적 하에 얼마 전부터 평양 남산현 예수교 회당 내에서 개최하던 부인야학회는 목하 통학하는 부인이 60명에 달하여 갑조 을조 양반(兩班)으로 분(分)하여 조

선문, 산술, 한문 기타 학과를 교수하는바 대체로 우량한 성적을 얻게 되었다. 2월 22일 오후 7시에 통학하는 부인들의 주최로 동 예배당 내에서 매일 학과를 교수하기에 노심하는 홍기황, 김성업, 이효덕 세 선생을 위하여 위로회를 개최하고 여러 부인학생의 감사한 말과 기타 간친담(懇親談)이 있은 후 동(同) 10시경에 산회했다더라.76)

이효덕 전도사도 훗날 "야학을 조직하여 성인교육을 실시했는데, 국문을 비롯하여 한문 약간, 가계부, 산수 등을 가르쳤으며, 그들 중에는 교인이 되는 이가 많아 교인도 늘고 글을 볼 수 있게 되어 큰 보람을 느꼈다"고 회고할 정도로77) 남산현교회 여자엡윗청년회가 시작한 부인야학은 선교적인 측면이나 사회운동적인 측면에서 좋은 평가를 받았다.

이처럼 여자엡윗청년회가 조직되면서 자연스럽게 남산현교회의 남녀청년들 사이의 친교도 증진되었다. 그 결과 남산현교회 남녀 청년 사이의 결혼도 자연스럽게 이루어졌다. 이미 1919년 9월에 주기원 목사 주례로 남산현교회에서 결혼한 박현숙과 김성업 커플이 있었고,78) 1923년 4월 28일에는 미국 노스웨스턴대학에서 정치경제학과를 공부하고 돌아온 지용은(池鎔殷)과 일본 도쿄여자고등보통학교를 졸업한 우제경(禹濟京)의 결혼식이 남산현교회에서 거행되었다.79) 이처럼 남산현교회에는 미국와 일본, 그리고 서울 등지에서 공부하는 유학생들이 많았다. 그래서 남녀 엡윗청년회에서는 방학 때 고향에 돌아온 유학생들을 위한 위로회도 종종 개최했는

데, 1926년 7월 27일 남산현교회에서 열린 '외지 유학생 환영회'가 그런 모임이었다.[80]

3.3.3 남녀 기독교청년회

지금까지 살펴본 엡윗청년회와 여자엡윗청년회가 감리교 청년단체였다면 초교파 기독청년단체로 기독교청년회(YMCA)도 조직되어 활동했다. 세계적인 초교파 연합 기구인 기독교청년회는 이미 서울에서 1903년 '황성기독교청년회'란 명칭으로 조직되어 한말과 초기 일제강점기 기독교 선교와 민족운동 분야에서 뚜렷한 공적을 남겼는데 지방 조직은 1910년대 들어서야 이루어졌다. 즉 1912년 개성, 1918년 함흥, 1919년 선천에 이어 1921년 평양에 기독교청년회가 조직되었다. 평양에서는 1920년 11월경부터 청년회 조직에 대한 논의를 시작하다가 장로교의 김동원 장로와 감리교의 김찬흥 목사 발의로 1921년 1월 20일, 남산현교회에서 평양 시내 "유수한 청년 백여 명을 회합하여" 평양기독교청년회 발기회를 열고 발기회장에 김동원, 규칙기초위원에 김형숙(金亨淑), 창립위원에 박종은(朴鍾恩)과 홍기황, 김성업 등 12인을 선정하고 본격적인 창설 작업에 착수했다.[81] 평양 기독교청년회는 처음부터 세계기독교청년회연맹에 가입할 것을 목적으로 국제 헌장에 맞는 규칙과 조직을 갖추려 했다.

이런 준비 작업을 거쳐 1921년 3월 24일, 역시 남산현교회에서 평양 시내 각 교회 청년 1천여 명이 참석한 가운데 평양기독교청년회 창립 총회가 개최되었다. "찬송 38장(주여 우리 무리를 불쌍하게 여기사)과 이인식 목사의 기도 후에" 임시의장 김동원의 사회로 회무에 들어가 "만국기독교청년회 헌장 제28조를 통과시킨 후" 임원 선출에 들어가 초대 회장에 미국 유학 출신으로 광성학교 교장인 김득수를 선출했고, 총무는 삼일운동 때까지 정주 오산학교 교장을 지낸 조만식(曺晩植)이 맡았으며, 이사로는 김동원과 김득수를 비롯하여 김형숙, 윤원삼(尹愿三), 정일선(丁一善), 이인식(李仁湜), 변인서(邊麟瑞), 이하영(李夏榮), 김홍식(金弘植), 주관삼(朱貫三) 등이 선출되었다.82) 서울 중앙기독교청년회에서 이상재(李商在) 회장과 브로크만(J. S. Brockman) 명예총무, 신흥우(申興雨) 총무 등이 내려와 축사한 이날 창립 총회 석상에서 무려 230명이 신규 회원으로 가입하는 '열기'를 보였다.83) 이러한 참여와 열기는 김득수와 조만식을 비롯하여 김동원과 김찬흥, 홍기황, 김성업, 윤원삼, 정일선, 이하영 등 주요 인물들이 삼일운동 때 옥고를 치렀거나 독립의식이 강한 민족주의자들이었기에 그들이 이끌어갈 단체에 거는 '민족적 기대감' 때문이었다.

이렇게 출발한 평양기독교청년회에 보내는 평양 기독교인과 시민사회의 열광적인 지지와 기대감은 창설 두 달 후인 1921년 5월 9일 저녁, 남산현교회에서 열린 세계기독교청년회 아시아 담당 총무 펠프스(G. S. Phelps) 초청 강연회에서 재확인되었다. 그 열기를 『동아일보』가 제세히 보도했다.

청중은 정각 전부터 운집하여 대광장(大廣場)은 실로 입추의 여지가 없이 인산인해(人山人海)를 이루었으며, 평양 미증유(未曾有)의 대성황을 이루었는 바 박사는 특히 청년에 대하여 열렬한 웅변을 토하여 일반에게 한량없는 감격과 자각을 주고 동 11시에 폐회했는데 박수 소리는 자못 천지를 진동하는 듯했다더라.[84]

"정각 전(定刻前)부터 운집(雲集)하여"라는 표현은 평양에서 열리는 각종 집회를 소개할 때마다 처음 등장하는 문구가 되었다. 그리고 강연회가 밤 11시에 끝났음에도 "박수소리가 천지를 진동하였다"는 기사에서 일본과 한국, 중국 등 동아시아 지역을 대상으로 일하는 '미국인 사역자'와 기독교청년회에 거는 평양 시민의 기대감을 읽을 수 있다. 다시 한 달 후, 1921년 6월 9일 평양기독교청년회 개최로 남산현교회에서 열린 '야나기 교수 초청 강연회'에서도 그런 분위기를 확인할 수 있다.[85] 당시 일본 도요대학(東洋大學) 철학과 교수였던 야나기 무네요시(柳宗悅)는 귀족이나 지배 계층의 유흥문화보다 민중계층의 생활예술에서 참된 가치와 미(美)를 찾아내는 '민예운동'(民藝運動)의 창시자로서 식민통치시기 일본인 학자로서는 드물게 한국의 전통 예술과 문화를 소개하고 지키려 노력했다. 그는 특히 조선총독부에서 경북궁 광화문을 헐고 그 자리에 총독부 관청 건물을 짓겠다고 했을 때 "조선의 고유한 건축예술을 대표하고 자랑하는 광화문이 서양식 돌과 시멘트 건축밖에 모르는 예술에 눈이 어두운 사람들 손에 헐리는

것이 심히 슬픈 일이라'고 신랄하게 비판한 것으로 유명했다.[86]

그런 야나기 교수의 평양 강연회를 주선한 인물은 소설가 전영택(田榮澤)이었다. 평양 출신인 전영택은 도산 안창호가 설립한 대성학교를 졸업한 후 일본에 유학, 도쿄 아오야마학원(靑山學院) 신학부에 재학 중 1919년 '2·8독립선언'에 가담했고, 그 때문에 학업을 중단하고 잠시 귀국하여 평양에서 김동인(金東仁)과 김찬영(金贊永), 김관호(金觀鎬) 등과 함께 동인지 『창조』(創造)를 중심으로 신문학 운동을 전개하는 한편 평양기독교청년회 임원으로 활동하고 있었다. 그런 배경에서 전영택은 방한 중인 야나기 교수를 평양으로 초청하여 공개강연회를 개최하도록 주선했고 그의 「조선미술의 특색」이란 제목의 강연을 통역했다. 전영택은 훗날(1938) 야나기의 평양 강연을 이렇게 회고했다.

> 강연회의 장소는 남산현(南山峴)에 있는 감리교 예배당으로 하고 강연의 내용은 조선의 미술에 관한 소감이었다. 그때에 통역을 내가 했기 때문에 그 강연의 내용을 대략이라도 기억해야 할 것이지마는 내가 워낙 기억력이 부족하지마는 거의 20년이 지난 일이라 무슨 말을 했든지 알 수 없으나 희미하게 생각나는 것은 자기 조상은 조선 사람인 줄로 생각하고 있다는 말로 시작하여 고대 조선 병(朝鮮甁)의 목이 으레 긴 것은 평화를 좋아하고 그리고도 다부(多部)에서 오는 고난을 잘 견디어 오는 유장(悠長)한 국민성의 표현이오. 조선 여자의 의복에 옥색(玉色)과

흰 것은 맑은 하늘과 그 하늘빛을 반사하는 대동강의 맑은 물빛의 영향을 받은 것이라고 생각하노라고 하고, 어쨌든 조선 여자의 의복을 극구 칭찬했다.[87]

야나기가 "자기 조상이 조선 사람이라" 한 것은 그의 일본 성(姓) '야나기(柳)'가 한국에서도 흔한 '유(柳)' 씨와 한자에서 같은 것을 은유법으로 표현한 것이었다. 더욱이 평양은 예로부터 버드나무가 많아 '유경'(柳京)으로도 불렸다는 사실을 알고 있던 평양 시민들은 이렇듯 '동질감'을 표하며 '조선의 문화와 예술을 극구 칭찬하는 일본인 대학 교수의 두 시간 반 강연을 들었고 이런 강연회 분위기를 『동아일보』 기사는 "일반은 감격불이(感激不已)하여 하염없는 눈물을 금치 못하는 듯했더라'고 적었다.[88] 이렇듯 평양기독교청년회가 주최하는 행사와 집회는 평양 시민들의 호응을 끌어냈다. 그런 시민사회의 기대와 호응을 바탕으로 평양기독교청년회는 청년회 총무 조만식이 조직한 조선물산장려회와 조선민립대학기성회, 평양금주단연동맹, 조선기독교절제회 등 적극 지원하여 1920-30년대 민족주의 사회운동의 구심점이 되었다.[89]

이처럼 평양기독교청년회가 '민족주의' 성향이 강한 단체로 부각되면서 청년회가 주최하는 각종 행사와 집회는 경찰 당국의 통제와 감시 대상이 되었다. 특히 청년 학생들을 대상으로 한 강연회나 토론회, 웅변대회에는 으레 경찰관이 임석하여 내용이 '불온'(?)하다싶으면 "연사 중지!" 명령을 내리고 집회를 해산시키곤 했다. 예를 들어 1924년 10월 14일 평양기독교 청년회에서 주최하는 청년학생웅변대회가 남산현교회에서 열렸는데 "숭인학교 장인택(張仁澤) 군은 조선 과거의 상태를 말하려는 벽두에 임장(臨場) 했던 경관에게 무리한 중지를 당했다."[90]

그런 중에도 평양기독교청년회는 대중강연회를 포기하지 않았으며 강연회가 열리는 대표적인 장소가 남산현교회였다. 그런 식으로 1925년 6월 23일 광성고등보통학교 기독청년회가 주최하는 「기독청년 강연회」(강사: 변성옥과 황치헌)가,[91] 1927년 6월 10일에는 평양 금주단연연맹 주최 '금주단연 강연회'가 남산현교회에서 개최되었다.[92] 계속해서 1929년 4월 11일 평양금주단연동맹 창립 2주년 기념식, 같은 해 9월 27일 평양금주단연동맹 주최 '금주현상웅변대회'가 연속적으로 남산현교회에서 개최되었다.[93] 1920-30년대 기독교계가 추진한 절제 운동의 핵심 내용인 '금주단연'(禁酒 斷煙) 운동은 단순한 윤리와 도덕운동 차원을 넘어 민족주의 사회운동 성격도 띠었는데 이는 술과 담배를 '끊는' 운동이 확산될수록 총독부 재정의 상당 부분을 차지하는 주세(酒稅)와 연초세(煙草稅) 수입이 감소되기 때문이었다. 이처럼 사회경제적 저항운동 성격을 지닌 금주단연운동 강연회장으로 남산현교회가 자주 사용됨으로 교회와 기독교 기관들이 포진한 남산재 일대는 평양시민사회에서 '민족주의 사회운동의 성역'이자 동시에 '술과 담배를 금하는 종교적 성역'으로 인식되었다.

이처럼 초교파 기독교 사회운동 조직으로 결성된 평양기독교청년회가 다양한 프로그램으로 평양 시민사회에 영향력을 확산시켜 나갈 즈음 여자기독교청년회(YWCA)도 조직되어 활동을 시작했다. 이미 앞서 살펴본 바와 같이 평양 남산현교회에는 1922년 엡윗여자청년회가 조직되어 활동을 시작했지만 이것은 감리교 여성들만의 조직이었다. 장로교와 감리교 여성들이 참여하는 초교파 연합 운동 기구로서 평양여자기독교청년회가 조직된 것은 1923년 무렵이었다. 한국에서 여자기독교청년회 조직에 대한 논의가 이루어진 것은 1920년부터였다. 그 단초는 1920년 6월, 김활란과 홍에스더, 김함라, 윤성덕, 김폴린, 김애은, 김신도 등 서울 이화학당 교사와 학생들로 조직된 '이화전도대'가 실시한 전국순회 계몽강연회에서 비롯되었다. 미국 여자기독교청년회에서 보내온 지원금으로 이루어진 이화전도대의 순회 강연은 외면으로는 '복음 전도'를 내세웠지만 내면으로는 '여성의식 개발과 여성운동의 조직화'였다.[94] 그런 목적으로 이화전도대가 평양을 방문한 것은 6월 23일이었다. 이화전도대의 평양 강연회는 남산현교회에서 개최되었다. 그날 저녁 강연회 광경을 『동아일보』는 이렇게 보도했다.

이들은 약한 여자이나 그 마음의 견고함이 금석과 같으며, 이들은 염천에 당했으나 그 마음의 열성은 비오듯 하는 구슬땀도 잊어버렸다. 지난 달 23일 오후 8시에 남산현예배당에서 동 대장 김활란 씨가 「추수」라는 문제로 강연했는데, 요지는 좌(左)와 여(如)함. 1.추수할 곳은 어디냐? 삼천리 무궁화 동산 안에! 1.추수할 때는 언제냐? 과거도 아니요 미래도 아니요 현재 뿐이로다. 1.추수할 이 누구냐? 코 큰 사람(人)도 아니요 키 작은 사람도 아니요 한배 아들 2천만 각각 나(我)로다. 이에 남녀 수천 명의 방청은 그의 웅변에 감복치 아니한 자 무(無)하며 공전(空前)의 대성황이라 이르지 아니 할 자 무(無)했더라.95)

'삼천리 무궁화 동산', '2천만 한배 아들'이란 민족주의 표현을 사용하는 김활란의 강연에 '남녀 수천 명' 청중은 우레 같은 박수로 호응했다. 그때 남산현교회 강단에 오른 이화전도 대원 중에는 '북한 지역 최초 여성 세례안'이자 초창기 남산현교회 창설 교인이었던 전삼덕 부인의 손녀딸, 김폴린이 포함되어 있어 그를 바라보는 남산현교회 교인들의 감격은 더욱 컸다. 그렇게 전국 순회를 마친 김활란은 서울로 귀환한 후 1921년 봄부터 같은 목적을 갖고 있던 장로교 정신여학교 출신 김필례와 유각경, 배화여학교 사감 출신으로 경성여자교육회와 근화여학교를 설립한 김미리사(金美理士) 등과 접촉하면서 여자기독교청년회 조직을 구체적으로 논의하기 시작했다. 그런 상황에서 1921년 7월 13일, 이번에는 김미리사가 인도하는 '경성여자교육회' 순회강연단이 평양을 방문했다. 이들의 평양 강연회는 남산현교회 엡윗여자청년회와 장대현교회 청년전도회가 공동주최하는 형식으로 이루어졌는데 강연회 장소는 물론 남산현교회였고 김미리사를 비롯하여 김복순(金順福), 김은수(金恩洙), 허정자(許貞子) 등 미국이나 일본 유학 경력자들이 「사회 발전의 원동력」, 「이혼 문제의 해결책」 「가정은 인생의 낙원」 등 주제로 강연했다.96) 이로써 평양에서 장로교와 감리교 여성들이 함께 모여 같은 목적의 사업을 추진할 기관을 만들 수 있는 분위기가 형성된 셈이다.

이런 준비 작업을 거쳐 1922년 3월 27일 서울 경성여자교육회 사무실에서 '조선여자기독교청년회 발기회'가 개최되었는데 위원장에 유각경, 위원에 김미리사와 김필례, 방신영, 김살로메, 김경숙 등을 선출했다.97) 그리고 그해 6월 13-23일 서울 협성여자성경학원에서 '제1회 조선여자기독교청년회 하령회(夏寧會)'를 개최했고, 여기 참석한 장로교와 감리교, 성결교 여성 62명이 하령회 마지막 날 '조선여자기독교청년회 연합기성회'(회장 방신영)를 결성함으로 한국에서 여자기독교청년회는 공식적인 조직을 갖추고 활동을 시작했다. 이후 미국 유학을 떠난 김활란을 대신하여 김필례가 또다시 전국을 순회하며 계몽강연과 함께 지방교회 여성 교인들과 여학교 학생들을 중심으로 여자기독교청년회 조직을 만들어나갔는데 그 결과 1923년 8월, 서울 협성여자성경학원에서 제2회 여자기독교청년회 하령회가 개최되었을 때는 서울과 평양, 청주, 대구, 선천, 원산, 안주 등 7개 지역 교회 여성들이 조직한 지방 여자기독교청년회 대표, 그리고 서울과 지방의 기독교계 여학교 학생들로 조직된 학생여자기독교청년회 대표 90여 명이 참석하여 대성황을 이루었다. 이때부터 '조선여자기독교청년회연합기성회'를 '조선여자기독교청년회연합회'로 바꾸고 활동했다.98)

이와 같은 조선여자기독교청년회 조직 과정에서 평양의 여성 신도와 기독교학교 교사와 여학생들도 적극 참여했음은 물론이다. 그 중에도 남산현교회 전도사로서 여자엡윗청년회 회장이던 이효덕 전도사와 남편(김성업)이 평양기독교청년회 임원으로 활동하던 박현숙이 주도적인 역할을 했다. 그 결과 1923년 8월 서울에서 개최된 제2회 조선여자기독교청년회 하령회에 평양 지방 여자기독교청년회와 정의여학교 학생여자기독교청년회 대표들도 참석할 수 있었다. 이렇게 해서 조직된 평양 여자기독교청년회는 남성 청년회처럼 주로 토론회와 강연회, 웅변대회 등을 개최하여 교회뿐 아니라 지역 여성들의 의식 개발과 생활 개선을 유도했다. 특히 해외 유학을 마치고 돌아온 유명인사를 초빙하여 종종 강연회를 개최했는데 1927년 2월 17일, 평양여자기독교청년회가 주최한 '신춘특별강연회'가 그런 경우였다. 역시 남산현교회에서 열린 특별강연회 강사로는 미국 개렛신학교에서 기독교교육학으로 석사학위를 받고 돌아와 서울 협성신학교 교수로 재직 중인 김창준 목사, 그리고 일본 유학을 다녀와 평양 정의유치원사범과 교사로 봉직하는 동유실(董有實)이 초청을 받았다.[99]

그런데 여자기독교청년회에서 주최하는 강연이나 토론 내용 역시 '민족적인' 성향을 띤 경우가 많아 임석해 있던 경찰로부터 '연설 중지'를 당하는 경우도 많았고 때론 연사가 경찰에 연행되기도 했다. 대표적인 예로 1925년 5월 7일, 평양 여자기독교청년회에서 주최한 '전조선 여자웅변대회'가 남산현교회에서 개최되었는데 이때 연사로 참여했던 평양 숭현여학교 학생 이은덕(李恩惠)이 "불온(不穩)한 언사가 있다 하여 당야(當夜) 평양서

(平壤署)에 검속(檢束)되는"100) 일이 발생했다. 이렇게 교회 안에서 이루어지는 모든 일은 경찰의 삼엄한 감시를 받고 있었다. 교회뿐 아니었다. 남산현교회 부속학교 같았던 광성이나 정의, 정진학교도 경찰 당국의 감시를 피할 수 없었다. 숭현여학교 학생 연행 사건이 일어난 한 달 후, 1925년 6월 30일에는 평양경찰서가 남산현교회 교인이자 정진여학교 학감인 홍재연(洪在衍)을 연행하고 가택수색을 해서 일기장과 책들을 압수해 간 사건이 벌어졌다. 『시대일보』는 사건 내용을 이렇게 보도했다.

그 내용을 들으면 지난달 단오 때에 학생이 놀게 하여 달라고 청함으로 그 전날 아침 기도 시간에 홍재연 씨는 '단오날은 예전 중국 충신 굴삼려(屈三閭) 씨가 물에 빠져 죽은 날이니 우리는 우리를 기념할 만한 명절을 지키어야 할 것이라'고 대수롭지 않은 훈화를 했었는데, 이 말이 경찰의 귀에 들리어 그와 같이 검속한 것이라 한다.101)

간신배의 모함에 빠져 유배지에서 자결한 중국 초나라 충신 굴원(屈原, 굴삼려)의 고사에서 유래된 '한식 명절'에 빗대어 "우리는 우리를 기념할 만한 명절을 지켜야 할 것이라" 한 발언을 경찰 당국이 '불온하다고 판단한 결과이기도 했지만 실은 평소 학교에서 '반일(反日) 민족주의' 교육을 실시해온 홍재연 교사의 전력에 대한 응징이라 하겠다.

이렇듯 1920년대 남산현교회 주일학교와 남녀엡윗청년회, 그리고 평양 남녀기독교청년회가 주최하는 각종 집회와 행사는 일제 경찰 당국의 엄중한 감시와 통제 속에서 추진되었다. 남산현교회에서 개최되는 각종 집회와 행사는 복음전도와 사회선교라는 '종교적 의미'와 함께 항일민족주의 사회운동이라는 '정치적 의미'를 담고 있어 교회와 민족사회를 연결시키는 매개가 되었다. 또한 이런 과정을 거치면서 남산현교회로 상징되는 기독교는 일반 시민사회에 '민족 구원과 해방'을 추구하고 그 때문에 희생당하는 '민족적 종교'로 인식되었다. 삼일운동 후 일제는 '문화통치'를 내세우면서 외견상 자유를 주는 것처럼 위장하고 내부적으로는 더욱 교활한 방법으로 한민족의 역사와 문화, 종교적 정체성을 말살하는 통제정책을 펼쳐나갔다. 이런 시대 상황에서 사회계몽 운동, 절제운동, 물산장려운동 등 민족혼과 주체성을 지키기 위한 시민 사회운동이 기독교를 중심으로 활발하게 전개되었다. 이러한 1920년대 기독교 민족주의 시민 사회운동의 평양 구심점이 남산재 언덕 위, 남산현교회였음은 의심할 여지가 없다.

4. 남산재 사람들의 시련과 극복(1930-1944)

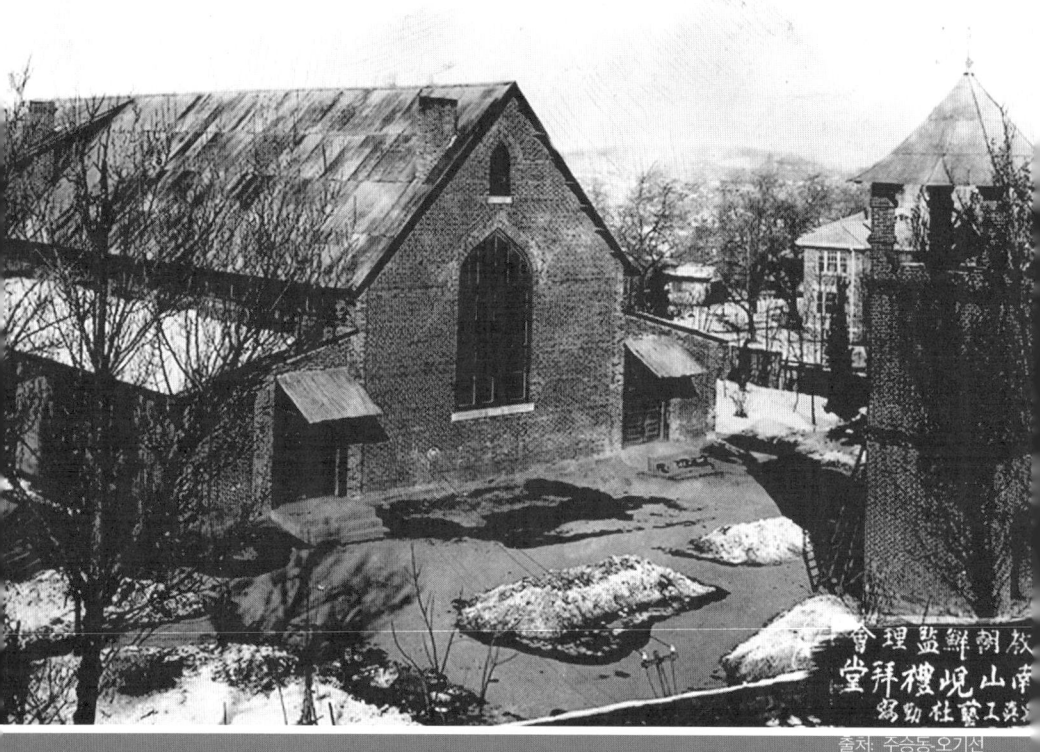

1930년대말 남산현교회 전경. 화재가 나기 전 모습이다.

238 ‖ 4. 남산재 사람들의 시련과 극복(1930-1944)

4.1 1930년대 초반 남산현교회의 교회 목회와 선교

4.1.1 나뉘어 들어왔다가 하나된 교회

남산현교회는 1930년 2월, 장로교 임종순 목사를 초빙하여 평양 시내 6개 감리교회 연합사경회를 개최하는 것으로 1930년대 역사를 시작했다.[1] 그리고 그 해 연말, 12월에 한국감리교회는 대단히 중요한 조직 변화를 이루었다. 같은 '웨슬리 신앙', '감리교회 전통'이면서도 미국에서 흑인노예 문제와 남북전쟁 때문에 남북으로 나뉜 후 다시 하나가 되지 못하고 한국 선교도 별도로 추진해 온 미 감리회와 남 감리회가 6년간의 준비 작업 끝에 남북 감리교 합동을 이루어 1930년 12월 3일 서울 정동교회에서 '자치교회'로서 '기독교조선감리회(基督敎朝鮮監理會)' 총회를 조직하고 양주삼(梁柱三) 목사를 초대 총리사(감독)로 선출했다.[2] 선교사를 보낸 미국의 남북 감리교회가 아직 합동을 이루지 못한 상태에서 선교지 한국에서 먼저 교회 통합을 이루어냈다는 점에서 의미가 컸다.

남북 감리교 합동을 지지하고 합동 운동에 적극 참여했던 남산현교회의 위상도 높아졌다. 우선 남산현교회 담임 오기선 목사는 합동 추진 과정에서 미 감리회 한국연회를 대표하는 5인 전권위원 중 1인으로 선출되어 합동을 위한 구체적인 논의 과정에 참여했고 합동총회 전권위원으로 참석하여 총리사 선출과정에서 그 후보자 중 1인이 되었다. 그리고 남산현교회 김세지 전도부인의 아들로 광성고등보통학교 교장이었던 김득수(金得洙)가 합동전권위원과 총회 특성위원으로, 전삼덕의 손녀딸로 이화학당 교사였던 김폴린이 특선위원 총대로, 남산현교회 박현숙이 평신도 총대로 합동총회에 참석했다. 여기에 남산현교회에서 목회한 경력의 현석칠, 신흥식, 이익모, 김찬흥, 김유순 목사 등이 교역자 총대로 총회에 참석해서 총회장은 적지 않은 '남산현교회 출신'들로 채워졌다.[3] 거기에 초대 총리사로 선출된 양주삼 목사의 부인 김매륜(양매련)이 남산현교회 김세지의 맏딸이었다는 점에서 남산현교회 교인들은 남다른 자부심을 느꼈다. 그런 배경에서 남산현교회는 1931년 4월 6일부터 1주간 '기독교조선감리회 창립기념 축하행사'를 거행했다. 첫째 날에는 평양 시내 6개 감리교회와 감리교 계통 학교 연합으로 '대전도회'를 실시하여 평양 지방 감리교인 4천여 명이 시내를 일주하며 전도지 1만 매를 산포했고, 그날 오후 축하회에는 양주삼 총리사가 참석해 설교했다. 그리고 이튿날부터 전도 집회를 열었는데 매일 저녁 1천여 명이 집회에 참석하여 열기가 대단했다.[4]

이처럼 남북 감리교 합동이 추진되던 시기(1929-30) 평양 동북부 대동군 시족면 건지리(乾芝里)에 새로운 교회가 개척, 설립되었다. 건지리교회는 개척 즉시 급속한 성장을 이룩하여 1930년 부근 명오리(明梧里)에 지교회를 설립하기에 이르렀다.5) 그리고 같은 시기 대동강과 보통강이 합쳐지는 강 가운데 모래섬 두로도(頭老島)에도 감리교회가 정식으로 설립되었다. 본래 두로도에는 1894년 무렵 장로교 선교사 스왈른(W. L. Swallen)이 설립한 장로교회가 있었는데 1908년 경 노블 선교사와 남산현교회 교인들의 전도로 감리교인들이 생겨나 6간짜리 초가 예배당을 마련하고 교회부속 대광학교까지 운영했다. 이후 교인들이 늘어남에 1923년 대광학교 교장 김응근(金膺根)의 노력으로 무어 선교사의 지원을 받아 11간 '정(丁) 자형' 기와집 예배당을 건축했고, 1930년 두로도 출신 조윤승(曹允承) 전도사가 담임자로 부임하면서 유정구역 소속 두로도교회로 출발했다.6)

이처럼 평양 지방 교회들이 늘어난 상황에서 남북 감리교 합동과 총회 조직이 이루어지면서 연회와 지방회 조직도 새롭게 개편했다. 전국을 중부와 동부와 서부 3개 연회로 나누었고, 서부연회는 평양과 영변, 신창, 진남포, 해주, 사리원 등 6개 지방회로 구성되었다. 오기선 목사가 계속 감리사직을 수행한 평양 지방은 10개 구역, 22개 교회로 편성되었는데, 다음 표는 1931년 당시 평양 지방 각 구역 담임자 파송 및 특별파송 현황이다.7)

구역	교회	주소	예배당 형태	담임자
남산현	남산현교회	평양부 수옥리 332	연와양제	오기선
채관리	채관리교회	평양부 채관리 89	연와양제	정지강

평양중앙	평양중앙교회	평양부 이향리 21	연와양제	손창송
박구리	박구리교회	평양부 박구리 19	조선와가	김창림
신양리	신양리교회	평양부 남산정 43	연와양제	정춘수
선교리	선교리교회	평양부 선교리 78-5	조선와가	안영극
	사동교회	대동군 추을미면 사동리 590	조선와가	
유정	유정교회	평양부 유정 72-2	조선와가	이겸로
	두로도교회	대동군 고평면 상단리 262	조선와가	조윤승
건지리	건지리교회	대동군 시족면 건지리 426	조선와가	이동식
	명오동교회	대동군 부산면 수산리 245	함석양제	
칠산	칠산교회	대동군 대동강면 칠산리 165	함석양제	송창식
	현교리교회	대동군 대동강면 현교리 188	함석양제	
	유신리교회	대동군 율리면 유신리 711	조선와가	
	삼정교회	대동군 용연면 향목리 185	함석양제	
	역포교회	대동군 용연면 검포리 459	연와양제	
중화	율동교회	중화군 중화면 진율리 196	조선와가	박동선
	비양교회	중화군 양정면 석양리 79	조선와가	
	용흥교회	중화군 신흥면 용흥리 316	조선와가	
	검암교회	중화군 당정면 검암리 92	조선와가	
	후장교리교회	중화군 당정면 후장교리 112	조선와가	
	송오리교회	중화군 당정면 양라리 468	조선와가	
특별파송	무어(J. Z. Moore, 지방 목사), 앤더슨(A. G. Anderson, 연합기독병원), 로빈스(H. P. Robbins, 여자성경학원과 맹아학교), 딜링햄(G. L. Dillingham, 정의자고등보통학교), 보일스(H. E. Boyles, 정의여자고등보통학교), 헐버트(E. L. Hulbert, 정의여자고등보통학교), 헤인즈(I. Haynes, 지방여성사업), 포이너(L. Poiner, 유치원), 커틀러(M. M. Cutler, 지방의료사업), 쇼오 부인(Mrs. M. E. Shaw, 아동보건사업), 앤더슨 부인(Mrs. A. G. Anderson, 아동보건사업), 버츠(E. H. Butts, 연합기독병원), 앤더슨(Naomi Anderson, 연합기독병원), 리드비터(E. Leadeater, 연합기독병원), 주기원(여자성경학원), 안창호(하와이 선교사업), 배형식(만주 선교사업)			

평양 지방 교역자 일동 기념 촬영(1928)

또한 한국 감리교회는 1930년 총회를 조직하면서 '여성목사 안수' 제도를 채택했다. 그 첫 번째 결실로 1931년 6월에 14명의 '고참' 여선교사들이 목사 안수를 받았는데, 평양 지방에서는 진남포 구역 선교를 담당하고 있던 헤인스와 지방 순회 의료사업을 담당하고 있던 커틀러가 포함되었다.8) 그리고 이듬해 1932년 3월 연회에서 또 다시 10명의 여선교사들이 목사 안수를 받았는데, 남산현교회 소속으로 정의여자고등보통학교 교장 딜링햄이 안수를 받았다.9) 딜링햄이 목사 안수를 받았던 1932년 연회에서 오기선 감리사는 "대동강 건너편 신리(新里)에 새 교회를 설립했습니다. 채관리 예배당을 6,500원의 경비로 연와제 2층으로 신건축했습니다"고 보고했다.[10] 신리교회는 개척과 함께 급속도로 부흥하여 1932년 12월 3천 원 경비로 70평 규모 예배당을 신축하고 성탄절 예배를 드렸으며 매일학교도 설립했다. 신리교회는 이후에도 계속 교인이 늘어나 1933년 외신리(外新里)에 지교회를 설립했다.[11]

오기선 감리사가 관리하는 평양 지방도 활기를 띠었다. 매년 연초에 실시하는 지방 사경회도 계속 남산현교회에서 개최되었는데 다음은 1932년 1월 평양 지방 사경회에 대한 『기독신보』 기사다.

> 지난 4일부터 10일간 부흥사경회를 남산현 예배당에서 개최했는데, 3백여 리 되는 곳에서 도보로 와서 재미있게 공부한 사람도 있으며 회집 수는 211인이며 선생은 18인이 열심히 교수한 결과 졸업생이 11인이요 지방을 구별하여 시상을 하였는데 평양에 건지리교회요.[12]

다음은 오기선 감리사가 감리교회 기관지 『감리회보』를 통해 밝힌 1932년 11-12월 평양 지방 각 교회의 선교 활동 상황이다.[13]

1) 1932년 11월 17일부터 평양 남 성경학원을 개학했는데 교수진은 문요한, 오기선, 김종필, 서위렴, 김상근, 배덕영 등이었고 학생 19인이 수업을 받았다.

출처: 주승동·오기선

제2회 종교교육지도자강습회 기념(1933).

2) 11월 17-18일 평양 시내 7교회가 연합 시민위안 음악회를 개최했고 11월 21일부터 한 주간 평양 시내 각 구역별 대전도회를 실시했으며 11월 28일부터 한 주간 평양 시내 5교회가 연합대전도대회를 중앙교회에서 개최하여 김창준 목사가 강사로 수고했고 매일 새벽기도회와 주간 공과공부, 저녁 선교회로 모였다

3) 12월 26일 오후 2시 평양 지방 내 교회 소학교 교원 종교교육강습회를 정진여자보통학교에서 개최했는데 22개 학교 교사 72명이 참석했고 강사는 오천석, 류형기, 배덕영, 백낙준, 문요한, 권태호 등이었다

4.1 1930년대 초반 남선현교회의 교회의 목회와 선교 ‖ 245

4) 12월 27일 남 성경학교 2학기를 개학했는데 교사는 문요한, 정지강, 방기순, 김창림, 김종만, 서위렴, 김상근 등이었다.

5) 12월 27일 저녁 7시 사리원, 평양, 강서, 진남포 4개 지방 연합사경회를 남산현교회에서 개최하여 360명이 참석했고 교사는 각 구역 목사가 담당하고 특별 강사로 류형기, 김종만, 백낙준, 변영서, 권태호 등이 수고했다. 동시에 여전도인 강습회도 열었다

6) 평양 남산현에 1,200원의 경비로 남성경학원 신축하고 '문요한선교25주년기념성경학원'으로 명명했다. 지난 11월 27일부터 새로 지은 학원에서 공부했다.

7) 칠산 구역 유신리교회에서 8백 원으로 목사 주택을 건축했고, 평양 시내 신양리교회에서 13,000원으로 연와제 2층 예배당 신축하고 11월 20일부터 예배를 드렸으며, 시내 선교리교회에서 3,500원으로 시멘트 예배당 건축하고 12월 9일 봉헌식 거행했고, 1천 원 경비로 교회 내 신명학교 증축했으며 여전도인 주택도 건축했다. 동 구역 하신리교회에 우경학 선생이 경영하는 무산아동 교육 기관을 설립하고 주일학교도 10월부터 시작했다.

8) 평양 시내 박구리교회는 2,500원으로 교회당을 증축하고 유치원 설립을 계획하고 있다.

9) 평양 시내 신리교회에서 3천 원 경비로 예배당을 신축하고 12월 25일부터 예배를 드렸으며, 외신리에 지교회 설립하고 주일학교와 매일학

교를 시작했다.

10) 시내 채관리교회에서 7천 원 경비로 예배당 신축하고 1933년 1월 1일에 봉헌식을 거행했다.

오기선 감리사가 특별히 관심을 두고 추진한 행사는 1932년 11월에 실시한 '평양연합 전도대회'였다. 이 행사는 평양 시내 7개 감리교회가 연합해서 전개했다. 우선 축호전도를 하기에 앞서 '시민위안 음악회'를 개최했다. 각 교회에서 '관내 불신자 가정'을 미리 파악해서 그들에게 음악회 초청장을 발송한 결과 7월 17-18일 남산현교회에서 열린 음악회는 '유례없는 대성황'을 이루었다. 그런 후에 7월 21일부터 한 주간 동안 7개 교회가 구역을 나누어 축호전도를 실시했고 7월 28일부터 한 주간 동안 서울 감리교신학교 교수 김창준 목사를 초빙하여 특별 전도집회를 열었던바 "영은(靈恩)을 다득(多得)했다."14)

1933년 연회는 중부와 동부, 서부 3개 연회가 날짜와 장소를 달리해서 개최했다. 그래서 제3회 서부연회는 평양 남산현교회에서 개최되었다. 1933년 5월 31일부터 6월 5일까지 남산현교회에서 개최된 연회에는 목회자와 평신도 대표 91명이 참석했다. 남산현교회에서는 구역 담임이자 평양지방 감리사인 오기선 목사를 비롯해서 협동회원(선교사)으로 무어(문요한)와 로빈스, 리드비터, 매퀴, 그리고 평신도 대표로 박현숙과 김득수, 홍재연, 지용은, 이겸상 등이 연회원으로 참석했다.15) 연회에 제출한 오기선 목

기독교조선감리회제3회서부연회원 일동.

248 ‖ 4. 남산재 사람들의 시련과 극복(1930-1944)

사의 평양 지방 감리사 보고 내용 가운데 위 『감리회보』에 수록된 내용과 중복되지 않은 것만 추려서 정리하면 다음과 같다.[16]

1) 평양 지방은 평양 시내 8처 교회와 시외 대동군과 중화군 일부 16처 교회를 합쳐 24처 교회로 조직되었는데 작년 1년 동안 입교인은 18명 감소되었으나 원입인은 398명 증가했다.
2) 신설된 교회는 1처로 시내 신리교회 구역 외 신도가 증가하여 외신리에 예배당을 신설하고 교회를 시작했는데 교인이 1년 사이에 증가하여 증축했다.
3) 지방연합 대전도회를 1차 실시했는데 『개인전도공과』 5백 부를 각 교회에 분배하여 공부하게 하고 『예수행적』 1만 5천 부를 불신자 가정에 나눠주며 전도한 결과 3처 교회가 부흥되었고 새신자가 240명이 나왔으며 낙심자 75명이 신앙을 회복했다.
4) 1932년 12월 27일부터 1933년 1월 4일까지 평양과 사리원, 진남포, 강서 등 4개 지방 연합대사경회를 개최하여 3백여 인이 참석했고 동시에 4개 지방 교회 부속 소학교 교원 종교교육강습회를 개최한 바 22개 학교에서 72명이 참석했으며 음력 정월을 기하여 소사경회(小査經會)를 4기로 나누어 개최한 바 22처 교회에서 낮 사경회에 총 1,213명이 참석했고 저녁 집회에 4,256명, 새벽기도회에 914명이 참석했다.
5) 여자대사경회는 1933년 3월 19일부터 30일까지 남산현교회에서 개최

했는데 250명이 참석했다.

6) 중앙교회에서 1만 5천 원으로 예배당 개축 중이다.
7) 감리사로서 각 구역회를 2차씩 인도했고 중화구역 율동교회와 평양 신양리교회, 채관리교회, 선교리교회, 신리교회 봉헌식을 거행했다.

그리고 연회 기간 중인 6월 4일 주일 오전에는 전 연회원이 남산현교회 교인들과 함께 남산현교회에서 주일예배(설교: 양주삼 총리사)를 드린 후 오후에는 방한 중인 웰치 감독 집례로 '홀 박사 동상 제막식'을 남산현교회에서 거행했다. 40년 전 평양 선교 개척과 남산현교회 설립의 공을 세우고 순직한 홀(W. J. Hall) 박사의 흉상(부조)을 제작하여 남산현교회 벽면에 부착하는 기념식이었는데 서울에서 경성여자의학교 사역을 하고 있던 홀 부인(R. S. Hall)과 대를 이어 1927년 한국 선교사로 내한하여 해주에 결핵전문병원 구세요양원을 설립, 운영하고 있던 아들 홀(Sherwood Hall) 가족도 참석했다. 예식은 홀과 평양 선교를 함께 개척했던 장로교 원로 선교사 마펫, 홀과 함께 사역했던 김재찬, 노병선 등 원로들의 회고담이 있은 후 무어(문요한) 선교사의 축도로 마쳤다.[17] 남산현교회로서는 교회 개척자의 공을 기리는 뜻 깊은 행사였다.

1년 후 1934년 제4회 서부연회는 5월 15-21일 해주 남본정교회에서 개최되었다. 이 연회에서 이덕성(李德成) 전도사가 새로 남산현교회 부담임으로 파송을 받아 왔다. 1928년 연회에서 남산현교회 부담임자로 파송 받았던 김종필 전도사는 1930년 연회에서 목사 안수를 받은 후 평양중앙교회 담임목사로 부임했다가 1934년 연회에서 진남포교회로 파송을 받아 갔다.18) 남산현교회에서는 1934년 연회대표로 오기선 목사와 이덕성 전도사, 무어 선교사, 로빈스 선교사, 매키 선교사 외에 김득수, 박현숙, 지용은, 홍재연 등이 평신도 대표로 참석했다. 오기선 목사는 연회에서 평양 지방 감리사 보고를 다음과 같이 하였다.19)

1) 평양 지방은 12개 구역, 23처 교회로 조직되었는데 1년 동안 입교인 46명, 학습인 151명, 세례아동 77명, 입교인 171명 증가했고 원입인은 103명 감소했다.
2) 기도처를 두 곳 신설하고 예배당을 두 곳 건축했으며 선교리교회 주택은 화재를 당했으나 개축 중에 있다.
3) 1933년 가을 대전도회를 평양 시내 교회연합으로 실시하고 변홍규 목사를 초청하여 1주간 전도집회를 열었다.
4) 1933년 12월 27일부터 10일간 평양과 강서, 진남포, 사리원 4개 지방 연합대사경회를 개최했고 1934년 3월 19일부터 10일간 평양 지방 여자대사경회를 개최했다.
5) 1934년 음력 정월을 기하여 4기로 나누어 지방 내 각 교회에서 소사경회(小査經會)를 개최했다.
6) 1933년 연회 전도부 제안에 따라 "교인은 매일 성경을 적어도 1절 이

남산현교회에서 개최된 여선교회 평양 지방 신입회원 환영 간친회(1938)

상 볼 것과 교인마다 1인 인도하기로" 각 구역에 권장하여 실시하는 교회와 교인이 많다.

7) 1933년 내금강에서 개최된 종교교육대회에 본 지방에서 23인이 참석하여 공부 성적도 좋았고 모든 절차에 합격되어 우승 은배(銀杯)를 받았고 특히 남산현주일학교는 1종 주일학교의 최우승이므로 우승기를 받았고 그때 남산현 찬양대원은 밤마다 강연회를 창가로 도왔다.
8) 1933년 12월 27일부터 5일간 평양, 강서, 사리원, 진남포 4개 지방 소학교 교원 종교교육회를 개최했다.

1933년 보고와 큰 차이는 없지만 남산현교회 주일학교가 전국에서 '최우승' 표창을 받았음을 특별히 강조했음을 알 수 있다. 그리고 평양 지방뿐 아니라 인근 사리원과 강서, 진남포 지방까지 포함하는 '4개 지방' 연합사경회와 종교교육강습회도 여전히 남산교회에서 개최되었다.

그리고 연회 한 달 후인 1934년 6월 26일부터 29일까지 기독교조선감리회 제4차 여선교회 전국대회가 남산현교회에서 개최되었다. 감리교 3부 연회, 24개 지방 여선교회 대표 196명에다 방청객 1백여 명을 합하여 모두 3백여 명이 참석하여 국내외 선교사업에 대해 집중 논의한 결과 이미 선교사를 파송해서 활동 중인 인천 지방 떼무지(무의도)의 장마리아, 춘천 지방 화천의 유한라, 북만주 하얼빈 지방의 이복녀, 북간도 공주령의 이배세 외에 북만주 신경에 이매련을 추가로 파송하기로 결의했다.[20] 그리고 다시 3

개월 후인 1934년 9월 10일부터 5일간 남산현교회에서 서부연회 소속 80여 명 목회자들이 참가한 '교역자 수양대회'가 개최되었다.21) 서울에서 복음전도관 사역을 하는 스톡스(M. B. Stokes, 도마련) 목사가 내려와 저녁 집회를 인도했는데, 평양 교역자수양대회는 여름 수양회 성격도 띠었지만 내면적으로는 그리고 한 달 후 서울에서 열릴 제2회 총회를 준비하는 '사전 모임' 성격도 없지 않았다. 제2회 총회의 주요 관심사는 교단 수장인 양주삼 총리사의 재선 여부였다. 양주삼 목사는 1930년 총회에서 초대 총리사로 선출되어 4년 임기를 '성공적으로' 마치고 제2회 총회에서 재선에 도전했는데 총회를 앞두고 서울과 남한 지역 목회자들 사이에 평남 용강 출신인 양주삼 총리사에 대한 비판적 분위기가 없지 않았다.22) 따라서 남산현교회에서 개최된 '서부연회 교역자수양대회'는 양주삼 총리사 재선을 위한 '북한 지역 단합대회'처럼 진행되었다.

이런 가운데 1934년 10월 3일부터 11일까지 서울 감리교신학교에서 기독교조선감리회 제2회 총회가 개최되었다. 전국에서 81명 총대가 참석했는데 남산현교회에서는 목회자 대표로 오기선 목사와 무어 선교사, 평신도 대표로 김득수와 박현숙, 로빈스 선교사 등 5명이 참석했다. 총회 2일차인 10월 4일에는 '한국선교50주년'을 기념하여 선교 초기 개척 과정에서 공을 세운 미 감리회의 웰치 감독과 노블 선교사, 남감리회의 윤치호와 하디 선교사 등 원로 4인의 공로를 치하하는 축하식이 열려, 총회원을 대표하여 김득수가 평양선교 개척자 노블 선교사의 공로를 치하하는 연설을 하였다.23) 그리고 최대 관심사인 총리사 선거는 총회 6일차 되는 10월 8일 실시되었는데 1차 투표에서 양주삼 목사가 압도적인 지지로 당선되었다.24) 재선에 성공한 양주삼 총리사는 더욱 자신감을 갖고 제2기(1934-38) 총리사 사역을 추진해 나갔다. 이때 총리원 이사진(전체 24인)도 개편되었는데 남산현교회 소속으로는 오기선 목사와 무어 선교사, 로빈스 선교사 외에 박현숙과 김득수 등 5인이 총리원 이사로 선출되었고 총리원 산하 각국 위원회 조직에서도 오기선 목사와 박현숙이 전도국위원회 위원장과 서기로 각각 임명되어25) 남산현교회 목회자와 평신도 대표들은 감리교회 중심기구에서 중요한 직책을 맡아 수행하게 되었다. 이는 곧 한국감리교회 안에서 남산현교회가 차지하는 위상과 역할이 한층 높아졌음을 반증하는 것이기도 했다.

　이처럼 남산현교회의 높아진 위상을 재확인한 제2회 총회에서 총리원 이사 및 전도국위원장이란 중책을 맡게 된 오기선 목사는 마침 자신의 '목회 성역 25주년' 및 '남산현교회 근속 10주년'을 맞았다. 이에 남산현교회에서는 1934년 12월 15일, '오기선 목사 근속 10주년 기념식'을 개최, 축하하는 순서를 가졌다.26) 담임목사 청빙제를 채택하고 있는 장로교회에서 한 목사가 같은 교회에서 10년 이상 근속하는 것은 보편적인 현상이었으나 감독 파송제를 택하고 있던 감리교회로서는 한 목사가 같은 교회에서 10년 이상 목회한 것은 처음 있는 일이었다. 그래서 『감리회보』는 이 소식을 비중 있게 보도했다.

감리교회가 조선에 선교되어 50년을 경과한 오늘에 매년 파송제를 가진 제도 밑에서 같은 교회에 같은 목사로 10년을 계속하여 파송을 받고 꾸준히 충성을 다하시어 성역에 근무하심은 씨[오기선 목사]가 조선 감리교회의 최초의 신기록을 지녔다 하여 일반교우는 물론 사회 유지 제씨의 열광적 환영으로 기념 축하식을 성대히 개회하고 김득수 교장의 의미심장한 개회사로 비롯하여 박현숙 선생께서 씨의 인격을 증명하는 약력을 낭독한 후 평안남도 참여관 유만겸(兪萬兼) 씨, 평양부윤 다카하시(高橋敏)씨, 장로교 조선총회장 이인식(李仁植) 목사, 선교사 대표 문요한(文約翰) 박사, 동아일보사 평양지국장 김성업(金成業) 제씨께서 중심에서 끓어 나오는 감개무량한 축사가 있은 후 본교회 교우 일동의 지성을 표하는 예물을 진정(進呈)하고 기독교조선감리회 총리원을 대표하여 유형기 총무께서 정중하신 축하의 말씀이 계신 후 지방유지에게서 온 축문축전 300여 매를 낭독하고 오기선 감리사께서 뜻 깊은 답사의 말씀에 일반회원은 넘쳐흐르는 감탄리(感歎裏)에 식을 마치었다.[27]

오기선 목사의 '근속 10년'은 그의 지도력을 보여주는 것이기도 했지만 그와 남산현교회 교인들 사이의 돈독한 신뢰감을 증명하는 것이기도 했다.

4.1.2 주일학교와 청년회 활동

이처럼 오기선 목사를 비롯하여 남산현교회 목회자와 평신도 대표들이 평양지방회를 넘어 서부연회와 총회에서 중요한 직책을 맡게 된 배경에는 '북한 지역 감리교회의 모교회'로서 1930년대 초반 남산현교회가 이룩한 부흥과 성장이 있었다. 이 시기 남산현교회 교세를 파악할 수 있는 자료는 없지만 매년 서부연회에 보고된 평양 지방 통계를 통해 남산현교회 교세를 가늠해 볼 수는 있다. 다음은 1931-33년 연회 때 보고된 평양 지방 교세 통계다.[28]

연도	교회	교인					주일학교		엡윗청년회		여선교회	
		입교	학습	세례	원입	합계	학교	학생	지회	회원	지회	회원
1931	22	1,297	269	738	1,374	3,730	26	2,756	17	445	8	230
1932	23	1,271	302	737	1,624	3,834	26	4,917	20	397	11	320
1933	23	1,224	286	697	1,592	3,799	25	4,790	47	614	8	404

평양 지방 소속 23개 교회(구역)에 속한 교인 통계 가운데 남산현교회가 차지하는 비율이 반(50%) 이상이었다는 점을 감안할 때 남산현교회는 1,500여 명 등록 교인을 보유한 교회로서 주일학교는 2천 명 이상, 엡윗청년회는 3백 명, 여선교회는 2백 명 수준의 회원을 보유했음은 추정해볼 수 있

다. 그리고 구체적인 부분에 들어가면 1930년대 초반 주일학교와 엡웟청년회가 곱절에 가까운 성장을 이룩했음을 알 수 있다. 이미 1920년대 역사에서도 확인했지만 1930년대 들어서도 남산현교회에서 가장 활기찬 활동을 보인 부서는 엡웟청년회와 주일학교였다. 이미 남산현교회는 '청년 학생'이 많이 모이는 교회로 유명했다.

우선 남산현교회 엡웟청년회 활동을 보면 1920년대처럼 활발하지는 못했지만(혹은 일반 언론에서 자주 다루지 않았거나) 여전히 교인과 일반시민을 대상으로 한 토론회와 강연회, 그리고 음악회를 개최했다. 그런데 엡웟청년회 단골 프로그램이던 토론회와 강연회는 1930년대 들어 경찰 당국의 감시와 통제가 한층 강화됨으로 전처럼 '공개적으로' 열지 못하고 '교회 내 행사'로 추진하는 경우가 많았다. 대신 일반시민을 대상으로 한 음악과 체육 등 문화 프로그램은 계속 개최되었다. 예를 들어 1930년 12월 27일 성탄절과 한국감리교회 제1회 총회를 기념하는 의미에서 이화여자전문학교 음악부 학생들의 순회연주회를 동아일보 평양지국 후원으로 백선행기념관에서 개최했는데 입장료를 받았음에도 '서울에서 내려온' 여자전문학교 학생들의 연주를 들으려는 일반시민들로 대성황을 이루었다.[29]

체육 프로그램도 인기가 높았다. 남산현교회 엡웟청년회 체육부에서는 1932년 3월 28일부터 두 주간 동안 일반시민을 상대로 '보건운동 강습회'를 실시했는데 60명이 등록해서 매일 아침 광성고등보통학교 운동장에 모여 '보건체조'를 교습 받았다.[30] 그리고 그해(1932) 6월 4일에는 동아일보 평양

지국 후원으로 남산현교회 엡윗청년회 주최 '전평양 남자개인 탁구대회'를 광성고등보통학교 체육관에서 개최했는데 열기가 대단했다.[31] 또한 같은 해 7월 30일 숭실전문학교 학생기독교청년회에서 주최한 '전평양 소년축구대회'에 8개 팀이 참가했는데, 남산현교회 엡윗청년회 체육부와 소년지도부가 훈련시킨 남산현교회 소년부팀이 결승전에서 장대현교회 소년부팀을 1대 0으로 격파하고 우승하여 『동아일보』가 사진과 함께 그 전적을 상세하게 보도했다.[32]

이처럼 1930년대 들어서 음악과 체육 분야에서 새로운 프로그램을 시행한 남산현교회 엡윗청년회는 남녀로 나뉘어 활동했던 1920년대와 달리 1930년대 들어서 남녀 통합기구로 조직, 운영되었다. 다음은 1933년 5월 당시 남산현교회 엡윗청년회 임원 명단이다.[33]

회장: 오창희

부회장: 김성업   총무: 박승옥

서기: 이영례 김덕윤   회계: 변승옥 김반석

종교부: 이겸상(부장) 지용은 최성도 이영례

사회부: 박현숙(부장) 김경손 노익준 최의경

교양부: 김린성(부장) 박달욱 이정로 김덕윤

음악부: 김반석(부장) 황순옥 박유현 겸용현

체육부: 전제민(부장) 신오헌 최용순 변승옥

소년지도부장: 오창희

엡윗청년회가 남녀 연합으로 조직, 운영되었기 때문에 부부가 함께 청년회 임원으로 활동하는 경우도 가능했다. 실제로 남편이 부회장, 아내가 사회부장을 맡은 김성업·박현숙 부부가 그런 경우였다. 그리고 청년회 임원직에 여성들도 '동등하게' 임명되었으니 서기 이영례, 회계와 음악부장 김반석, 종교부장 이겸상, 사회부장 박현숙 등이 여성 임원으로 활약했다. 이 중 회계와 음악부장으로 활동했던 김반석(金磐石)은 전국적으로 유명한 '성악가'였다. 즉 일제강점기 한국 문화예술계의 대표적 평론가로 활동했던 홍종인(洪鍾仁)은 1931년 6월 『동광』이란 대중잡지에 「반도(半島) 악단인(樂壇人) 만평(漫評)」이란 장편의 글을 연재하면서 한국 문화계를 대표하는 예술가들을 소개한 바 있었는데 음악인으로 김인식과 김형준, 윤극영, 안기영, 현제명, 이인선, 윤심덕 등을 언급한 후, 김반석에 대하여 "양(孃)은 평양 남산현찬양대(南山峴讚揚隊) 중의 명성(明星)같이 빛나는 한 사람이다. 알맞은 성량에 은실같이 매끄러운 음, 천분(天分)은 갖추어졌으나 아직 가수로서의 세련이 부족할 뿐, 좀 더 정진했으면 확실히 기대할 바 클 것이다"라 극찬했다.[34]

이처럼 쟁쟁한 청년들이 교사로 참여한 남산현교회 주일학교도 1930년대 들어서 크게 발전했다. 1930년대 남산현교회 주일학교는 삼일운동 때 진남포지방 만세운동을 주도하고 옥고를 치른 바 있는 홍기황이 교장직을

출처: 주승동·오기선

조선감리회 종교교육대회 우승기념 주교 및 청년회 대표.앞줄 중앙이 오기선 목사.

맡아 수고했다. 이미 앞서 살펴본 바와 같이 오기선 목사는 1934년 서부연회에 제출한 감리사 보고를 통해 남산현교회 주일학교가 1933년 내금강에서 개최된 감리교 종교교육대회에서 전국 최우수 주일학교로 선정되어 우승배와 우승기를 받았다.35) 총리원 교육국에서는 매년 전국 주일학교를 규모에 따라 3종으로 구분하여 각 종별로 성적을 매겨 시상했는데 1932년 여름 감리교 종교교육대회에서 남산현교회 주일학교가 1종 부분에서 1등상을 받았던 것이다.36) 이후 남산현회 주일학교는 1933년과 1934년에도 1등을 차지하여 '우승기를 영구 보존'하게 되었다. 이로써 남산현교회 주일학교는 전국에서 가장 모범적인 주일학교로 소문나게 되었다. 이에 1934년

12월, 총리원 교육국 주일학교부장 배덕영 목사가 남산현교회 주일학교를 참관하고 그 실상을 『감리회보』에 자세히 소개했다.

> 급히 뛰어 올라가 둥글게 지은 주일학교 교사를 찾아 남산현주일학교라고 간판을 붙인 문으로 들어가니 9시 정각이 벌써 지났는지라. 이미 개교되어 분반 교수 중이었다. 반가이 맞아주는 박현숙 여사에게 무슨 부가 모디인[모인] 것이냐고 물으니 청년부라 한다. 서기의 일기를 들춰볼 때 재적생이 350명, 직원이 22명인 것을 알게 되었다. 얼마나 다수한 청년을 모아놓고 종교교육을 하고 있는가? 지난 주일의 출석생이 223명, 출석 직원이 21명이었다. 이들을 비둘기장 모양으로 간간이 나뉜 교실대로 15반으로 나누어 지도하는데, 남녀별로 또는 학생과 직업청년별로 분반했다. 학생과 직업청년을 나누어서 지도한다고 하는 것은 이상적이라 아니할 수 없다.37)

그 당시 남산현교회 주일학교는 청년부 재적 350명에 교사 22명, 소년부 재적 36명에 선생 1명, 장년부 재적 347명에 교사 16명, 유치부 재적 40명, 유년부 재적 174명에 교사 19명, 영아부 재적 120명에 교사 8명이었다. 당시 남산현교회 주일학교 각 부 교사 명단이다.38)

부서	부장	서기	회계	서적위원	음악위원	교사
장년부	홍기황	신오헌	변승옥		황순옥	이겸상 방족신 조광신 박일신 정마르다 정알라 함도성 김숙빈 명의숙 이광윤 오석찬 윤숙현 윤봉빈 박동선 김약옹 이덕성
청년부	박현숙	변승옥 신오헌	홍리모		황순옥	이겸상 지용은 홍리모 안주원 최재현 이덕성 이석현 최의경 최성도 미쓰 모아 김세자 길공주 윤헌배 고신덕 이영한 심정옥 전약홍 미쓰 메인
소년부	주광순	김흥호				나명길 최광선
유년부	이영례	박현호	김영선	변승옥	김용현	김응덕 김유항 김영선 김완식 임인식 김갑순 원봉례 민갑옥 이계하 나명길 최은득 조석자 김겸손
유치부	김용현	나명길	나명길			김동선
영아부	윤화숙	이겸상	이겸상			

그리고 남산현교회 주일학교 유년부는 배덕영 목사가 평양에 내려온 것을 계기로 '조선 감리교회 창립 50주년 기념 연합예배'를 1934년 12월 2일 오후에 남산현교회에서 개최했다. 평양 시내 8개 교회 주일학교 교사 1백 명, 남녀 아동 1천여 명이 참석하여 성황을 이루었는데 그날 기념예배에 대한 『감리회보』의 보도다.

정각에 홍기황(洪基璜) 교장의 사회로 예배가 시작되었는데 각 주일학교 대표로 나온 귀여운 어린 사람들의 성경 암송, 합창, 독창, 표정 등이 있었으며 특별히 총리원 교육국 주일학교 부장 배덕영 목사의 '식물을 사랑하고 동물을 사랑하고 동무를 사랑하고 교회를 사랑하자'고 하는 아동 설교가 있었다 한다. 그리고 폐회 후에는 남산현주교 유년부장 이영례 양의 인도로 협성면옥 상층에서 각 주교 선생들로 하여금 면회(麵會)를 열고 서로 기쁨을 나누며 주교 발전책에 대하여서도 의견을 나누었다 한다.39)

계속해서 1934년 12월 12-14일에는 평양 지방 종교교육강습회가 남산현교회에서 개최되었는데 평양시내 각 교회 주일학교 지도자 24명이 참석하여 배덕영 목사의 「주일학교 조직과 관리」, 이덕성 전도사의 「주일학교 교수 원칙」 특강을 들었다.40) 그리고 12월 26일부터 29일까지 서부연회에서 초등학교 교원 종교교육 강습회를 개최했던바 교사 103명이나 등록하여 정진여학교와 남산현교회 주일학교 교실로 나누어 수업을 진행해야만 했다.41) 이렇듯 1930년대 초반 오기선 목사의 지도력을 바탕으로 착실하게 성장한 남산현교회는 엡윗청년회와 주일학교 활동을 통해 지방교회와 일반사회에 화력을 불어넣어 주었다.

4.2 1930년대 후반 남산현교회 사역과 시련

4.2.1 모교회 위상과 역할

격동의 1930년대 후반이 시작되는 1935년 1월 8일, 남산현교회에서 의미 있는 행사가 거행되었다. 서부연회 주최로 '무어(문요한) 선교사 회갑 축하 예배'가 열린 것이다. 1903년 내한해서 이후 평양에서만 30년 넘게 선교 사역을 펼쳤던 무어 선교사의 회갑 축하예배를 『동아일보』에서도 관심을 갖고「종교교육계의 은인」이란 제목으로 자세히 보도했다.

씨[무어]는 조선에 건너온 지 이미 32년. 여명기의 조선 땅에 기독교 신문화를 건설한 공로자의 1인으로 그가 남긴 공적은 선교사업뿐 아니라 교육사업에 있어서 중등교육기관으로 광성고보, 정의여고, 영변 숭덕학교를 비롯하여 평양, 강서, 진남포, 사리원 등 각지에 고등교육 기관 20여개를 설치하여 새조선의 아들딸에게 엄연한 공적을 끼쳤다.[1]

남산교회에서 열린 무어 선교사 회갑기념 예배.

266 ∥ 4. 남산재 사람들의 시련과 극복(1930-1944)

이날 축하예배에는 "남녀 교인과 교육계 관계자 등 1천여 명이 모인 성황을 이룬 중에 찬송, 기도, 성경 봉독, 식사, 약력 보고, 축사, 축문축전 낭독 등 순서를 진행하고 기념메달을 진정한 후" 당사자의 답사가 있었는데, 무어의 답사 내용을 『동아일보』가 요약해서 소개했다.

내가 귀국에 와서 이미 60평생을 바쳤다 하나 몇 가지 일은 여러분의 지도와 후원을 입었음이요 나 홀로 된 일이 없거늘 오늘 이 기회를 만들어 주신 것은 광영으로 압니다. 오직 나는 내가 가진 신념대로 앞으로도 조선을 위하여 그 작은 몸과 적은 정성이나마 그 전부를 바칠 작정이니 여러분은 앞으로 더욱 이 사람을 도와주기를 바랍니다.[2]

미국에서 대학을 졸업하자마자 20대 중반 나이로 한국에 나와 오직 평양에서만 교육선교와 복음전도 사역에 헌신했던 무어 선교사 부부는 서부연회와 남산현교회 교인들이 베풀어주는 '환갑잔치'에 감격하여 "남은 인생도 조선을 위해 바치겠다"는 각오를 밝혔다. 이런 노 선교사의 답사에 교인들은 큰 박수로 응했다. 예배를 마친 후 참석자들은 음식점 장춘관(長春館)으로 옮겨 "조선고악(朝鮮古樂)을 울리면서 조선 땅에 일생을 바친 '거룩한 산 제물을 위하여 조선 음식을 차린 연례(宴禮)"를 마쳤다.[3]

이런 무어 선교사 회갑 축하예배가 있은 세 달 후, 1935년 4월 22일 남산현교회에서 개최된 평양지방회에서 '오기선 목사 성역 10주년기념' 축하식을 거행했다.4) 5개월 전(1934년 12월) 남산현교회 교인들로부터 '근속 10주년 축하'를 받았던 오기선 목사는 감리사로서 6년 동안 사역한 평양지방회로부터 재차 축하식을 받은 것이다. 그리고 나서 곧바로, 1935년 4월 25일부터 5월 1일까지 서울 정동교회에서 개최된 동부 중부 서부 연합연회가 개최되었다. 남산현교회에서는 오기선 목사와 무어 선교사 부부를 비롯하여 로빈스, 김득수, 홍기황, 홍재연 등이 대표로 참석했다.5) 연회에서 오기선 목사는 평양지방 감리사 보고를 했는데, 우선 평양 지방 소속 교회로 평양 부내(府內)에 남산현과 채관리, 중앙, 박구리, 유정, 신양리, 신리, 선교리 등 8곳, 평양 부외 즉 대동군 내 명오동과 건지리, 외신리, 사동, 칠산, 유신리, 삼정, 현교리, 역포, 두로도 등 10곳, 중화군 내에 율동과 용흥, 후장교리, 검암, 송우리, 석양 등 6곳, 도합 24개 교회가 12개 구역으로 조직되었음을 보고했다. 그리고 교세 통계에 관하여 1년 사이에 입교인이 8명, 세례아동이 65명 증가했지만 학습인 19명, 원입인이 281명 감소하여 전체적으로 교인수가 감소했음을 보고했다.6) 이런 교인 감소 추세는 평양 지방만 아니라 전국적인 현상이었다. 일제말기에 접어들면서 교세 침체는 눈에 두드러진 형상으로 나타났다.

그런 중에서도 오기선 감리사는 지방 내 교회들의 전도 및 선교 상황에 대하여 보고하는 중에 대동강 건너편 사동(절골)교회와 관련해 흥미로운 내용을 소개했다.

사동(寺洞)교회 소재지에는 교인이 없으므로 예배당을 타처로 이축(移築)할 시에 본시 예배당 있던 곳 동민들이 말하기를 예배당이 우리 동리에서 옮겨가는 것은 우리의 수치요 불행이라 하면서 자기들도 믿겠다며 그곳에 남아 있는 사무실을 자기들이 수리하고 지금 예배하는 사람이 사십여 명이 있습니다.[7]

교회가 있을 때는 믿지 않던 예배당 주변 주민들이 "다른 곳으로 옮겨가겠다"고 하자 "믿겠다"며 남겨진 예배당 부속 건물에서 예배를 드리기 시작한 것이다. 그렇게 해서 사동교회는 살아남았다. 이어서 오기선 감리사는 평양 북부 칠성문 밖에 새로운 교회가 개척된 내용을 소개했다.

평양 시내 8처 교회 도직원회(都職員會) 사업으로 칠성문(七星門) 외에 교회를 설립하려고 예배당 기지를 매수(買收)했는데, 특히 감사한 것은 남산현교회 내 부인회에서 현금 천 원을 이 사업에 기증했나이다.[8]

칠성문 밖에 새로 개척한 교회는 남산현교회를 비롯하여 평양 시내 8개 교회 연합사업으로 이루어진 것이란 점에서 특별한 의미가 있었다. 사실 칠성문 밖에 감리교회 한 곳을 개척하자는 논의는 이미 10년 전인 1924년 10월 27일 평양 시내 감리교회 도직원회(都職員會)에서 결의된 바 있었는데,[9] 결의 후 지지부진하던 것을 남산현교회 부인회(보호여회)가 적지 않은 '1천 원'을 예배당 부지 구입비로 내놓음으로 교회 개척이 구체화되었다. 김세지의 증언(1926)처럼 남산현교회 여성 신도들은 "노블 부인이 칠성문 밖에 기도처 세우기를 원했다"는 사실을 알고 10년 넘게 '매달 10전' 회비를 모아 두었던 것을 내놓은 것이다.10) 그렇게 해서 평양부 서성리 85번지에 기와집 예배당을 마련하고 창광산(蒼光山) 기도처를 설립한 후 남산현교회 홍기황 본처전도사(지금의 장로)의 동생인 홍기주(洪基疇) 전도사가 초대 담임자로 부임했다.11) 오기선 감리사의 평양 지방 감리사 보고는 '1935년 평양 지역 부활절 연합새벽예배'를 소개하는 것으로 끝났다.

지난 부활주일에는 평양 시내 8처 감리교회 교우 일동이 을밀대(乙密臺)에 모여 새벽기도회를 보았는데, 기도회를 필(畢)하자 음력으로 3월 19일[양력 4월 12일] 새벽달은 서편 하늘로 내려가고 평양경시(平壤景詩)로 대야동두점점산상(大野東頭漸漸山上)으로는 아침 해가 빨갛게 떠오르니 주원(周園)에 앵화(櫻花)는 만개(滿開)했더라.12)

부활절 새벽에 평양 시내 8개 감리교회 교인 1천여 명이 을밀대에 올라, 지는 달과 떠오르는 해를 바라보며 힘차게 부른 '부활 찬송' 소리에 평양 시민들은 잠을 깼을 것이다. 부활절 새벽 연합예배는 그렇게 평양에서 시작되었다.

그런데 이러한 '은혜로운' 보고를 끝으로 오기선 목사는 남산현교회 담임목사와 평양 지방 감리사로서 사역을 내려놓았다. 오기선 목사는 1935년 5월 1일 연회 마지막 날 '서부연회 자치사업부 총무'로 파송을 받으면서 소속교회도 평양 박구리교회로 옮겼다.13) 그리고 6개월 후 1936년 1월부터 총리원 전도국위원장으로 보직이 바뀌어 서울 감리교신학교 구내에 있던 총리원으로 올라가 전도국 사무를 보기 시작했다.14) 이후 오기선 목사는 '개교회 목회'를 떠나 서부연회 자치사업부 총무 혹은 총리원 전도국위원장으로 국내와 만주 지역 교회를 순방하며 감리교회 전도사업을 지도, 관리했다. 하지만 자치사업부 총무나 전도국 위원장이 명칭은 그럴 듯했지만 실질적인 권한이나 역할이 없는 '한직'(閒職)이었다. 1920-30년대 한국 감리교회를 대표하는 인물 중 하나였던 오기선 목사가 이처럼 '갑작스럽게' 목회 일선에서 물러나게 된 배경과 원인은 확실치 않다. 오기선 목사의 개인 사정이나 남산현교회 내부 갈등 혹은 1930년대 중반 이후 한층 복잡해진 감리교단 내부 갈등과 시국 상황에서 그 원인을 추측할 뿐이다.

이렇게 오기선 목사가 '급작스럽게' 남산현교회를 떠난 1935년 연회에서 이윤영(李允榮) 목사가 후임으로 파송되었다. 다음은 이윤영 목사와 함께 1935년 연회에서 파송된 평양지방 구역 목회자 현황이다.15)

구역	교회	주소	예배당 구조	담임자
남산현	남산현교회	평양부 수옥리 332	연와양제	이윤영
중앙	중앙교회	평양부 죽전리 190	연와양제	황치헌

박구리	박구리교회	평양부 박구리 19	조선와가	김창림
신양리	신양리교회	평양부 남산정 43-3	연와양제	정지강
	창광산기도처	평양부 서성리	조선와가	박창빈
유정	유정교회	평양부 유정 70	조선와가	이경선
채관리	채관리교회	평양부 채관리 89	연와양제	김진탁
선교리	선교리교회	평양부 선교리 78-5	함석양제	박세광
신리	신리교회	평양부 신리 134	석와양제	유득신 홍기주
	사동교회	대동군 대동강면 의암리 28	조선와가	
	외신리교회	대동군 대동강면 신리	석와양제	
유신리	유신리교회	대동군 율리면 유신리 711	조선와가	황덕주
	칠산교회	대동군 대동강면 칠산리 165	연와반양제	
	현교리교회	대동둔 대동강면 현교리 188	함석양제	
	역포교회	대동군 용연면 감포리 459	석와양제	
	삼정교회	대동군 용연면 향목리 185	함석양제	
두로도	두로도교회	대동군 고평면 상단리 262	조선와가	조윤승
건지리	건지리교회	대동군 시족면 건지리 426	조선와가	미파
	명오동교회	대동군 부산면 수산리 245	조선양제	
중화	석양교회	중화군 양정면 석양리 79	조선와가	미파
	율동교회	중화군 중화면 진율리 196	함석양제	
	용흥교회	중화군 신흥면 신흥리 316	조선와가	
	검암교회	중화군 당정면 검암리 92	조선와가	
	송오교회	중화군 당정면 양라리 468	조선초가	
	후장교리교회	중화군 당정면 후장교리 112	조선와가	
특별파송	무어(Z. Moore, 지방사업), 앤더슨(A. G. Anderson, 연합기독병원), 로빈스(H. P. Robbins, 여자성경학원과 맹아학교), 블랙(N. B. Black, 연합기독병원), 리드비타(E. Leadeater, 연합기독병원), 앤더슨(Naomi Anderson, 연합기독병원), 버츠(E. H. Butts, 연합기독병원), 페인(Z. Payne, 연합기독병원), 커틀러(M .M. Cutler, 지방의료사업), 딜링햄(G. L. Dillingham, 정의자고등보통학교), 맥키(A. McQuie, 정의여자고등보통학교), 보일스(H. E. Boyles, 유치원과 소학교), 힐버트(E. L. Hulbert, 정의여자고등보통학교), 헤인즈(I. Haynes, 지방여성사업), 쇼오 부인(Mrs. M. E. Shaw, 아동보건사업), 앤더슨 부인(Mrs. A. G. Anderson, 아동보건사업), 무어 부인(Mrs. J. Z. Moore, 여자성경학원), 주기원(여자성경학원), 정달빈(여자성경학원), 손창숭(광성고등보통학교), 오기선(서부연회 자치사업 총무), 안창호(하와이 선교사업), 배형식(만주 선교사업), 이덕성(일본 유학)			

이 무렵 남산현교회를 비롯한 평양 지방 각 구역에도 전도부인이 파송을 받아 활약하고 있었는데 1935년 4월 평양지방회에서 파송한 각 구역 전도부인(여전도사) 현황을 보면, 남산현교회에 이겸상, 평양중앙교회에 김익수, 채관리교회에 김국점, 박구리교회에 정애자, 유정교회에 김인순, 신양리교회에 박숙강, 선교리교회에 원복녀, 신리교회에 이기선 등을 파송했다.16) 다음은 1935년 당시 평양 지방에 소재한 감리교 계통 학교와 병원, 유치원 현황이다.17)

기관	주소	대표자	설립연도	비고(명)
평양기독연합병원	평양부 대찰리 163	안도선	1895.4.1	의사 14, 직원 24, 환자 96,405
평양맹아학교	평양부 대찰리 105	헤인수	1896.2.28	교사 2, 학생 19, 졸업생 34
평양여자성경학원	평양부 수옥리 324	라빈수	1915.9.20	교사 6, 학생 120, 졸업생 117
평양남자성경학원	평양부 대찰리 120	문요한	1931.11.20	교사 11, 학생 39, 졸업생 2
광성고등보통학교	평양부 경창리 101	김득수	1916.4.1	교사 20, 학생 616, 졸업생 980
정의여자고등보통학교	평양부 수옥리 333	귀에다	1920.5.1	교사 21, 학생 381, 졸업생 540
삼숭보통학교	평양부 경창리 103	박광복	1899.7.15	교사 8, 학생 503, 졸업생 835
광성보통학교	평양부 남산정 43	김득수	1894.11.1	교사 13, 학생 900, 졸업생 1,863
정진여자보통학교	평양부 대찰리 94	박일숙	1897.3.1	교사 13, 학생 711, 졸업생 776
신명학교	평양부 선교리 110	박세광	1907.3.15	교사 5, 학생 194, 졸업 170
신덕학교	대동군 대동강면 칠산리	오홍식	1899.9.12	교사 2, 학생 83, 졸업생 115
양무학교	중화군 양정면 고잔리	김낙형	1909.8.16	교사 6, 학생 354, 졸업 300
중흥학교	중화군 신흥면 용흥리 321	공낙영	1905.9.10	교사 3, 학생 133, 졸업생 76
기성학원	평양부 유정 70	최병훈	1927.9.1	교사 2, 학생 111, 졸업 30

대광학원	대동군 고평면 상단리 261	김응근	1909.9.15	교사 3, 학생 101, 졸업생 71
평신학원	대동군 대동강면 신리 98	주기원	1931.10.1	교사 2, 학생 170
신성의숙	대동군 시족면 건지리 318	이동식	1926.9.1	교사 1, 학생 25, 졸업생
신명의숙	대동군 부산면 수산리 318	정제건	1934.4.10	교사 1, 학생 23
진명서당	중화군 중화면 진율리 196	유지풍	1931.1.28	교사 1, 학생 60
남산유치원	평양부 대찰리	박일숙	1915.10.8	교사 2, 학생 74, 졸업생 450
중앙유치원	평양부 죽전리 190	박태성	1921.4.1	교사 2, 학생 66
광성유치원	평양부 남산정 43	박선철	926.4.2	교사 2, 학생 64, 졸업생 241
대동유치원	평양부 채관리 84	강해룡	1921.1.17	교사 2, 학생 51
신명유치원	평양부 선교리 110	이정방	1930.4.1	교사 2
기성유치원	평양부 유정 70	문로득	1922.5.1	교사 2, 학생 58, 졸업생 258
동명유치원	평양부 신리 134	이기환	1932.9.1	교사 2, 학생 43
사동유치원	대동군 대동강면 율리	박일숙	1932.9.1	교사 1, 학생 25

평양 지방 내 거의 모든 교회가 부속학교와 유치원을 운영하고 있었음을 알 수 있다. 그리고 이들 학교와 유치원은 총독부가 지정한 법인등록 기준을 통과하여 정식 인가를 받은 기관들이었다. 이 명단에 수록되지 않은 학원과 야학 형태의 교육기관들도 많았는데 정부 당국의 지휘와 감시를 피해 '민족주의 교육'을 실시할 수 있는 공간이기도 했다. 그래서 총독부에서는 이런 사설 교육기관들을 '무인가 시설'이란 이유로 강제 폐쇄조치를 내리곤 하였는데, 1935년 8월 30일 폐쇄된 남산현교회 내 '평양고등예비학관'이 그런 경우였다. 『조선중앙일보』의 보도다.

평남도 학무과에서 평남 경찰부와 협력 하에 무인가 학원 등을 단연 처치할 방침이라 함은 이미 기보한 바이어니와 마침내 그 제일 희생자가 평양부 내에서 생겼다. 평양 남산재 예배당 안에 있는 평양고등예비학관(平壤高等豫備學館)은 작년 5월 개관 이래 중등학교 입학시험 준비생들을 다수히 지도하여 왔는데 금월 30일 평양서 고등계에서 돌연 동 관장 강진두(康鎭斗) 씨를 호출하여 즉시 폐쇄할 것을 명했으므로 동관에서는 할 수 없이 학교설비 일체를 평양고아원에다 기부하고 말았는데 이로써 재학생 160여 명과 교직원 7명은 가두에서 방황하게 되었다.[18]

폐쇄당한 고등예비학관은 1년 전인 1934년 4월, "평양에서 중등학교 입학 보결시험을 준비하는 이들을 위하여" 설립된 사설 학원이었다. 중학교 교사 경력을 지닌 청년교사 강진두가 학생들을 가르쳤는데 평양 시내와 지방에서 올라온 가난한 학생들이 주로 다녔다. 처음엔 순영리에 있던 근우회 회관 사무실을 빌어 수업을 하다가 학생 수가 늘어남에 따라 8월부터 남산현교회 구내에 있던 수옥리 광성보통학교 기숙사 건물로 옮겼으며, 그때부터 남산현교회 엡웟청년회 회원들이 학관을 적극 지원했다. 그 결과 보결생 외에 일반시민들 가운데 기초학문을 배우려는 사람들이 늘어나 1935년 초 영어와 수학과를 증설했고 교사 7명이 재학생 160여 명을 가르쳤다.[19] 이처럼 예비학관이 설립 1년 만에 지역 주민들의 관심과 지지를 받으며 일반 사립학교 수준으로 발전하자 이를 불안하게 여긴 평안남도 학무당국에서 경찰의 도움을 받아 '강제 폐쇄'라는 극단의 조치를 취한 것이다.

그렇게 해서 설립 1년 만에 폐쇄당한 고등예비학관의 책상과 걸상 등 교육 설비를 평양고아원에 보냈다. 10년 넘게 평양 시민들이 민족적 자부심을 갖고 지원해 온 사회복지 기관이었다. 평양고아원은 1919년 삼일운동 때 황해도 재령 만세시위를 주도하고 체포되어 옥중에서 심한 고문을 받고 "간장(肝臟)이 뒤집히는" 중병을 얻어 평양 기홀병원에 입원했던 김병선(金秉善)이란 청년 교인의 '선한 뜻'으로 설립되었다. 즉 기홀병원에서 치료 중이던 김병선은 같은 시기 평양 사동탄광에서 사고를 당해 생사위기에 처한 열두 살 소년이 기홀병원에 후송되어 왔을 때 자기 신체 일부를 떼어 이식수술을 함으로 소년을 살려낸 일이 있었다. 그 사실이 알려지면서 경향 각처로부터 '동정금(同情金)'이 병원에 답지했는데, 김병선은 그렇게 모아진 3백여 원을 개인용도로 쓰지 않고 고아원 설립기금으로 내놓았다. 그러자 조만식과 김지건, 정세윤, 노광윤, 강유문, 김일선, 이영하, 한석린, 김경숙, 김태복 등 평양 청년단체 인사들이 1921년 10월 평양고아구제회를 설립하고 평양고아원을 적극 돕고 나섰다.[20] 그리하여 김병선은 출옥(퇴원) 후 남산현교회가 위치한 수옥리에 집을 한 채 마련하고 평양고아원을 설립, 고아들을 돌보기 시작했는데 수용자가 40명을 넘게 되어 1922년 5월 창전리에 있던 염색공장을 인수하여 그리로 고아원을 옮겼다.[21] 그런데 고아원을 창전리로 옮긴 직후에 김병선은 고문 후유증으로 병이 악화되어 결국 1922년 8월 10일, 25세 나이로 기홀병원에서 별세했다.[22] 이런 '애국지사 김병선의 장례식은 장대현교회에서 길선주 목사 집례로 엄수되었고 다시 한 달 후인 9월 10일에는 평양 시내 각 교회 청년단체 연합으로 '김병선 추도회'를 남산현교회에서 개최했다.[23] 이처럼 '민족독립 운동'으로 인한 희생을 배경으로 설립된 평양고아원은 김병선 사후에도 평양 기독교계와 시민사회의 전폭적인 후원을 받아가며 평양의 '자존심'을 상징하는 기관으로 발전했다.

1930년대 중반 또 다른 감리교 계통 고아원이 평양에 설립되었다. 1935년 7월 신양리교회 정지강 목사가 설립한 '애린원(愛隣院)이란 사회복지 기

신양리교회 정지강 목사가 세운 애린원

관이었다. 애린원은 미 감리회 선교부의 재정 지원을 받지 않고 오기선 목사를 이사장으로 하여 평양 지역 목회자와 평신도 지도자들로 이사회를 구성하고 평양 지역 교회와 기관, 유지들의 후원금으로 운영되던 사회복지기관이었다. 빈민구제와 장애인 복지를 목적으로 하여 신양리교회 부속 전도실에서 사업을 시작했는데 단순한 구제사업을 넘어 빈민과 장애자의 자활을 목적으로 한 애산부(愛産部)를 두어 스스로 노동할 수 있는 기회를 제공했다. 그리고 애린원 안에 구제부와 교육부, 조사부, 선전부, 소개부, 작업부, 판매부, 전도부, 인쇄부 등 부서를 두었으며, 『애린(愛隣)』이란 잡지도 발간했다.24) 애린원은 일제강점기 드물게 볼 수 있었던 종합사회복지기관이었다.

그리고 그 무렵(1936) 미국에서 철학박사(Ph.D.) 학위를 받고 '금의환향'한 정일형(鄭一亨) 박사가 모교인 서울 연희전문학교 교수직을 사양하고 평양으로 내려와 평양의 대표적인 '공장지대' 신리에서 노동자·빈민 목회를 시작한 것도 평양 시민들에게 신선한 감동을 안겨 주었다. 정일형은 삼일운동 때 평양 광성고등보통학교 학생 신분으로 독립만세시위에 참가했으며 서울 연희전문학교를 졸업하고 1929년 미국에 유학, 오하이오 웨슬리언대학을 거쳐 1935년 6월 미국 드류대학에서 박사학위를 받고 1936년 봄에 귀국했다. 그는 귀국 직후 당시 연희전문학교 이사와 교수였던 윤치호와 조병옥, 유억겸, 이묘묵 등으로부터 환영을 받으면서 모교인 연희전문학교 교수직을 제안 받았지만 이를 사양하고 평양으로 내려가 전도사로서 노

남산현교회 이윤영 목사 주례로 결혼식을 올린 정일형 이태영 부부. 그는 연희전문학교 교수직 제의를 사양하고 신리에서 노동자와 빈민을 위한 목회를 시작했다.

동자 목회를 시작했다. 정일형은 훗날 그런 결심을 내린 배경과 동기를 이렇게 설명했다.

> 나를 더욱 서글프게 한 것은, 독립운동의 지도적 인물 가운데 많은 사람이 일제의 탄압과 회유에 못 이겨 변절했다는 점이다. 나는 연희전문학교 교수직을 사양하기로 결심했다. 나의 그 결심이라는 것은 사실 현실적으로 어리석기 짝이 없었다. 어떤 면에선 연희전문학교란 미국 유학생의 피난처요, 안전지대라 할 수 있었기 때문이다. 나 개인의 안일

을 누리도록 나의 젊음은 용서하지 않았고 이제까지 지내온 '시간들이 허락하지 않았다. 그래서 나는 주어진 현실에 뛰어들기로 결심했다. 밑으로부터, 가슴 가장 깊은 곳으로부터 민족해방을 위한 불꽃을 올리기 위해서였다. 나는 일터를 평양으로 정했다. 평양에서도 가장 가난한 근로자들이 사는 신리를 중심으로 일할 계획을 세웠다. 신리는 새로 생긴 공장지대였다.[25]

고등학교 시절부터 지켜온 '민족적 소신'이 그로 하여금 교수로서 강의 대신 전도사로서 노동자 목회에 투신하도록 만든 근본 요인이 되었다. 9년 만에 돌아와 확인한 모교(연희전문학교) 상황은 소신껏 학생들을 가르칠 수 있는 상황이 아니었다. 차라리 평양 변두리 공장 지대에 교회를 개척하고 소신껏 목회하는 것이 민족적 자존심과 자신의 철학 가치를 구현하는 것이라 판단했다. 그래서 정일형은 '독립운동 하는 심정으로' 평양으로 내려와 신리 공장지대에 교회 자리를 물색하다가 신리 117번지에 제사공장으로 쓰던 건물을 인수하여 주택 겸 예배당으로 삼아 집회를 시작했다. 본래 신리(134번지)에는 1933년에 개척, 설립된 교회가 있었으나 1935년 이후 사역이 부진하여 정일형 전도사가 새로 시작한 교회에 기존 신리교회를 흡수하여 담임하는 형태로 연회 파송이 이루어졌다.[26] 그러나 정일형 전도사의 평양 노동자 목회는 오래 이어지지 못했다. 1937년 10월부터 연희전문학교와는 분위기가 다른 (정일형의 표현에 의하면 '항일운동의 온상지')

서울 감리교신학교 교수로 부임해서 종교사회학과 철학, 교육학 강의를 시작했기 때문이다.[27] 정일형 전도사가 서울로 올라간 후 신리교회는 '독립운동 전력'의 김산(金山) 전도사가 담임했다.

4.2.2 애국 부부의 목회 활동

일제가 만주 침공(1931) 이후 한반도에서 식민통치를 한층 강화하며 군국주의 통제정책을 펼치던 상황에서 평양 지방 교회와 학교, 기관들은 '폭력적' 억압과 통제를 받으면서도 민족적 자존심과 자긍심을 바탕으로 한 복음전도와 사회선교를 추진하고 있었다. 바로 이런 시대적 상황에서 '독립운동' 전력의 이윤영 목사가 오기선 목사 후임으로 남산현교회에 파송을 받아 왔다. 평북 영변 출신인 이윤영 목사는 영변읍교회 부속 숭덕학교에 다니면서 기독교 신앙을 접했고, 이후 서울 황성기독교청년회(YMCA) 학관과 평양 숭실사범학교를 졸업한 후 평북 희천과 태천, 운산, 평남 순창 등지 감리교 계통 학교 교사로 봉직하다가 1914년 서울 협성신학교에 입학하면서 태천에서 전도사로 목회를 시작했다. 이후 1917년 목사 안수를 받고 순천군 신창교회를 담임하던 중 1919년 삼일운동을 맞아 신창 지역 독립만세 운동을 주도하고 평양 형무소에서 1년 6개월 옥고를 치렀다. 그때 이윤영 목사 부인 이마대(李馬大)도 만삭의 몸으로 만세 시위에 가담했다가 경찰에 체포되어 '치욕스런' 고문을 당했는데, 이로써 이윤영·이마대 부부

이윤영 목사

는 평양 사회에 '애국 부부'란 별명을 얻었다.28)

출옥 후 이윤영 목사는 연백 배천교회와 진남포 신흥리교회를 담임하면서 진남포 지방 감리사를 겸했고, 1931년부터 개성 북부교회를 담임하면서 개성 지방 감리사로 사역하다가 1935년 연회에서 평양 남산현교회 담임 및 평양 지방 감리사로 파송을 받았다. 이윤영 목사로서는 평양 부임의 의미가 남달랐다.

내[이윤영]가 기미독립운동 사건으로 평양형무소에서 1년 반 옥살이를 했고, 진남포 지방 감리사로 5년간 진남포에 주재한 관계로 5개 지방 수부(首府)인 평양은 낯익고 정든 동경(憧憬)의 땅이다. 더욱이 가처(家妻) 마대는 11세부터 평양에서 정진소학교와 숭의여자고등학교까지 10년간 유학하여 졸업한 곳이라 회상과 추억이 넘치는 곳이었다. 3·1운동으로 내가 옥살이할 때에 가처가 남산현에서 밥을 지어 가지고 암정(巖町) 형무소까지 반년간이나 다닌 곳이기도 하다.29)

이윤영 목사로서는 청년 시절 사범학교를 다녔고, 목사 안수를 받은 평양이 "회상과 추억의 땅이요 기독교적 동경의 도시"였다. 삼일운동 때 이런 '독립운동 애국 부부'를 위해 '밥을 지어 주었던' 남산현교회 교인들도 감격스럽기는 마찬가지였다. 교인들의 환영을 받으며 부임한 이윤영 목사는 남산현교회에 대한 첫 인상을 이렇게 회고했다.

> 남산현교회는 관서 제일가는 교회였다. 목사 겸 감리사로 취임하고 나니 실로 금의환향 문자 그대로였다. 취임 첫 예배 시에 보니 남산현교회 형편은 신앙과 경제 등 일반 분위기가 너무 노쇠한 느낌이 들었다. 교회 중요 인사는 광성중학교 교장 김득수, 홍기황, 최영훈, 이영하, 변용만, 이진하, 나병기, 박현숙, 오영수, 오선두, 김찬종, 박영애 씨 등이었다.[30]

이윤영 목사의 눈에 비친 남산현교회의 첫 인상은 '노쇠'였다. '북한 지역 모교회'로서 40년을 훌쩍 넘긴 세월 가운데 축적된 '역사적 전통', 한말과 일제강점기 정치적, 사회적 온갖 시련과 혼란을 겪으면서도 남산재 언덕을 굳건히 지켜온 '신앙의 저력', 그리고 전임자 오기선 목사(58세)가 10년 넘게 목회하면서 큰 변화나 기복 없이 형성된 '안정적 분위기' 등이 겹쳐지면서 남산현교회는 외부에 '노쇠한' 교회라는 인상을 주게 된 것이다. 이런 상황을 파악한 이윤영 목사는 남산현교회에 '활기를 불어넣는' 것으로 목회의 기본 방향을 삼았다. 이런 그의 목회와 설교는 청년층의 호응을 받았다. 그 결과 『조선중앙일보』 같은 중앙 일간지가 그의 주일예배 설교를 안내하는 기사를 실었는데, 1936년 5월 10일 주일의 「어버이의 사랑」, 5월 16일 주일의 「교회에 대한 우리의 지식」과 같은 설교가 그것이다.[31] '독립운동가' 출신 이윤영 목사의 설교는 교회 밖 일반사회에서도 관심을 보였다.

그리고 이윤영 목사는 교회에 활기를 불어넣기 위해 '예배당 건축'을 시도했다. 평양뿐 아니라 북한 지역 '최초 서양식 예배당'으로 1903년에 지은 남산현교회 벽돌 예배당은 지은 지 30년이 넘어 낡고 쇠하여 대대적인 수리가 필요했다. 이에 이윤영 목사는 교인들과 협의 끝에 새 예배당을 건축하기로 의견을 모으고 건축헌금을 실시한 결과 2년 만에(1937) 건축비 2만 2천 원을 모을 수 있었다.[32] 그리고 1937년 3월부터 총리원 전도국에서 주관하는 '전도회원' 운동에도 남산현교회는 적극 참여했다. 복음이 전파되지 않은 오지에 전도인이나 문서 전도자를 파송하기 위해 매월 일정액의 전도회비를 내면서 기도하는 전도회원에 가입한 남산현교회 교인은 3년에 걸쳐 모두 131명에 이르렀다.[33] 이렇듯 남산현교회는 교단에서 추진하는 행사와 사역에도 적극 참여하는 모습을 보였다.

다음으로 이윤영 목사는 엡웟청년회 활동도 적극 후원했다. 경찰 당국의 엄중한 통제 때문에 1920년대만큼 대(對) 사회적 프로그램을 활발하게 추진하지는 못했지만, 남산현교회 엡웟청년회는 '교회 안' 행사를 중심으로 조직과 사업을 유지했다. 다음은 1935-37년 당시 남산현교회 엡웟청년회

임원 명단이다.[34]

직책	1935년	1936년	1937년
회장	김덕윤	김덕윤	양요환
부회장	전제민	양요환	박종현
총무	박승옥	주광순	김덕윤
서기		나명길 박호성	나명길 박호성
회계		장진하 전제민	장진하 박종호
종교부장		사창식	사창식
교양부장		김응덕	김인식
음악부장		황순옥	변승옥
체육부장		신오헌	신오헌
사회부장		김영선	김영선
소년지도부장		오창희	김응덕

평양 지방 각 교회 엡윗청년회는 지방 연합회를 조직해서 활동했는데 이 무렵 평양 지방 엡윗청년회연합회 회장은 신리교회 정일형 전도사였다. 정일형 전도사는 1937년 4월 연합회 행사로 도산 안창호를 강사로 초빙하는 '모험적인' 행사를 추진했다. 안창호는 중국에서 윤봉길 폭탄투척 사건에 연루되어 체포된 후 국내로 압송되어 장기간 서울 서대문 형무소에 수감되었다가 1935년 2월 가출옥 상태로 풀려나 평양 근교 대보산 송태산장에 머물러 요양하고 있었다. 여전히 경찰 당국의 감시와 통제를 받고 있던 안창호를 강사로 초청하여 남산현교회에서 '공개 강연회'를 개최한 것이다.

강연회를 추진했던 정일형의 증언이다.

경찰의 압력 때문에 벽보 한 장 변변히 붙이지 못하였는데도 불구하고 평양이 생긴 이래 최대의 청중이 모여들었다. 교회당의 안팎이 인파로 꽉 메워졌다. 「나아가자」라는 강연 제목으로 도산 선생은 두 시간이 넘도록 열변을 토했다. "하느님의 뜻이 최후에는 승리한다는 것을 믿는 기독 청년들이여! 일어나 나아갑시다." 눈물을 흘리면서 청년들의 애국심에 불을 지피는 선생의 열변이었다.35)

이날 남산현교회 강연이 안창호의 '마지막 공개강연'이 되었다. 안창호는 강연회 두 달 후 수양동우회 사건으로 또 다시 체포되어 서대문형무소에 수감되었다. 그는 연말에 병보석으로 풀려났지만 건강을 회복하지 못하고 결국 1938년 3월 서울에서 별세했다. 안창호 강연회를 주최했던 정일형도 평양경찰서에 소환되어 조사를 받았고, 결국 그해(1937) 10월 평양을 떠나 서울 감리교신학교 교수로 자리를 옮겼다. 이렇듯 평양은 살벌한 '일제 말기' 암흑시대로 접어들고 있었다. 그런 가운데도 남산현교회 엡윗청년회에서 지도한 남산현 엡윗소년회 탁구팀이 1937년 9월 25일 평양 숭실전문학교 체육관에서 개최된 평양기독소년면려회연합회 주최, 동아일보사 평양지국 후원 '제3회 전평양 소년소녀 탁구대회'에 출전하여 창동교회 소년팀을 결승에서 꺾고 우승기를 차지하여36) 남산현교회와 엡윗청년회에 '웃

남산현교회에서 열린 제6회 서부연회원 일동

음'을 안겨주었다.

이윤영 목사는 남산현교회 담임 외에 평양 지방 감리사직도 겸하고 있어 1년 중 많은 시간을 지방 내 교회를 순방하며 구역회를 인도하고 복음 전도와 선교 사역을 지도했다. 그리고 그 결과를 연회에 보고했다. 한국 감리교회는 1934년 제2회 총회에서 매년 열리던 연회를 격년제로 열기로 법을 개정했다. 그래서 제2회 총회 후 1935년 4월 동부와 중부, 서부 연합연회를 서울 정동교회에서 개최한 후 1936년에는 연회로 모이지 않고 1937년에는 3개 연회가 별도로 연회를 소집했는데, 제6회 서부연회는 1937년 5월 5-9일 평양 남산현교회에서 모였다.37) 남산현교회로서는 1933년 제3회 서부연회 이후 4년 만의 연회 개최였다. 남산현교회에서는 이윤영 목사와 송흥국 전도사를 비롯하여 소속 목사인 무어 선교사와 매키 선교사, 페인 선교사, 송창송(광성고등보통학교) 목사와 오기선 목사(총리원 전도국위원장), 그리고 평신도 대표로 박현숙과 홍재연, 지용은, 홍기황 등이 연회 대표로 참석했다.38) 이 연회에서 남산현교회 송흥국 전도사를 비롯하여 두로도교회 조윤승 전도사, 신리교회 정일형 전도사, 중화교회 김산 전도사, 덕동교회 홍현설 전도사, 총리원 교육국 간사 이환신 전도사 등이 준회원에 허입되었다.39)

연회 석상에서 이윤영 목사는 평양 지방 감리사 보고를 통해 남산현교회를 비롯한 지방 내 교회 상황을 다음과 같이 소개했다.40)

1) 지방은 12개 구역 25처 교회로 조직되었는데 현재 총교인수는 4,371명으로 전년에 비해 748명이 증가된 수치다. 사역자로는 정회원 12명, 준회원 5명, 협동회원 5명, 본처목사 7명, 전도부인 9명, 본처전도사 73명이며 기관 사업으로는 고등보통학교 2개, 남녀성경학교 2개, 보통학교 2개, 동등과정 학교 5개, 서당 7개, 유치원 8개, 연합병원 1개다.

2) 지방 내 가족기도회를 실시하는 집이 196가정, 항상 새벽기도하는 교인이 113명, 주일 새벽기도회를 실시하는 교회가 4개, 성경공부하는 교인이 402명, 개인전도하는 교인이 425명이고 사경회와 부흥회, 수양회를 총 35회 실시했다.

3) 지방 내 각 구역과 교회 형편을 보면 유정교회는 양각도에 기도처를 개척하고 확장 주일학교를 실시하여 재미가 많았고, 중화 구역 후장 교리교회는 8개월 전부터 자급을 실시하여 목사를 따로 두게 되었으며, 유신리 구역 칠산교회는 3천 원 경비로 예배당을 신축한 후 독립 구역이 되어 목사를 파송했고, 남산현교회는 예배당 신축을 위해 건축헌금을 실시한 결과 2만 2천 원이 넘었고, 신양리교회는 정지강 목사의 노력으로 애린원을 설립하고 잘 진전되고 있으며, 건지리 구역은 담임자 봉급을 15원에서 35원으로 증액했고, 중앙교회는 목사 주택을 신축했고 부흥회 결과 전도인 1명을 두게 되었다.
4) 기관 사업으로 여자성경학원은 고등성경학교로 승격하여 현재 학생 수가 170명에 이른다.
5) 평양 지방은 총리원 교육국 주최 전조선 종교교육대회에서 연 2차 성적 우승컵을 받아 1등의 영예를 보유하고 있으며, 지방 내 주일학교 중에 1종 주일학교가 2개, 2종 주일학교가 8개, 3종 주일학교가 15개이며, 하기 아동성경학교와 동기학교, 종교교육강습회, 주일학교연합운동회 등을 실시했고, 엡윗청년회도 연합회 활동을 잘 하고 있는데 총무 정달빈(鄭達斌)과 정일형 양씨의 수고가 컸다.
6) 교회 경비로는 지방 내 각 교회 1년간 총경비는 38,440원이요 부담금은 완납 예정이며 자치를 이룬 구역은 11개이고 1구역만 월 10원씩 보조를 받고 있다.

어려운 상황에서도 지방 내 각 교회는 나름대로 교회와 지역사회를 위해 복음전도와 사회선교 사명을 감당하고 있었다. 서부연회는 1년 후에 열릴 제3회 총회 대표를 선출하는 것으로 회무를 마쳤다. 서부연회 총회 대표는 목사 8인, 평신도 8인, 모두 16인이었는데, 남산현교회 소속으로는 이윤영 목사와 오기선 목사, 무어 선교사 외에 평신도 대표로 박현숙과 지용은 등 모두 5명이 선출되었다.[41] 이 밖에 연회 파송으로 감리교신학교 이사에 이윤영 목사와 박현숙, 기독교조선감리회 유지재단 이사에 오기선 목사가 각각 선임되었다.[42] 남산현교회는 여전히 평양지방회와 서부연회의 '모교회'로서 역할을 감당하고 있었다.

4.3 일제말기 남산현교회 수난과 폐쇄

4.3.1 우울했던 총회와 연회

1931년 일본군의 만주 침략으로 일제말기에 접어 들었다. 만주 침략으로 중국 대륙을 향한 정치 군사적 야욕을 드러낸 일본은 1932년 상해 침공에 이어 1937년 중일전쟁을 일으켰으며, 마침내 2차 세계대전 도발국가인 독일·이탈리아와 동맹을 맺고 1941년 미국 하와이를 침공, 아시아·태평양 지역으로 전선을 확대했다. 이처럼 침략전쟁을 통해 중국과 아시아 태평양 지역으로 진출하려는 일본으로서는 한반도가 후방 병참 기지로 중요한 의미를 지닌 곳이기 때문에 '안정적' 통제와 관리가 필요했다. 이것이 1930-40년대 '전시체제' 상황에서 한반도가 한층 가혹한 물자와 인력 수탈 및 정치, 사회, 종교, 문화 통제를 받아야 했던 이유다. 교회도 그런 수탈과 통제에서 예외일 수는 없었다. 일제말기 교회 종까지 '전쟁 물자로 떼어가고 교회 안에 일장기(日章旗)와 일본의 신도(神道) 제단인 '카미타나(神棚)'가 설치된 배경이 그러했다.

일제말기 한반도에서 자행된 통제와 수탈은 '황국신민화정책(皇國臣民化政策)', 줄여서 '황민화정책(皇民化政策)'으로 설명할 수 있다. 1931년 만주침략으로 그 내용이 드러나기 시작한 황민화정책의 핵심은 일본 국가 종교인 신도(神道)의 숭배 대상인 '천황'(天皇) 신앙과 그것을 기반으로 하여 전체주의적이고 획일적인 군국주의 국가 체제를 구축한다는 것이었다. 그런 배경에서 한반도에 대한 정치, 사회, 문화적 통제정책이 추진되었는데 그것은 한민족의 '일본동화(日本同化)' 정책으로 나타났다. 이를 위해 총독부는 '내선일체(內鮮一體)'를 내걸고 한민족의 역사문화적 정통성과 정체성을 말살하고 일본의 그것에 흡수 통합시키려는 정책을 펼쳤다. 총독부는 한민족의 역사와 문화를 '일본 것'으로 축소, 왜곡했고 일본 문화와 종교의식을 한민족에게 강요했다. 구체적으로는 일본어 상용(常用), 일본 국기 배례, 일본 천황에 대한 충성을 표하는 황국신민서사(皇國臣民誓詞) 제창과 황거요배(皇居遙拜, 또는 東方遙拜), 창씨개명(創氏改名), 그리고 신사참배(神社參拜) 강요 등으로 나타났다.

이런 '일제말기' 상황에서 남산현교회와 그가 속한 한국 감리교회는 어떻게 대응했는가? 결론적으로 말하면 일제의 신사참배 강요와 '황민화정책'에 대하여 저항하거나 투쟁하기보다는 순응하고 협력하는 모습을 보여주었다. 우선 일제말기 한국교회의 가장 큰 고민이자 시련의 빌미가 되었던 신사참배 문제에 대하여 한국 감리교회를 대표하는 총리원의 양주삼 총리사는 1936년 4월, "신사참배는 종교의식이 아닌 국가의식이다"는 논지의 조선총독부 학무국 통첩문을 교단 기관지인 『감리회보』에 그대로 수록함으로1) 한국 개신교회 가운데 제일 먼저 신사참배를 수용하는 모양새를 취했다. 그리고 1938년 3월부터는 교단지 『조선감리회보』 1면에 '황국신민서사'를 인쇄해서 배포하기 시작했고, 1938년 4월에는 총독부 지시에 따라 '국민정신총동원 총후보국 강조주간' 행사를 실시하도록 전국 교회에 통보했다.2) 이후 감리교단 지휘부는 총독부 학무국을 통해 내려오는 각종 '시국 관련' 지시나 행사에 순응・협조하는 모습을 보였다.

이런 분위기에서 1938년 10월 5일부터 13일까지 제3회 기독교조선감리회 총회가 서울 감리교신학교에서 개최되었다. 이 총회에 남산현교회 대표로는 담임목사 이윤영과 소속 목사 오기선, 무어 선교사, 그리고 평신도 대표로 박현숙과 지용은 등 5명이 참석했다. 60여 명 총회원들은 총회 첫날, 첫 순서를 황거요배와 국기 배례, 환국신민서사 제송 등 '국민의례'로 시작했고, 총회 3일차 되는 10월 7일에는 전체 총회원이 배재중학교 운동장에서 거행된 '애국일' 시국 행사에 참석한 후 남산 조선신궁을 참배했으며, 총독부를 방문하여 미나미 총독의 고사(告辭)를 들은 후 총회장으로 돌아와 총독부 사회과장 김대우와 윤치호의 '시국강연'을 들어야 했다.3) 이처럼 침울한 분위기 속에 진행된 제3회 총회였지만 총회 최대 관심사는 총리사(감독) 선거에 있었다. 1934년 총회에서 재선하여 4년(1기를 포함하면 8년) 임기를 무난하게 마친 양주삼 총리사를 계속 옹립하려는 움직임이 있었지만 '3선 불가'라는 장정 규칙 때문에 양주삼 목사는 더 이상 총리사 후보로 나서지 않아 새로운 총리사를 선출해야만 했다. 그런데 후임 총리사 후보를 두고 남·북 대립과 갈등 양상이 빚어졌다. 1934년 총회에서도 그런 조짐이 없지 않았으나 1938년 총회를 앞두고 그 갈등은 더욱 심화되었다. 특히 1935년 일어난 '적극신앙단(積極信仰團) 사건'을 계기로 감리교회 안에 신흥우를 중심으로 한 '적극신앙단 계열'의 이남 지역 출신 세력과 이에 대응하는 이북 지역 출신 세력 사이의 대립 구도가 형성되었다.

문제가 된 적극신앙단은 1932년 당시 서울중앙기독교청년회 총무였던 신흥우가 조직한 초교파 기독사회운동 단체로서 감리교에서 정춘수와 이동욱, 신공숙, 김인영, 박연서, 김영섭, 엄재희 등이, 장로교에서 유억겸과 전필순, 최석주, 최거덕, 박용희, 권영식, 구자옥 등이 참여했다. 처음엔 기독교청년회를 중심으로 하여 전국적인 조직으로 출발했지만 점차 신흥우와 가까운 이승만의 동지회 계열, 이남 출신 인사 중심으로 '당파성'을 띠게 되었다. 이들은 1930년대 들어 더욱 심화된 교회 정치와 기독교 단체 활동의 '이북 편향 구도에 대한 교정을 시도했다. 그러자 이와 대립관계인 이북 지역, 안창호의 흥사단 계열 인사들(정인과와 원익상, 김정식, 차상진, 이재갑, 이주완, 오화영 등)이 '기독교유지대회'란 단체를 조직하고 적극신앙단 이념과 성격의 '이단성'을 지적하며 비판을 가했다. 그리하여 적극신앙단 문제는 1935-36년 기독교계의 뜨거운 논쟁거리 중 하나가 되었다.[4]
결국 적극신앙단은 이북 출신 세력이 우세한 장로교 총회와 감리교단 연회로부터 "용납할 수 없다"는 평결을 받았고, 신흥우도 사태의 책임을 지고 기독교청년회 총무직을 사임하는 것으로 사건은 일단락되었지만 이 사건을 계기로 기독교계의 남·북 대결 구도는 더욱 심화되었다.

이런 남·북 대결 구도 속에 제3회 총회가 개최되었다. 자연히 '이북(평남 용강) 출신'인 양주삼 목사의 후임 총리사 선출에 관심이 집중되었다. 총회는 먼저 법을 개정하여 '총리사(general superintendent)'라는 호칭을 '감독(bishop)'으로 바꾸었다. 감독 선거는 총회 6일째 되는 10월 10일부터 시작했는데 총투표 3분의 2를 얻는 후보가 나오지 않아 3일에 걸쳐 투표가 진행되었다. 투표 초반에는 이남 출신인 김영섭과 김종우, 정춘수, 이북 출신인 이윤영과 오기선 등이 경합하다가 중반 이후 오기선과 이윤영, 김종우 3파전으로 바뀌었고, 결국 23차 투표 끝에 정동교회를 담임하고 있던 김종우(金鍾宇) 목사가 2대 감독에 당선되었다.[5] 마지막까지 김종우 목사와 경합을 벌인 이윤영 목사와 오기선 목사는 모두 이북 출신으로 남산현교회 담임이거나 소속 목사였다. 결국 이북 출신 2명과 남쪽 출신 1명이 대결하는 구도에서 북쪽 표가 분산되어 남쪽 출신이 당선되었다.[6] 그래서 감독 선거 후 이윤영 목사나 오기선 목사, 그리고 총회에 참석했던 남산현교회와 평양 지방 대표들의 허탈감이 컸다. 김종우 감독을 선출한 총회는 오기선 목사를 전도국 위원장, 이윤영 목사를 사회국 위원장으로 선출하고 총리원 이사에 이윤영 목사와 오기선 목사, 박현숙과 지용은 등 4명을 선정하여[7] 남산현교회의 '상실감'을 보충하려 노력했다. 그러나 당사자, 특히 오기선 목사의 충격이 커서 그는 1939년 연회에서 '조기 은퇴'를 선언하고 목회 현

장을 떠났다.8)

　감독 선거에서 패한 이윤영 목사의 실망감도 작지 않았다. 그러나 그는 평양으로 돌아온 후 남산현교회 담임과 지방 감리사로서 주어진 사역에 임하였다. 1939년 4월 11-14일 평양 신양리교회에 평양지방회를 개최했는데, 목회자와 평신도 대표 211명이 참석했다. 이윤영 감리사는 지방회 서기에 홍기주와 박세광, 회계에 이문혁, 통계서기에 임경애와 오응천, 박광복 등을 선임했고 지방회 기간 중 특별집회를 열고 무어(문요한) 선교사와 배덕영 목사, 그리고 일본인교회 사키노(崎野) 목사의 특강을 들었다. 그리고 전도부인으로 남산현교회에 이겸상, 중앙교회에 김익주, 채관리교회에 김인순, 박구리교회에 윤화빈, 유정교회에 어덕신, 선교리교회에 김도순, 신리교회에 조애자, 신양리교회에 김옥규, 율동교회에 민순덕, 기독병원에 김국점 등을 파송했다. 지방회에서는 연회 평신도 대표로 홍재연과 안명진, 이문혁, 김명찬, 박태성, 최병훈, 한석노, 지용은, 문창모, 홍능의, 문선호, 김희덕, 최재민, 어덕신, 조창선 등을 선출했고, 일본군 부상 장병을 위한 위문금 31원 90전을 거두어 당국에 보내기로 하는 '시국 행사'도 결의했다.9)

　그리고 한 달 후, 이윤영 목사는 1939년 5월 3일부터 10일까지 서울 정동교회에서 개최된 동부・중부・서부 연합연회에 다음과 같은 내용의 '평양지방 감리사 보고'를 제출했다.10)

1) 본 지방은 16구역 26처 교회로 조직되어 현재 신자 총수는 4,552명, 사역자는 정회원 15명, 준회원 9명, 협동회원 7명, 본처목사 4명, 여교역자 10명, 본처전도사 62명이며 기관 사업으로는 중학교(남녀) 2개, 성경학교(남녀) 2개, 심상소학교(남녀) 2개, 동등정도 학교 1개, 기타 11개, 유치원 8개, 연합병원 1개, 맹학교 1개다.

2) 지방 영적 사업으로는 기도 운동과 성경 지식 보급 및 개인 전도와 사경회, 부흥회, 종교교육강습회 등이며, 매년 한 차례씩 서부연회 전체 소학교 교원 종교교육강습회와 교역자 수양회를 실시하는 데 소용되는 비용 약 1천 원을 문요한 선교사와 서위렴 선교사가 부담하고 있다.

3) 지방 내 교회의 신령 상황은 가족기도회를 실시하는 곳 214처, 항상 새벽 기도하는 교인이 186명, 매일 성경 읽는 교인이 475명, 개인전도 하는 교인이 452명이며 사경회와 부흥회를 28회 실시했다.

4) 특별사항으로 두로도 구역에서 조윤승 목사와 교인들의 노력으로 3,500원 경비를 들여 연와제 35평 예배당을 신축했다.

5) 황덕주 목사가 담임한 칠산 구역은 각 교회가 진보하여 이번 연회에서 두 구역으로 분할하고 새 목사 한 사람을 추가 파송했으며 황덕주 목사의 노력으로 장진리에 새 교회를 설립했다.

6) 정남수 목사를 초빙하여 평양 시내 연합부흥회를 개최했고 김종우 총리사를 초청하여 지방대사경회를 연 결과 연래에 드물게 보는 은혜를

받았다.

7) 목회자 봉급은 작년 1년 동안 6개 구역에서 증액했는데 지방 내 남녀 선교사들의 도움이 큰 힘이 되었다.

8) 지방 내 종교교육 상황을 보면 1종 주일학교가 2개, 2종 주일학교가 10개, 3종 주일학교가 15개며 지방적으로 종교교육 강습회를 실시했고 지방 교육부 총무는 정달빈 목사가 다년간 수고하고 있다.

9) 교회 재정은 지방 내 1년 경비가 45,785원인데 전년에 비하여 7,345원 증액되었고 부담금은 완납했으며 15개 구역이 자치(자급)를 이루었고 1구역만 10원 보조를 받고 있다.

10) 신의주교회는 재작년 7월에 창립되어 현재 홍현설 목사가 시무하고 있는데 7, 8차 순행하며 도와주었다.

평양 지방 보고 중에 눈에 띄는 대목은 '신의주교회' 설립 관련 보고다. 본래 신의주는 1909년 확정된 장·감 선교 구역 분할 협정에 따라 북장로회의 '배타적 선교지역'이었다. 그래서 신의주는 '장로교 일색'이었다. 그런 신의주에 감리교회가 교회를 설립하였으니 그것은 1930년대 중반 이후 '교파주의', '교권 갈등'이 심화되면서 나타난 현상이었다. 복음전도와 교육의료, 문서사업 등 분야에서 장·감 연합으로 추진되던 선교 협력 사업이 쇠퇴하고 선교구역 분할 협정의 구속력이 눈에 띄게 약화된 결과였다. 그런 중에 1930년대 들어서 국경 도시 신의주에 이주한 감리교인들이 서부연회와 총리원에 감리교회를 설립해 달라고 강력하게 요청했다. 그 중에도 남산현교회 출신 김일선(金一善) 등 평양 출신 감리교인들의 요구가 절실했다. 이에 총리원 전도국 위원장 오기선 목사와 평양 지방 감리사 이윤영 목사의 적극적인 후원으로 1937년 7월 4일, 신의주 국경회관에서 신의주감리교회 창립예배를 드렸는데 첫날 120명 교인이 참석한 중에 세례입교인 48명이 등록했다.11)

이렇게 해서 평양 지방 소속으로 설립된 신의주교회 초대 담임자로 홍현설(洪顯卨) 전도사가 부임했다. 평양 광성고등보통학교 출신으로 서울 감리교신학교와 일본 칸세이학원 신학부, 도시샤대학 신학부에서 유학을 하고 돌아온 홍현설의 지성과 영성을 겸비한 설교를 듣고 교인들이 늘어나 교회 설립 4개월 만에 미륵동 188번지에 독자적인 한옥예배당을 마련했다.12) 이처럼 신의주교회를 부흥시킨 홍현설 전도사는 1939년 연회에서 목사 안수를 받고 평양 요한성경학원 교사로 파송을 받아 임지를 옮겼다. 홍현설과 함께 1939년 연회에서 목사 안수를 받은 평양 지방 목회자로는 송흥국(남산현교회)과 황덕주(중화 석양교회), 박세광(선교리교회), 홍기주(창광산교회), 김산(신리교회), 조윤승(두로도교회), 정일형(감리교신학교) 등이 있었다. 그리고 앞서 언급했듯이 1939년 연회에서 오기선 목사가 (62세에) '자원 은퇴'했고 광성고등보통학교 교목으로 사역하던 손창송(孫昌松) 목사도 '자원 퇴직'하면서 목회현장을 떠났다.13) 이처럼 목회자 변동이 많았던 1939년 연회에서 김종우 감독은 이윤영 목사가 맡고 있던 평양 지방 감리사직을 무어(문요한) 선교사에게 맡겼다. 이런 감리사 변동이 이윤영 목사의 요청에 의한 것인지 확인되지는 않지만 '자원 은퇴'한 오기선 목사 못지않게 1년 전 총회에서 감독 선거에서 패한 이윤영 목사에 대한 '불편했던' 심기 때문이 아니었을까 추정된다.

다음 표는 그렇게 해서 대거 목회자 변동이 이루어진 1939년 연회에서 파송된 평양 지방 구역 담임자와 특별파송 현황이다.[14]

구역(교회수)	교회	담임자	주소(담임자)
남산현(1)	남산현교회	이윤영	평양부 수옥리 324
중앙(1)	중앙교회	황치헌	평양부 진향리 61
박구리(1)	박구리교회	이피득	평양부 박구리 19
신양리(1)	신양리교회	박동선	평양부 남산정 43-3
창광산(1)	창광산교회	홍기주	평양부 대찰리 112
유정(1)	유정교회	최창신	평양부 유정 70-2
채관리(1)	채관리교회	김창림	평양부 채관리 84
선교리(1)	선교리교회	박세광	평양부 선교리 109
신리(3)	신리교회	김산	평양부 신리 117-4
유신리(2)	유신리교회	오귀린	대동군 율리면 유신리 711
칠산(2)	칠산교회	한진봉	대동군 대동강면 칠산리 165
역포(2)	역포교회	이환신	대동군 용연면 감포리 459
두로도(1)	두로도교회	조윤승	대동군 고평면 상단리 262
건지리(2)	건지리교회	정달빈	대동군 시족면 건지리 426
중화(3)	석양교회	황덕주	중화군 양정면 석양리 79
중화동(3)	율동교회	김임길	중화군 중화면 진율리 196
신의주(1)	신의주교회	한태유	신의주부 미륵동 188

| 특별파송 | 무어(J. Z. Moore, 요한성경학원 원장) 쇼오(W. E. Shaw, 요한성경학원 교사) 이환신(요한성경학원 교사) 홍현설(요한성경학원 교사) 헤인스(E. I. Haynes, 여자고등성경학교 교장) 주기원(여자고등성경학교 교사) 정달빈(여자고등성경학교 교사) 맥키(A. McQuie, 정의고등여자학교 교장) 헐버트(E. L. Hulbert, 정의고등여학교 교사) 앤더슨(A. G. Anderson, 연합기독병원 원장) 앤더슨(Naomi Anderson, 연합기독병원 세균검사원) 버츠(E. H. Butts, 연합기독병원 사업주간) 앤더슨 부인(Mrs. A. G. Anderson, 공중위생과 아동보건사업) 정일형(감리교신학교 교수) 보일스(H. E. Boyles, 유치원과 소학교 사업) 이덕성(일본 동경교회) 정지강(평양애린원) 무어 부인(Mrs. J. Z. Moore, 여자성경학원과 주일학교) 쇼오 부인(Mrs. M. E. Shaw, 아동보건사업) 유득신(만주선교연회) 현석칠(만주선교연회) 김창호(만주선교연회) 이찬룡(만주선교연회) 안창호(하와이감리교회) 이경선(미국 유학) 블랙(N. B. Black, 귀국 휴양) 페인(Z. Payne, 귀국 휴양) 박창빈(휴직) 김진탁(휴직) |

1939년 연회에서 '느닷없이' 평양 지방 감리사로 파송을 받은 무어 선교사는 나이(65세)로 보나 경력(30년 선교 경력에 이미 1910-20년대 감리사직 역임)으로 보나 감리사직을 수행할 시기가 훨씬 지난 '원로급' 선교사였다. 그럼에도 이윤영 목사가 사임 의사를 표명한 평양 지방 감리사직을 맡아볼 마땅한 후임자를 찾을 수 없었던 김종우 감독은 평양 지방의 '큰 어른' 무어 선교사에게 감리사직을 맡아줄 것을 요청했고, 이에 무어 선교사는 한국교회를 위한 '마지막 봉사'로 여기고 평양 지방 감리사직을 수락했던 것이다.

이런 무어 선교사의 희생과 헌신을 기려 1939년 10월, 그의 이름을 딴 '평양요한학교'(平壤約翰學校)가 설립되었다. '미국 피츠버그의 3대 감리교

요한학교 제1회 졸업자들

출처: 김진형-수난기 북한교회사

목사 집안에서 출생한 무어는 1903년 드류신학교를 졸업하자마자 내한해서 평양 서부 지역 선교를 담당했다. 그는 1909년 안식년 휴가를 받아 귀국했다가 4년 전(1905) 결혼한 부인(Alpha Roney)의 건강 악화로 즉시 귀환하지 못했고, 부인이 치료를 받고 있던 콜로라도 스프링스의 베다니병원 원장으로 사역했다. 결국 부인은 1914년 별세했고 무어는 이듬해(1915) 마운트유니언신학교에서 신학박사 학위를 받은 후 한국에 귀환하여 5년 전(1910) 내한해서 평양 지방에서 부인선교 사역을 하던 루스 베네딕트(Ruth Benedict, 문로덕)과 재혼했다. 이후 무어 부부는 평양을 떠나지 않고 복음전도와 교육선교, 여성선교와 주일학교 사역을 추진했다. 특히 무어 박사는 미국에서 많은 선교비를 모금하여 광성과 정의, 정진 등 평양 시내 기독교학교뿐 아니라 지방 교회와 학교를 지원했는데, 1941년 일제에 의해 강제 추방당하기까지 "선교사 개인이 50만 달러 모금하여 한국교회를 위해 사용한 이는" 무어 박사가 유일했다.[15]

이런 무어 선교사의 공을 기려 설립한 요한학교의 출발은 9년 전, 1930년 12월 19일 남산현교회에서 개최되었던 '문요한 박사 선교25주년 기념식'으로 거슬러 올라간다. 남산현교회와 평양지방회가 공동 주최한 기념식 준비위원회의 연회위원(宴會委員)으로 김병보, 최응규, 최성도, 음악위원으로 박승옥, 정지강, 순서위원으로 홍기황, 김창림, 김종필, 설비위원으로 손창송, 현석칠, 윤종식, 이겸로, 이덕칠, 사교위원으로 김득수, 김성업, 현석칠, 박태성 등이 선정되었다.[16] 평양의 기독교계는 물론 일반사회 교육계, 관청에서 많은 축하객이 참석한 기념식은 대성황을 이루었는데 기념식에 참석했던 지방 목회자들은 무어에게 "농촌교회 사역자(전도사) 양성을 위한 남자성경학교를 설립해 달라"고 요청했다. 이에 무어 선교사는 기념식에 답지한 축하금과 미국에서 보내온 선교 후원금으로 1931년 11월 20일부터 수옥리(남산재)에서 '평양남자성경학원'을 시작했다. 그래서 이 학교는 '문요한선교25주년기념성경학원'이라고도 불렀다. 처음 32명으로 시작했는데 학생들이 주로 농촌에서 생업에 종사하며 목회하는 본처전도사들이었기 때문에 겨울철(11월-1월) 농한기를 이용하여 성경과 종교교육, 농촌사업, 교회음악 등 농촌목회에 필요한 과목을 배웠다.[17]

이렇게 시작한 남자성경학원의 학생수가 늘어남으로 무어는 1938년 3월 대찰리 120번지에 3층 벽돌건물을 마련하고 그곳으로 옮겨 수업을 했다. 그때부터 '요한성경학원'이란 명칭을 사용했다. 교사 진용도 원장 무어 외에 쇼오(William E. Shaw, 서위렴), 이환신, 홍현설 등 미국이나 일본 유학 출신들로 꾸며졌다.[18] 이처럼 독자적인 건물을 짓고 '해외 유학파'로 교수진을 꾸민 것은 성경학교를 전문학교 수준으로 승격시키려는 의지 때문이었다. 그 결과 성경학교는 1939년 10월 총독부로부터 본과(중등학교 2년 수료자) 3년, 연구과(중등학교 졸업자) 3년 과정의 '평양요한학교'로 승격, 인가를 받았다.[19] 정규학교로 인가를 받은 후 학생이 급증하여 재학생이 90명 수준으로 늘었으며 교수진도 기존 무어와 쇼오, 이환신, 홍현설 외에 정달빈과 박상래, 한세홍, 이유선, 서남동, 변종호 등이 합류했다.[20] 평양 요한학교는 체계적인 시설과 교수 진용을 갖추고 상당한 수준의 신학교육을 실시했다. 이 시기 요한학교 교수들이 해방 후 서울 감리교신학대학과 연세대학교 신과대학의 핵심 교수진이 되었다는 사실만으로도 요한학교 '교육 수준'을 가늠해 볼 수 있다. 그 무렵(1939-41) 요한학교에서 수업을 받았던 안재정 목사의 증언(2013)이다.

지금도 생생하게 기억되는 은사님은 교장 선생님 문요한 선교사, 학감 이환신 목사님과 홍현설 박사, 박상래 교수, 이유선 교수, 서남동 교수, 변종호 교수 외에 여러 분이 계시다. 특별히 기억에 남는 일은 일제강점기인지라 일본어로 강의를 해야 하는 까닭에 일본어가 서툰 이환신 교수님이 힘들게 일본어를 구사하시며 수업하시던 것과 그분의 저서인 『청년 지도 원리』가 나의 인격 도야와 한자 교육에 도움이 되었던 것이다. 기억에 남는 강의는 당시 성경 66권 중에서 「출애굽기」와 「요한계시록」을 성경에서 삭제하라는 명령이 내린 후인데도 「요한계시록」을 배울 수 있었던 것이다. 첫 시간에 교수님과 학생 모두가 경찰서에 투옥이 되더라도 배운다는 각오로 수업을 시작하여 열강하시던 박상래 교수님 모습이 떠오른다. 그때의 노트를 잃어버린 것이 지금도 아쉽게 느껴진다. 음악과 영어를 가르치시던 이유선 교수님이 너무 좋아 박재훈, 구두회와 함께 열심히 공부했는데, 담당 교수가 바뀐 뒤부터는 영어와 음악에서 멀어지게 되어 지금도 아쉬운 마음 감출 길 없다.[21]

요한학교는 평양선교 30년 경력의 무어 선교사가 남긴 '마지막 작품'이 되었다. 무어 선교사는 그의 이름을 따서 지은 요한학교가 총독부 인가를 받은 지 2년 후, '강제출국' 형태로 평양과 한국을 떠나야만 했다. 그가 떠나면서 남산현교회와 한국교회의 일제말기 '암흑시대'는 본격적으로 시작되었다.

4.3.2 '친일' 교단 본부 출현과 횡포

평양에서 요한학교가 승격, 인가를 받을 즈음 서울의 감리교본부 총리원은 예기치 못한 사태로 충격과 혼란을 겪었다. 1938년 총회에서 감독으로 선출된 김종우 목사가 갑작스런 질병으로 감독 취임 1년 만인 1939년 9월 17일 돌연 별세한 것이다. 전임 양주삼 총리사가 '행정의 달인'이었다면 김종우 감독은 1930년대 한국 감리교회를 대표하는 '부흥 목회자'의 한 사람으로 일제말기 암흑기에 한국 감리교회를 '바른 길'로 이끌 수 있는 '영적 지도자'로 교회 안팎에서 많은 기대를 받았다. 그러나 김종우 감독은 감독 선출 직후 1938년 12월, 전임 양주삼 총리사와 장로교 총회장 홍택기 목사, 부총회장 김길창 목사, 성결교회 이명직 목사 등과 함께 한국교회 대표단을 구성하여 일본을 방문 도쿄와 이세, 나고야, 교토 등지 일본 신궁들을 '두루 참배'하고 돌아왔다. 이는 총독부의 각본에 의해 이루어진 것이기는 하지만 한국교회가 신사참배 문제에 대하여 '완전 굴복'을 상징적으로 보여주는 행사였다.[22] 김종우 감독은 이러한 '수치와 비굴'의 일본 여행을 마치고 돌아온 직후 신병을 앓기 시작했고 결국 회복하지 못하고 감독 행정도 제대로 보이기 전에 별세한 것이다. 충격과 비탄 속에 김종우 감독 장례식이 9월 1일 서울 정동교회에서 개최되었는데 남산현교회 이윤영 목사도 참석해서 예식순서(성경 봉독)를 맡았다.[23] 이윤영 목사로서는 1938년 총회 감독 선거에서 비록 경쟁자였으나 취임 1년 만에 급서(急逝)한 김종우 감독의 죽음에 적지 않은 충격을 받았다.

이윤영 목사를 비롯하여 김종우 감독 장례식에 참석한 감리교회 지도자들의 다음 고민과 관심은 '후임 감독 선출'이었다. 김종우 감독이 임기 초반에 별세했기 때문에 후임 감독은 법에 따라 김종우 감독의 남은 임기(1942년까지)를 채우는 것으로 정리되었고 감독 선출도 총회가 아니라 총리원 이사회에서 이루어졌다. 그리하여 장례식을 치른 1주일 후 1939년 9월 28일, 서울 감리교신학교 구내에 있는 총리원에서 감독 선출을 위한 이사회가 소집되었다. 전체 이사 24명 가운데 21명이 참석했는데, 남산현교회에서는 이윤영 목사와 오기선 목사, 박현숙과 지용은 등 4명이 출석했다. 임시의장인 양주삼 목사의 사회로 투표에 들어갔는데 첫 투표에서 이윤영 목사가 5표, 양주삼 목사와 김영섭 목사가 각 4표, 정춘수 목사가 3표, 김준옥 목사 2표, 전진규 목사와 김창준 목사가 각 1표를 받았다. 일부에서는 양주삼 목사를 다시 감독으로 세우자는 움직임이 있었으나 양주삼 목사는 '3선 부득(不得)' 원칙을 내세우며 강력하게 고사했다.24) 이후 투표는 이윤영과 김영섭, 정춘수 3인의 각축으로 이루어졌는데, 1938년 선거 때처럼 남(김영섭과 정춘수)↔북(이윤영) 대결 현상을 띠었다. 그렇게 3, 4차 투표를 했지만 누구도 3분의 2를 얻지 못했다. 또 다시 지루한 투표가 이어질 수밖에 없는 상황에서 이윤영 목사가 '결단'을 내렸다. 이윤영 목사의 증언이다.

그때 사심(私心)이 일어났다. 내가 만일 감독이 된다면 서울에 도사리고 있는 적극신앙단 신흥우 일파의 반대 공기와 저기압 속에서 여하한 재정 후원도 없이 어떻게 집무를 할 수 있을까 하는 생각이었다. 중책에 두려운 생각이 나고 남산현교회와 같은 부흥기에 들어간 좋은 일터를 버리고 호구에 들어가는 것이라 생각이 되어 그 자리에서 사면을 했다. 반응이 없으므로 3, 4차 강력히 사면하니 그러면 적당한 후보를 추천하라 함으로 즉각 생각한 것이 정춘수였다. 정씨로 말하면 전자 특별한 친분도 없는 남감리회 목사였다. 하나 위인이 강직하다고 알았고 또 파벌이 없다고 생각되어서 추천한 것이라 했다. 2, 3차 투표로 쉽게 출석 3분의 2를 얻어 감독으로 당선되었다.25)

이윤영 목사가 감독 후보직을 내려놓게 된 동기는 두 가지, 설혹 감독이 된다 하더라도 이미 신흥우를 중심으로 한 '적극신앙단 계열'이 장악한 감리회본부(총리원)에 들어가 감독직을 수행하기 어려울 것이라는 판단, 부임 초반 침체기를 벗어나 '부흥기'에 접어든 남산현교회 목회가 더 중요하다는 판단이었다. 그래서 투표 진행 중 후보 사퇴를 표하고 정춘수 목사를 감독 후보로 추천했다. 이윤영 목사로서는 1938년 총회에 이어 두 번째 '후퇴'였다. 그리하여 9차 투표 끝에 정춘수 목사가 14표를 얻어 3대 감독에 선출되었다.26) 그때 정춘수 목사는 총리원 이사가 아니었기 때문에 투표 현장에 없었다. 그래서 '영접 위원'으로 선출된 이윤영 목사가 수표교교회 사택에 머물고 있던 정춘수 목사를 총리원으로 안내하여 감독 자리에 오르도록 했다.27) 1939년 10월 4일 정동교회에서 개최된 정춘수 감독 취임식은 '황국신민서사 낭송'으로 시작되었는데 남산현교회 박현숙이 성경봉독 순서를, 무어 감리사가 '교회에 대한 권면' 순서를 각각 맡았다.28) 이로써 한국감리교회사에서 '훼절과 수치의 역사'로 기록되는 '정춘수 감독시대'가 열렸다.

충북 청주 출신인 정춘수 목사는 1903년 원산 부흥운동 때 하디의 설교를 듣고 회심 체험을 한 후 목회자가 되었고 1911년 남감리회 연회에서 '최초 남감리회 한국인 목사로 안수를 받은 후 남감리회를 대표하는 목사로 개성과 원산에서 목회했다. 그는 1919년 삼일운동 때 '독립선언 민족대표 33인 중 1인'으로 가담하여 옥고를 치렀는데 같은 남감리회 소속 오화영 목사와 신석구 목사를 민족대표로 끌어들인 것도 정춘수 목사였다. 정춘수 목사는 그만큼 민족의식이 강한 목회자였다. 그리고 삼일운동 이후에도 개성과 춘천, 철원, 평양을 거쳐 서울 동대문교회와 수표교교회에서 목회하면서 1927년 항일민족 운동단체 신간회 회원으로 활동하는 등 적어도 1930년대 중반까지는 '민족주의 노선'을 견지했다. 그러다가 1930년대 중반 이후 노선변화가 감지되다가 1938년 5월 일어난 '흥업구락부사건'을 계기로 노골적인 '친일노선'을 걷기 시작했다.

흥업구락부는 1925년 신흥우와 이상재, 구자옥 등 기독교청년회 지도자 중심으로 결성된 민족주의 비밀결사였는데, 앞서 언급했던 적극신앙단과도 맥이 닿는 조직이었다. 흥업구락부는 이상재 사후(1927) 신흥우를 중심으로 이승만의 동지회 계열, '이남(以南) 세력'이 주도하는 단체로 활동을 전개하다가 1935년 2월, 그 조직이 경찰 당국에 탄로나 신흥우와 구자옥, 이건춘, 홍병덕 등 핵심 간부들이 서대문 경찰서에 연행되었다. 그때 정춘수 목사도 지도급 인사로 체포되었다. 이들은 옥중에서 '혹독한 고문과 회유를 받았는데 결국 '사상전향 성명서'를 발표하고 6개월 만에 석방되었다. 경찰 당국으로서는 당시 한국기독교계 지도자인 이들의 '독립의자'를 꺾는 것보다 이들을 회유하여 총독부 정책의 '지지와 협력', '선전과 옹호' 세력으로 활용하려는 데 더 큰 목적이 있었다.29) 결국 총독부 의도대로 되었다. 석방된 후 신흥우를 비롯한 흥업구락부와 적극신앙단 관계자들의 '부일협력'(附日協力)은 피할 수 없는 현실이 되었다.

이런 배경에서 정춘수 목사는 감독이 된 후 '노골적으로' 일본의 황민화 정책에 순응, 협조하는 대표적인 '친일파 목사'가 되었다. 그가 감독이 된 후 제일 먼저 시행한 것은 한·일 감리교회 통합 운동이었다. 이는 일본정부가 추진하고 있던 '내선일체'의 종교적 실천이자 한국 감리교회와 일본 감리교회의 '한·일합병'이었다. 그런 맥락에서 정춘수 감독은 양주삼 총리사와 유형기 교육국 총무, 그리고 윤치호, 신흥우, 김영섭, 이윤영 등 7인 대표단을 인솔하고 일본으로 건너가 1939년 10월 18-19일 도쿄 아오야마학원과 가마쿠라교회에서 아베(阿部義宗) 감독을 위시한 일본 메소지스트(감리)교회 대표 7인과 '내선감리교회 합동문제연합위원회'를 조직하고 '합동 문제'를 논의했다. 회담 결과 양측의 조직 합동까지는 끌어내지 못했지만, 1)일본 메소지스트교회와 한국 감리교회가 양국 총회 결의를 거쳐 '기독감리교회'(基督監理敎會)란 동일 명칭을 사용하기로 하고, 2)양국 교회 지도부 사이의 인사 교류와 선교 협력을 추진하며, 3)양국 대표들로 조직된 '연합위원회'를 계속 존속시켜 양측 교회의 합동을 계속 논의해 나가기로 의견을 모았다.30) 사실상 구속력 있는 결정은 하나도 없었다. 이렇게 된 것은 참석했던 위원들, 특히 한국 대표 가운데 '합동'에 반대하는 기류가 강했기 때문이었다. 그런 '반대' 입장의 선봉에 선 인물이 이윤영 목사였다. 도쿄 회담에 대한 이윤영 목사의 증언이다.

> 먼저 기도회가 있었다. 일본측의 사회로 회의가 시작되었다. 우리 대표들은 누구나 말이 없었다. 합병에 반대 의견을 가진 나는 답답한 심정을 참을 수 없었던 것으로 발언을 청하고 유창하지 못한 일본어로 반대의 의견을 토론했다. 제2일째 되는 날, 회의는 결렬되고 일행은 각자 자유행동을 취하여 구경길로 들어갔다.31)

정춘수 감독으로서는 감독 취임 직후 처음으로 시도한 '한·일 감리교회 합동' 추진이었는데 아무런 성과를 내지 못했다. 정춘수 감독의 행보에 대한 감리교회 내부의 반발이 만만치 않았음을 보여주는 대목이다. 그렇지만 일본에서 돌아온 정춘수 감독이 이끄는 총리원이 보다 노골적이며 적극적으로 총독부의 종교 정책에 순응, 협력하는 자세를 취했다. 정춘수 감독은 1939년 12월 성탄절을 기하여 전국 교회에 '출전 장병과 가족을 위한 위문대(慰問袋)'를 만들어 보낼 것을 통지했으며,32) 1940년 2월 11일, 일본 국가 창설을 기념하는 '기원절'(紀元節)을 기하여 황거요배와 황국신민서사 낭송, 국방헌금 등의 순서로 '애국기념 주일예배'를 드릴 것을 전국교회에 통보했으며,33) 그 해(1940) 7월 7일에는 '지나사변(중일전쟁) 3주년' 기념 애국주일예배를 비슷한 순서로 드리도록 통보했다.34) 계속해서 정춘수 감독은 1940년 7월부터 총독부가 '전시체제하 주민 통제와 감시를 목적으로 전국적으로 실시하는 '국민정신총동원연맹' 조직 운동에 감리교회도 적극 참여할 것을 지시하면서 총리원 차원에서 먼저 '국민정신총동원 기독교조선감리회연맹'을 다음과 같이 조직했다.35)

이사장: 화곡춘수(禾谷春洙, 정춘수)

이사: 양원주삼(梁原柱三, 양주삼), 박본연서(朴本淵瑞, 박연서), 김광영섭(金光永燮, 김영섭), 구원성서(具原聖書, 구성서), 최활란(崔活蘭), 이하동욱(李河東旭, 이동욱), 송강덕영(松岡德榮, 배덕영)

상무이사: 류천형기(柳川瀅基, 류형기)

간사: 서하영빈(西河英彬, 임영빈), 유원하영(柳原夏寧, 유하영), 박촌종구(朴村鍾九, 박종구)

이처럼 총리원을 중심으로 한 전국 조직을 만든 후 각 연회의 지방회별로 지방연맹을 조직하고 각 교회 별로 '애국반(愛國班)'을 조직하도록 지시했다. 이에 따라 전국 교회에서 애국반 조직이 이루어졌는데 남산현교회도 이를 피할 수 없었다. 1940년 7월 21일 조직된 평양 남산현교회 애국반 임원은 다음과 같았다.36)

반장	이윤영(李允榮)
위원	김우종(金宇鍾) 이겸상(李謙祥) 홍기황(洪基璜) 이영하(李泳夏) 최용훈(崔龍薰) 최응규(崔鷹奎) 최재찬(崔在燦) 김세지(金世智) 박현숙(朴賢淑) 지용은(池鎔殷) 이영례(李永禮) 김국점(金國漸)
평의원	이진하(李鎭河) 변용만(邊用萬) 김중섭(金仲燮) 박일심(朴一心) 최경건(崔敬虔) 이마대(李馬大) 박종호(朴宗鎬) 최중식(崔重植) 양교환(梁敎煥) 장진하(張鎭河) 안주원(安周源) 박경묵(朴慶默) 이용식(李用植) 김응덕(金應德) 김국화(金國華) 오영수(吳永壽) 최덕세(崔德世) 박숙강(朴淑姜) 김형집(金亨集) 안수익(安洙益) 조신명(曺信明) 이윤목(李允穆) 변승옥(邊承玉) 이선주(李善柱) 박호성(朴虎星) 최좌환(崔佐煥) 오선두(吳善斗) 홍지려(洪智麗) 이의순(李義順) 송신일(宋信一) 방원숙(方元淑)

이미 '창씨개명'을 한 총리원 임원들과 달리 남산현교회 교인들은 아직 '조선 이름'을 고수하고 있었다. 그리고 이 명단에 나온 이들이 실질적으로 일제말기 남산현교회를 지킨 교회 임원들이었다. 그러나 이들이 지켜야 할 교회는 감당하기 힘든 위기 상황에 빠져들고 있었다. 예배당 안에 일장기가 걸리기 시작했고, 교회 안에서 개최하는 모임도 종교적이고 신앙적인 집회보다 정치적인 시국관련 행사가 더 많아졌다. 종교집회라 하더라도 황

거요배나 황국신민서사 낭송 등 '국민의례'를 먼저 해야만 했고, '전시체제'란 이유로 목회자까지 '군복'을 입어야만 했다. 이런 '시국 집회와 행사'에 동원되는 목회자와 교인들도 힘들었지만 그러한 교회의 변질에 실망하고 떠나는 이들도 늘어갔다. 그런 중에도 교회를 지키려 애쓰는 교인들이 있어 남산현교회는 '신앙과 역사의 맥'을 이어나갈 수 있었다.

그렇게 전국적으로 한창 '애국반' 조직 운동을 벌여나갈 즈음인 1940년 7월 4일부터 6일까지 남산현교회에서 평양과 사리원, 강서 등 3개 지방연합 주일학교 종교교육대회가 열렸다. 2백 명이 넘는 주일학교 교사와 학생들이 모여 오랜만에 (시국과 관련 없는) '웃음과 활기'를 띤 집회를 가졌다. 총리원 교육국이 주최한 종교교육대회는 본래 매년 여름 전국 주일학교 교사 수천 명이 한 주간 동안 금강산 기독교수양관에 모여 대회를 열어왔는데, 1940년에는 '시국상황'을 이유로 총독부 당국에서 집회를 허락하지 않음으로 5월부터 7월까지 전국을 14개 지방으로 묶어 각 지방을 순회하며 2-3일 수양대회를 여는 방식으로 추진했다. 교육국에서 조직한 순행 강연단의 주강사는 1940년 2월 내한하여 이화여자전문학교 교수로 기독교교육학을 강의하고 있던 여선교사 냅(Lena Knapp)이었다.[37] 그는 미국에서 다년간 주일학교 및 종교교육 사역에 종사했던 경험을 바탕으로 '감동적인' 강연을 하여 인기를 끌었다. 평양에서도 마찬가지였다. 순회 강연단을 인솔했던 총리원 교육국 주일학교 부장 배덕영 목사가 전하는 평양 대회 광경이다.

중부 지방에 수일간 계속하여 내린 비로 말미암아 교통이 두절되어 강사 일행은 24시간을 차내에서 지냈기 때문에 개회 익일(翌日) 아침에야 도착되었다. 그러나 이 지방에 종교교육의 소질이 부(富)한 지도자들이 있는 만큼 아무 군색함이 없이 회(會)가 진행되었다. 회원은 사리원 35명, 평양 106명, 강서 65명, 도합 206명이 모였다. 이곳에도 냅 선생의 강연은 한 이채(異彩)였다. 시간 관계로 순서를 몰아친 것이 유감이었으나 아동대회는 어디보다도 대성황을 이루었다. 유정주교(柳町主校)의 25명의 유년 찬양은 아직도 기억에 새롭다. 때를 따라 연합찬양대의 합창을 비롯하여 여러 가지 특별음악은 대회 순서를 아름답게 장식하고도 남았다. 강사 일행이 매일 아침부터 저녁까지 초대를 받았다고 하는 것은 예사가 아닐 것이다.38)

대회 기간 중 "강사 일행이 매일 아침부터 저녁까지 대접을 받았다"는 보고에서 남산현교회와 평양 지방 교인들의 '후했던' 외부 손님 대접문화를 읽을 수 있다. 또한 통역으로 진행된 냅 교수의 강연이 "한 이채였다"고 표현한 것에서 그의 강연에 대한 참석자들의 열광적인 호응을 느낄 수 있다. 이처럼 후한 대접과 열광적 호응은 냅 교수에 대한 것만은 아니었다. 당시 한국교회 교인들은 보편적으로 선교사들의 사역에 대하여 절대적인 지지를 표했고 협력했다. 특히 일제말기에 접어들어 더욱 강고해진 통제와 수탈 정책으로 위기와 절망을 느끼고 있던 상황에서 총독부가 함부로 대하지 못하는 외국인 선교사의 존재와 사역은 한국교회 교인들에게 '자유와 해방 공간으로 여겨졌다. 그래서 선교사를 의지하고 의존하려는 자세 또한 없지 않았다. 바로 이 대목에서 일제는 한국교회와 선교사 사이의 유대 관계를 끊고자 했다. 그런 배경에서 '선교사 추방'이 이루어졌다. 한국교회의 '후견인' 역할을 했던 선교사들을 추방한 후 본격적으로 한국교회를 통제하고 관리하려 한 것이다.

사실 냅 교수 일행이 평양을 방문했던 1940년 여름에는 평양뿐 아니라 전국에서 사역하고 있던 선교사들이 '추방 압력'을 받고 있던 상황이었다. '선교사 추방'은 악화된 미·일 관계에서 비롯된 것이기도 했다. 일본의 한반도 지배를 묵인했던 1905년의 가츠라-태프트 밀약 이후 20년 넘게 우호적이었던 미·일 관계가 악화된 것은 일본의 만주 침략(1931)과 상해 침공(1932) 때부터였고, 1937년 중일전쟁으로 양국의 정치·외교 관계는 더욱 악화되었다. 이런 정치·외교적 관계 변화에 따라 일본 정부는 일본과 한반도에 거주하는 미국인들을 감시, 통제하기 시작했다. 그리고 태평양전쟁을 1년 앞둔 1940년 초부터 총독부는 아베 총독이 직접 나서 한반도에서 사역하고 있던 (동맹관계인 독일을 제외하고) 외국인 선교사를 추방하겠다는 의지를 노골적으로 표하였다. 이에 미국 정부는 자국 선교사들의 귀환을 추진하여 1940년 11월 수송선 '마리포사호'와 '몬트레이호'를 보내 한국 선교사 220명이 그 배를 타고 떠났다.[39) 결국 한국에 진출해 있던 각국 선교회에서는 선교부 재산 관리를 위해 소수 인원만 남기고 모든 선교사들을 송환했다.

이런 상황에서 미국감리회 선교회에서도 평양 요한학교의 쇼오(William E. Shaw), 서울 세브란스의학전문학교의 앤더슨(E. W. Anderson), 원산 구세병원의 드마리(E. W. Demaree), 서울 연희전문학교의 스나이더(L. H. Snyder), 그리고 선교부를 대표하여 총리원 회계로 일하던 사우어(C. A. Sauer) 등 5명만 남기고 1백 명이 넘는 선교사들에게 귀환 조치를 내렸다.[40] 평양의 감리교 선교사들도 현장을 떠날 수밖에 없었다. 당시(1940년 11월) 평양에는 요한학교의 무어(J. Z. Moore)와 쇼오 부부, 연합기독병원의 앤더슨(N. Anderson)과 버츠(E. H. Butts), 평양여자고등성경학교의 헤인스(E. I. Haynes), 정의여자고등보통학교의 맥키(A. McQuie)와 헐버트(E. L. Hulbert), 평양유치원과 소학교의 보일스(H. E. Boyles) 등 여덟 가족 10여 명만 남아 사역하고 있었다. 이들 가운에 선교회 지침으로 '잔류 인원'으로 지목된 쇼오만 남기고 모두 귀국해야만 했다. 선교사들은 한국교회 교인들과 '마지막 성탄절' 예배를 드리고 떠나기를 원했지만 본국 정부와 선교회 지침에 따라 '서둘러' 선교지를 떠났다. 그런데 '잔류 선교사'로 분류되지 않았던 무어 선교사 부부가 본국 지침을 따르지 않고 평양에 남았다. 무어 부부는 다른 선교사들이 귀국선 마리포사호에 오르던 그 시각 의도적으로 지방 순회에 나서 연락을 끊는 식으로 '강제 송환'을 피했다.[41] 이처럼 본국 정부와 교회 지침을 어기면서까지 "마지막까지 한국교회와 함께 하겠다"는 의사를 표한 무어 부부를 남산현교회와 평양 지방 교인들은 더욱 존경했다. 그렇게 해서 평양에 '잔류한' 무어 부부와 쇼오는 1940년 성탄절을 평양 교인들과 함께 보낼 수 있었다.

그러나 이런 무어 부부의 '예기치 못한' 잔류 결정이 총독부와 경찰 당국에 상당한 부담이 되었을 것은 당연했다. 사실 총독부는 '강제 송환'에 앞서 주한 선교사들을 회유하고 위로하는 뜻에서 추방 한 달 전인 1940년 10월 1일, '조선총독부 설치 30주년 기념'으로 한국 선교에 공로가 많은 '원로급' 선교사 5명을 선정하여 성대한 축하식과 함께 기념배(紀念盃)를 증정한 바 있었다. 그때 무어 선교사는 서울 중앙기독교청년회(YMCA)에서 25년 사역했던 반하트(B. W. Barnhart)와 대구 나병원과 동산병원을 설립, 운영하던 북장로회 선교사 플레쳐(A. G. Fletcher), 여수 애양원(나병원)을 설립, 운영하던 남장로회 선교사 윌슨(R. M. Wilson), 2세 선교사로서 서울 연희전문학교 학장인 언더우드(H. H. Underwood) 등과 함께 총독부로부터 치하를 받았다.[42] 총독부로서는 이처럼 '성대한' 축하를 받은 무어 선교사가 정부와 교회 방침에 따라 곧바로 한국을 떠날 줄 알았다. 그런데 예상 밖으로 무어는 '잔류'를 택하고 평양에 남겠다고 했다. 그렇다고 '총독의 치하'를 받은 원로 선교사를 함부로 대할 수도 없는 입장이어서 총독부와 경찰 당국은 격리와 감시 체제를 강화함으로 무어 부부에게 '무언의 압력'을 넣기 시작했다. 무어의 평양 사택은 경찰의 엄중한 감시를 받았고 출입도 제한되었으며 무어와 접촉한 평양 교인들은 경찰서에 연행되어 조사를 받았다. 실질적인 '가택 연금' 상태가 되었다.

결국 '평양 잔류'를 선언했던 무어 선교사는 자신 때문에 주변의 교인들이 고초를 받는 상황에 이르자 평양을 떠나기로 했다. 무어는 그동안 맡아 보던 평양과 지방 사역을 정리했다. 그는 '마지막 작품'이었던 요한학교 이사회를 이윤영 목사(이사장)와 배덕영, 양주삼, 박현숙, 이환신 등으로 조직하고 교장 대리에 이환신 목사를 세운 후 1941년 2월 평양을 떠났다.[43] 평양에서만 38년간 사역했던 무어 선교사가 평양을 떠나는 날, 평양역까지 나가 그를 배웅했던 이윤영 목사의 증언이다.

> 그[문요한]가 미국으로 쫓겨 들어갈 날이 수일 내였다. 내 집에서 저녁을 대접하기로 약속하고 떠나는 날 저녁을 초대하여 저녁밥을 같이 나누었다. 그리고 그는 그날 밤차로 떠나게 되었다. 다시 만날 수 있을는지 기약 없이 떠나며 그는 우리에게 한국 돈 100원을 주었다. 그날 밤차가 떠나는 평양역에 전송을 나가니 참으로 쓸쓸한 장면이었다. 그렇게 붙어 다니던 많은 사람들이 한 사람도 보이지 않고 친우로는 이환신 목사와 나, 둘 뿐이고 불청객인 형사 2인이 왔었다.[44]

같은 시기 선교부의 '잔류 인원'으로 남았던 쇼오도 평양에서 철수하여 서울로 올라왔다. 이후 무어와 쇼오 가족은 다른 '잔류 인원'들과 함께 서울 냉천동 감리교신학교 안에 있던 선교부 사택에 머물렀는데 역시 '연금 상태'였다. 서울에 남아 있던 '잔류 선교사들에 대한 총독부의 추방 압력은 더욱 강화되었다. 결국 1941년 3월 14일 '잔류 인원' 중 쇼오와 드마리, 스나이더, 앤더슨 등 4명이 서울을 떠났고 '끝까지' 버티고 남아 있던 무어 부부와 사우어도 평양으로 이송되어 '연금 상태'로 지내다가 그 해 8월 말 한국을 떠났다.[45] 이로써 60년 넘게 지속되었던 한국교회의 '선교사 시대'가 종말을 고했다. 그런데 선교사들은 떠나기 직전 선교부 재산을 당시 감리교회의 '공식' 기구였던 총리원 이사회에 이양하지 않고 양주삼과 김활란, 박현숙, 우상용, 이윤영 등으로 별도 재단이사회를 조직하고 그곳에 재산 관리를 맡기고 떠났다.[46] 선교사들이 임명한 한국인 이사들은 모두 정춘수 감독의 총리원 정책에 비판적이거나 반대 입장을 취한 인사들이었다. 따라서 선교사들이 모두 떠난 후 선교부 재산을 두고 정춘수 감독의 총리원과 그 반대 세력 사이에 갈등과 분쟁이 빚어질 것은 당연했다.

한국 교회와 교인들에게 '보호막' 같았던 무어 선교사가 평양을 떠난 후 그가 관계했던 기관의 수난은 불가피했다. 특히 무어(문요한) 선교사의 이름을 따서 설립되었던 '평양요한학교'가 그러했다. 무어 선교사가 한국을 떠난 직후 정춘수 감독의 총리원측에서는 평안동교구장(정지강 목사)을 중심으로 '평안동교구내 학교처리위원회'를 결성하고 요한학교를 비롯한 기독교 학교와 병원 등 선교부 재산 소유권을 확보하려 시도했다. 그 첫 번째 대상이 요한학교였다. 총리원측에서는 이사장 이윤영 목사에게 학교 인계를 요구하는 한편 이환신 교장을 "목사 안수 받은 지 1년 밖에 되지 않았다"는 이유로 용강 신녕(新寧)교회에 파송했다가 이에 불복하자 파면조치했다. 그러면서 평양 요한학교 교수였던 정달빈 목사를 평양 박구리교회에, 홍현설 목사를 서울 감리교신학교로 파송했는데, 이는 요한학교의 응집력을 분산시키기 위한 조치였다.[47] 이에 요한학교 측에서는 문요한, 이윤영, 이환신 명의로 1941년 10월 10일자 『매일신보』에 '요한학교 독립성명서'를 발표하여 총리원측과 결별을 선언했지만[48] 총독부의 지지와 후원을 받는 총리원에 대항하기란 역부족이었다. 결국 요한학교는 1942년 가을에 총독부 학무국으로부터 '폐교명령'을 받고 신입생을 더 이상 받지 못하게 되었으며, 1944년 3월, 그때까지 공부하던 재학생 모두를 한꺼번에 졸업시키는 '전대미문의' 졸업식을 거행하고 폐교되었다.[49]

이처럼 무어가 평양을 떠난 후 요한학교가 시련을 겪은 것과 마찬가지로 무어 부인이 평양을 떠난 직후 그의 지도를 받던 남산현교회와 평양 지방 여성 신도들도 시국사건에 연루되어 옥고를 치렀다. 소위 '만국부인기도회사건'(萬國婦人祈禱會事件)인데, 1941년 2월 28일 실시한 만국부인기도회 내용을 트집 잡아 기도회를 주도하고 참석한 교회 여성들을 체포, 구금한 사건이다. 만국부인기도회(World Day of Prayer for Women)란 이미 1890년대부터 전세계 기독 여성들이 매년 2월말에서 3월초에 세계기도주간을 설정하고 세계평화와 여성선교를 위해 기도하는 초교파 행사였는데, 한국에서는 여선교사들이 주도했다. 1941년 2월 28일로 정해진 세계기도일 한국 행사는 평양선교부 무어 부인과 쇼오 부인이 책임을 맡았다. 늘 그렇게 했던 것처럼 무어 부인과 쇼오 부인은 1940년 10월 세계본부에서 보내온 기도문을 번역하고 평양 기신사(紀新社)에서 1만 5천 부를 인쇄한 후 그것을 전국 교회에 발송했다. 그 과정에서 남산현교회 여신도 박현숙과 윤숙현(尹淑賢)과 임경애(林敬愛) 등이 일을 도왔다. 그런데 기도회 직전에 무어 부인은 경찰의 압력으로 평양을 떠났고 평양에서는 (선교사 없이) 예정대로 1941년 2월 28일 남산현교회에서 시내 장로교회와 감리교회 여성들이 모여 세계기도일 행사를 치렀다.50)

그런 식으로 전국에서 지역별로 장·감 여성들이 모여 '세계 평화를 기원하는 기도회를 가졌다. 그런데 기도 내용이 '성전(聖戰)을 부르짖으며 아시아 대륙과 태평양으로 전선을 확대해 나가던 일본의 군국주의 정책에 정면 도전하는 것이라며, 경찰 당국이 기도회 관련자들을 체포하고 나섰다. 그리하여 1941년 3월 평양에서 박현숙과 윤숙현과 임경애 등을 체포한 것을 필두로 전국에서 6백여 명이 경찰에 연행되어 조사를 받았고, 그 중에 주모자급 27명이 검찰에 기소되었다. 사건은 피의자들이 '기소유예' 처분을 받고 3개월 만에 석방되는 것으로 일단락되었지만 일제말기 '전시 상황'에서 한국교회 여성들이 세계교회 여성들과 연대하여 평화를 기원하는 기도회를 개최했다는 점, 기도일 행사를 계기로 한국교회 여성들이 전국적인 연락망을 구축하고 움직였다는 점에서 중요한 의미를 지닌 사건이었다.51) 그리고 일제 당국은 이 사건 배후에 선교사들이 있었음을 파악하고 재산관리를 위해 남아 있던 소수 선교사들마저 추방하는 기회로 삼았다. 실제로 1941년 3월 사건이 터진 직후 '가택연금 상태'에 있던 무어 부인도 평양경찰서에 소환되어 심문을 받았고, 그것은 '잔류'를 고집하고 있던 무어 선교사 부부에게 강력한 추방 압력이 되었다. 그리하여 만국부인기도회 사건 연루자들이 풀려난 1941년 여름 이후 한국에 남은 개신교 선교사는 한 명도 없었다.

4.3.3 의문의 화재 사건

선교사들이 떠난 후 정춘수 감독이 지휘하는 총리원은 더욱 노골적으로 친일노선을 추구했다. 우선 '혁신'(革新)이란 명분을 내걸고 한국 감리교회 조직과 체제를 '일본식'으로 개조하기 시작했다. 정춘수 감독은 1941년 3월 6-9일 서울 정동교회에서 기독교조선감리회 연합연회 및 임시특별총회를 소집하고 마지막 날 '연회 및 총회 해산'을 선언한 후 '기독교조선감리교단'이란 명칭의 새로운 교단 조직을 선포했다. '혁신교단'이라 불리게 된 기독교조선감리교단 조직에서는 연회와 지방회를 폐지하고 대신 (일본식으로) 교구제를 채택했으며 명칭도 일본교회의 것을 본 따 감독→통리자, 감리사→교구장, 목사→교사, 권사→권도사, 청년회→공려회, 주일학교→일요학교, 여선교회→부인회, 직원회→역원회 등으로 바꾸었다.52) 그러면서 교단 중앙 조직도 대폭 개편했는데, 총리원이란 명칭을 '교단본부'로 바꾸고 총리원 안에 두었던 교육국, 전도국, 사회국 조직과 총무 제도를 없앤 후 '본부주사'(本部主事) 1인이 교단의 모든 사업을 총괄하도록 바꾸었으며 총리원 이사회를 대신하여 교단 행정을 관리할 중앙위원회를 두었다. 교단 권력을 통리자(감독)와 본부주사에게 집중시키는 형태를 취했다. 그렇게 개편된 교단본부 임원 형황이다.53)

통리자: 화곡춘수(禾谷春洙, 정춘수)
중앙위원: 박연서(朴淵瑞, 전도주임) 김인영(金仁泳, 교학주임) 황치헌(黃致憲, 재무주임) 양주삼(梁柱三, 출판주임) 이동욱(李東旭, 인사주임)
감사: 지용은(池鎔殷) 장기형(張基衡) 양재순(梁在順)
본부주사: 심명섭(沈明燮)

중앙 임원 가운데 '이북 출신'은 중앙위원 양주삼 목사와 감사 지용은뿐이었다. 중앙위원 양주삼 목사에게 주어진 '출판 주임'도 실권이 없는 자리였다. 양주삼 총리사 시절부터 오랫동안 교육국 총무로 교단 실무를 담당해 왔던 류형기 목사(평북 영변출신)도 정춘수 감독에게 비협조적이라는 이유로 교단본부 개편 과정에서 밀려났을 뿐 아니라 '의원면직'을 당해 교단 밖으로 추방되었다.54) 결국 교단본부 요직은 적극신앙단 계열 '이남 출신'들이 장악하는 모양새를 취했다. 또한 새로 구성된 '혁신교단'이 총독부 종교정책에 보다 적극적으로 순응하는 '친일노선'을 추구한 것도 사실이다. 그리고 교구(敎區)로 바뀐 지방 조직을 관리할 교구장도 혁신교단에 우호적인 인사들로 꾸며졌다. 즉 정춘수 감독(통리자)은 강원동교구장에 전진규 목사(원산중앙교회), 강원서교구장에 임진국 목사(춘천교회), 경기북교구장에 김종필 목사(개성 북부교회), 경기남교구장에 김응태 목사(인천 창영교회), 경성교구장에 박연서 목사(석교교회), 충청교구장에 엄재희 목사(공주교회), 평안동교구장에 황치헌 목사(평양중앙교회), 평안서교구장에 이호빈(李鎬斌) 목사(진남포 신흥리교회), 황해교구장에 이강산(李康算) 목사, 만주교구장에 송득후(宋得煦) 목사 등을 각각 임명했다.55)

과거 평양 지방 감리사에 해당하는 평안동교구장에 임명된 황치헌(黃致憲) 목사는 황해도 평산 출신으로 사리원과 강서 지방에서 오랫동안 목회했는데 '이북 출신'임에도 정춘수 감독의 '혁신교단에 적극 협력하여 교구장에 임명되었다. 그리고 교구 산하 각 구역 담임자로는 평양 남산현에 김창준 목사, 중앙에 황치헌 목사, 박구리에 이피득 목사, 신양리에 박동선 목사, 유정에 최창신 목사, 채관리에 김창림 목사, 선교리에 박종현 전도사, 창광산에 주기원 목사, 신리에 김산 목사와 김임길 목사, 유신리에 임의걸 전도사, 칠산에 한진봉 목사, 중화에 황덕주 목사, 중화동에 조영제 전도사, 건지리에 서기풍 목사, 두로도에 조윤승 목사, 역포에 이창근 전도사, 신의주에 이기연 목사, 서평양에 이관운 목사를 각각 파송했다. 그리고 특별(기관) 파송으로 요한학교에 이환신과 홍현설, 정달빈, 한세홍, 평양여자성경학교에 배덕영과 박내철, 평양애린원에 정지강 목사를 파송했고 이윤영과 김진탁, 안창호(하와이), 이경선(미국) 목사는 '휴직' 처분했고 정일형과 윤제만(尹濟萬)은 '대명'(待命) 처분했다.56) '휴직'이든 '대명'이든 그것은 '혁신교단에 협조하지 않고 비판적인 인사들에 대한 응징이었다. 그렇게 해방되기까지 혁신교단에 의해 교회 밖으로 추방된 감리교 목회자는 40명이 넘었다.57)

이처럼 한국 감리교회가 '친일 조직'으로 대변신을 꾀했던 1941년 3월 연회에서 이윤영 목사는 '휴직' 처리되었다. 이윤영 목사가 감리사(교구장)직은 물론 남산현교회 담임목사직도 박탈당한 것은 그만큼 그가 정춘수 목사의 '혁신교단'에 비협조적이었음을 보여주는 증거였다. 사실 정춘수 감독은 1939년 10월 감독 취임 직후 자신을 감독으로 밀어준 이윤영 목사에게 '보은의 뜻'으로 총리원 전도국 위원장을 맡아달라고 수차례 부탁했으나 이윤영 목사는 이를 거절했다.58) 이윤영 목사는 "신흥우의 수하로 들어간"59) 정춘수 감독이 (전에 오기선 목사에게 했던 것처럼) 자신을 실권 없는 전도국 위원장 자리에 올려놓고 '북한 지역 모교회'로서 상징적일 뿐 아니라 정치적으로도 중요한 의미가 있는 남산현교회와 자신을 분리시키려는 정치적 의도를 간파했다. 이에 정춘수 감독은 이윤영 목사를 신의주교회로 파송하려 했지만 이윤영 목사는 이마저도 받아들이지 않았다. 그러자 정춘수 감독은 이윤영 목사를 '휴직' 처분했다.60) 이윤영 목사로서는 남산현교회를 포기할 수 없었다. 남산현교회는 이윤영 목사의 목회 기반일 뿐 아니라 정춘수 감독의 총리원 정책에 저항할 수 있는 정치적 배경이기도 했다. 이윤영 목사의 평양 남산현교회는 정춘수 감독의 '혁신교단' 정책에 비판적이거나 반대하는 '이북 세력'의 상징적 구심점이 되었다. 남산현교회가 일제말기 혁신교단을 둘러싼 감리교회 내부 분쟁과 갈등에 휘말리게 된 배경이다.

이런 배경에서 1941년 3월 연회에서 '휴직' 처분을 받은 이윤영 목사는 남산현교회를 떠날 수밖에 없는 형편이 되었다. 그런데 이윤영 목사의 후임자로 파송을 받은 김창준 목사도 혁신교단에 비협조적이어서 부임을 거부하고 시골로 은퇴하여 해방되기까지 '은둔생활'을 했다.[61] 교단장의 '명'(命)이 서지 않는 '종말론적' 시대 상황이었다. 결국 정춘수 감독은 평안동 교구장 황치헌 목사를 남산현교회 담임자로 파송했다. 그런데 남산현교회 교인들이 그를 거부했다. 이윤영 목사의 증언이다.

> 그러자 남산현교회는 물론이고 평양 시내 각 교회와 학교 병원 등 각 기관이 술렁거리고 화제에 오르는 문제가 되었다. 황치헌이 파송 받았다고 주일 예배에 와서 설교를 했다. 교인들이 미움의 눈초리로 보다가 설교를 끝내고 하단하자마자 쭉 몰려가서 인사나 할 듯이 둘러섰다. 그 중에 여신도 허심이란 이가 황 씨의 멱살을 잡고, '당신이 목사요? 까마귀도 털을 뜯으면 흰 살이 나오는데 소위 목사라는 사람이 왜 그리 속이 검으냐 하고 대들었다. 황치헌은 얼굴이 붉어지면서 피하려 했다. 사람 중에는 허심 씨를 말리는 이들도 있었다. 도저히 타 목사가 올 수 없는 험악한 분위기였다. 이 일로 허심 씨는 왜경에 붙들려가 무수한 곤욕을 치렀다.[62]

평양 남산현교회 문제는 평양뿐 아니라 한국 감리교회 전체의 관심사가 되었다. 그러나 결국 경찰의 암묵적인 보호와 지지를 받으며 황치헌 목사가 남산현교회 담임목사 '행세'를 하게 되었다. 황치헌 목사가 맡았던 교구장직은 애린원 원장 정지강 목사가 맡았다. 이후 정지강 목사는 혁신교단의 간판이 되어 총독부와 혁신교단이 요구하는 '악역'을 도맡아 했다.

이처럼 남산현교회마저 '혁신교단 통제 하에 들어가게 되자 불만을 품은 상당수 교인들이 교회 출석을 중단했다. 목회자와 교인들도 혁신교단 지지를 놓고 '두 패'로 나뉘었다.[63] 교회 안에 남은 교인들도 '친일노선'을 선언한 목회자들의 '시국 설교'를 들으면서 힘든 예배를 드렸다. 바로 이 무렵 남산현교회 여전도사로 잠시 시무한 적이 있었던 홍이선 목사의 증언이 있다. 홍의선 목사(1958년 목사 안수)는 평북 정주 출신으로 1936년 감리교신학교를 졸업한 후 영변 지방 순회 전도사로 사역하다가 일본에 유학, 도쿄기술전문학교에서 공부하던 중 질병으로 중단하고 귀국해서 요양하다가 남산현교회의 부름을 받았다.

> 병중에 고민하면서 방향 결정을 못할 때 남산현교회로부터 심방전도사 일을 맡아달라는 청탁을 받고 기도하던 중에 병마는 도망가고 일하라는 명령과 함께 건강이 회복되어 전도사 일을 하기로 결심하고 열심히 심방할 수 있었다. 아침부터 저녁까지 쉴 새 없이 뛰다보면 다리는 퉁퉁 붓고 아파서 참기 어려웠다. 하루는 아픈 다리를 붙들고 울며 기도

하는데, 분명히 주님께서 방문을 열고 들어오시더니 안찰해 주셨다. 그 후 다시는 다리 아픈 일이 없어졌다. 그러나 신사참배 문제는 더 극성이었다. 해결할 길이 없었다. 목사님의 말씀이 '신사참배를 하겠거든 일을 계속하고 못하겠으면 그만두라'는 것이었다. 그래서 할 수 없이 사표를 냈다. 신사참배 거부로 교역을 중단 당했다는 소식이 전해지자 일본 형사들이 보호자처럼 따라다니며 못살게 굴었다.[64]

담임 목사가 신사참배를 하지 않았다는 이유로 전도사를 해고하는 상황까지 이른 것이다. 목회자의 목회도, 교인들의 신앙생활도 모두 힘든 시절이었다. 그런 상황에서 1941년 12월 11일(목요일) 밤 '원인 모를' 화재가 일어나 남산현교회 예배당이 전소되었다. 남산현교회 화재 소식을 들은 정춘수 감독은 본부주사(총무) 심명섭 목사를 평양으로 내려보내 사태를 파악하도록 했는데 그 보고가 교단 기관지『조선감리회보』에 소상하게 실렸다.

지난 11일 밤은 아무 집회도 없었고 구내에 있는 부속건물 야학교실에서 10시 반까지 공부하든 학생들도 다 돌아가고 예배당 소사도 순시한 후에 자기 집에 들어가 전등을 끄고 자려 할 즈음 밖에서 개가 요란하게 짖음으로 다시 나아가 살펴본즉 예배당 위창에 화광이 비쳤다. 놀라서 목사 주택에 알리고 이웃에 있는 정의고등여학교 숙직 선생이 소방대에 전화하여 경방단, 소방대, 경찰서에서 총동원하여 소화에 진력했으나 때는 이미 늦었고 예배당 지하실 위에서 불이 시작된 듯하여 예배당과 주일학교 교실 중간에 있는 강단 부근에 불이 붙어 앞뒤로 맹렬하게 탔음으로 벽돌만 남고 전부 탔는데 불행 중 다행으로 인측(人側)의 손상은 없으나 이 비상시국에 그만한 천여 명 수용할 건물을 지으려면 4, 5만 원 들겠다 하며, 원인은 아직도 불명한데 지하실 석탄 둔 곳에 거지가 출입한 일도 있고, 혹은 누전인지 방화의 혐의도 있다 하며, 평양에서는 얼마 전에 교회와 학교 등으로 다니며 풍금과 피아노의 속피리를 훔쳐간 일도 있고, 다른 곳에도 그러한 과화(過火)가 있은 일이 있어 이러한 화근을 철저히 조사하는 중이라 하며, 화재보험 계약도 아니한 것은 유감이라 한다.[65]

실화인지 방화인지 원인도 제대로 규명하지 못한[66] 화재를 당해 예배당을 잃은 남산현교회 교인들의 상실감은 대단했다. 몇 년 전부터 새 예배당 건축을 위해 건축헌금을 하고 있기는 했지만 건축에 대한 기본 계획도 세우지 못한 상황에서 역사적으로 유서 깊은 예배당을 소실한 것이 큰 상처로 남았다. 화재를 당한 다음 12월 14일 주일예배를 광성고등보통학교 강당에서 드렸다.

지난 14일 주일예배는 광성학교 강당을 빌려서 모였는데, 황[황치헌] 목사의 '마음의 성전을 짓자'는 열렬하고 간곡한 설교는 교우 일반의 마음을 부흥케 했으며 이어서 본부주사 심명섭(沈明燮) 목사가 화곡[정춘수] 감독의 부탁과 위로의 말씀을 전하는 동시에 이 전시하(戰時下) 우리 교도들은 특히 합심단결하여 국가에 봉사하고 교회를 혁신 부흥하여야 한다고 진정에 넘치는 권설이 있은 후 홍기황 씨의 간절한 기도로 만당 교우가 통성으로 눈물을 흘리며 교회 부흥을 위하여 기도했다. 예배를 마치고 그 자리에서 역원회(役員會)를 열고 황 목사 사회로 정지강(河本志强) 교구장의 권설이 있은 후 황 목사 지도하에 역원 일동이 총력을 합하여 성전 신축과 교회 부흥을 위하여 활동하기로 총기립하여 결의를 표하고 방족신 목사의 감격한 기도로 마쳤다 한다.[67]

이 보고에 나오는 대로 '전시하에 1천 명을 수용할 수 있는 새 예배당을 건축하는 일은 불가능했다. 결국 남산현교회 교인들은 불난 예배당을 수리하여 예배를 드릴 수 있을 정도로 환경을 꾸미는 것으로 만족했다. 복구 작업만 1년 걸렸다.

4.3.4 결국 문을 닫다

남산현교회 화재 사건 이후 담임자 황치헌 목사에 대한 교인들의 감정이 더욱 악화되었다. 결국 정춘수 감독은 1942년 3월, 황치헌 목사를 인천 내리교회로 파송하고 남산현교회에는 김종필 목사를 파송하면서 평안동교구장직도 겸하도록 했다.68) 그리고 그 해 6월에는 박내철 목사를 남산현교회 부목사로 파송하여 김종필 목사의 교구 사무를 돕도록 했다.69) 남산현교회 담임으로 부임한 김종필 목사는 이미 1928년 남산현교회에 부담임 전도사로 파송을 받아 와서 2년 동안 목회하고 1930년 목사 안수를 받으면서 평양중앙교회 담임이 되었다가 1934년 진남포교회로 옮기기까지 평양에서 8년간 목회한 경력이 있었다. 그래서 김종필 목사는 평양 교회와 목회 상황에 익숙했다. 그가 비록 혁신교단 출범 이후 경기북교구장에 임명되었지만 그렇게 '노골적'으로 혁신교단을 편들지는 않았기 때문에 남산현교회 교인들도 그의 부임을 받아들이는 분위기였다.

이런 김종필 목사가 부임해 오자 그때까지 남산현교회 교인들의 '암묵적 지지'를 받으며 남산현교회 주택에 살던 이윤영 목사도 주택을 비워주고 최용훈 등 남산현교회 임원들이 신양리에 마련해 준 집으로 옮겨갔다. 이후 이윤영 목사는 해방되기까지 "학교에서 성경이라도 가르쳐 생활비를 얻으려 했으나 그도 못하게 하여…… 서성리 안에서 매약을 하는 약국도 하여 보고 의복 납품하는 삼광직물 공장에 가서 감독으로 일을 보아주며 생활비를 벌어야 하는" 비참한 현실 속에서 "일생에 가장 경제적으로 곤란하고 가장 고적하고 사방에서 오는 감시의 눈초리에 쌓여" 지내야 했다.70) 목회자가 목회를 할 수 없도록 만드는 '악한 시대였다.

그 사이 정춘수 감독의 혁신교단의 '친일 행각은 더욱 노골적이고, 적극적인 모습을 띠었다. 혁신교단 출범 한 달 후인 1941년 4월, '국민총력 기독교조선감리교단연맹'을 조직했고, 총리 본부주사를 상무이사로, 중앙위원을 이사로 명칭을 바꾸고 상무이사 밑에 본부 간사(이기태와 전희진, 김희운)를 두어 정춘수 감독의 친정체제를 강화했다.[71] 그리고 그해(1941) 6월에는 '혁신교단신학교' 체제로 1년 전에 폐교하였던 서울 감리교신학교를 재개했다. 혁신교단은 1940년 6월 서울 감리교신학교에서 일어난 '삐라 사건'을 빌미로 경찰당국이 혐의 학생들과 그 배후로 정일형 교수와 김창준 교수 등 '미국 유학 경력 교수들을 체포하여 조사한 것에 맞추어 폐쇄조치했다. 그리고 1년 후 교장에 김인영, 박연서와 심명섭, 임영빈 등 '혁신교단' 인사들로 교수진을 구성하고 신학교를 재개했다. 이때부터 모든 신학교 강의는 일본어로 진행되었고, 구약성서 강의도 폐지했으며, 신학보다는 군사훈련과 일본 역사, 일본신도(日本神道) 관련 과목의 비중이 높아졌다.[72] 그리고 1941년 10월에는 '국민총력 조선감리교단연맹' 명의로 "전시하 황국신민으로서 종교보국에 충성을 다하기로" 결의하면서 전국 교회에, 1)전시대응 교역자 강습회를 실시할 것, 2)부여신궁 조성 공사에 전국 목회자와 교인 대표들이 적극 참여할 것, 3)전시 대피훈련에 전국 교회가 적극 협력할 것, 4)교회 소유 철문과 철책 등을 국가에 헌납할 것, 5)지방별 사경회를 시국강연회로 대치할 것 등을 지시했다.[73]

  정춘수 감독은 1942년에 들어서도 수시로 '애국헌금'과 '황군 위문대'를 거두어 본부에 보낼 것을 지시했고, 심지어 "교회 종도 헌납하여 성전(聖戰) 완수에 협력할 것"을 지시했다.[74] '물자 부족'으로 위기에 처한 전시상황을 반영하는 조치들이었다. 신학교와 예배에서 (일본과 동맹국인 독일의 반[反] 유대주의 정책에 따라) 구약성서를 읽지 못하게 하였을 뿐 아니라 찬송가마저도 시국 상항이나 군국주의 정책에 배치된다는 이유로 '삭제' 지시를 받아 부르지 못한 것이 75개나 되었다. 그 과정에서 남궁억이 작사한 「삼천리 반도 금수강산」, 이배세가 작사한 「금주가」 등 '민족주의' 성격을 띤 찬송가는 물론 「만왕의 왕」, 「재림」, 「우리 임금」 등 천황제에 배치되는 가사가 들어간 찬송도 부르지 못하게 했다.[75] 이 무렵부터 '징병제 실시'에 대한 교단 지도부 인사들의 지지 발언과 강연이 이어졌고 1942년 6월 17-18일 서울 중앙교회에서 개최된 '기독교조선감리교단 연합여자대회'에 참석한 각 교회 부인회(전의 여선교회) 대표 3백여 명은 조선신궁 참배와 총독부 관리들의 시국강연을 듣는 것으로 순서를 시작했다.[76] 교단 행사만 아니라 교회 주일예배 때도 국기배례나 황거요배 등 '국민의례'를 먼저 하고 예배를 드려야 했다. 교회 안에서 진행되는 모든 예배와 집회는 임석한 '고등계 사복형사'의 감시와 통제를 받았다. 이처럼 일제말기 혁신교단이 지시하고 추진한 종교행사는 반민족적(反民族的)일 뿐 아니라 비신앙적(非信仰的)인 것이었다.

이런 상황에서 1942년 10월 혁신교단 총회가 열리게 되었다. 정춘수 감독은 전임 김종우 감독의 급작스런 별세로 1939년 10월 총리원 이사회에서 감독에 선출되었기 때문에 전임 감독의 잔여임기(3년)를 채우는 것으로 임기가 끝났다. 정춘수 감독은 1942년 10월 총회를 계기로 보다 확고한 지지

기반을 구축하고자 했다. 그러나 감리교단 안의 '반 혁신교단' 세력도 만만치 않았다. 이미 혁신교단에 의해 '파면' 혹은 '휴직', '대명' 처분을 받고 '교회 밖'으로 추방된 목회자들도 많았지만 혁신교단의 '독주'에 불만을 품은 교회 내부 목회자와 평신도 지도자들도 많았다. 그래서 류형기와 송흥국, 정일형, 전진규, 조신일, 변홍규, 이규갑, 전효배, 문창모, 노진박 등 혁신교단 반대파 인사들은 총회를 앞두고 "어려운 시국에 무난히 교단을 이끌어 가려면 양주삼 박사를 통리자로 재추대해야 한다"는 데 의견을 모으고 지방 총대들을 포섭하기 위해 "정일형과 류형기는 평안도로, 송흥국과 구성서는 황해도로, 전효배는 경기도 등으로 파견되어" 세력을 규합했다. 그러나 혁신교단 체제를 붕괴시키려 했던 이들의 시도는 총회 전에 류형기와 정일형, 구성서, 송흥국, 전효배 등 핵심 인사들이 '유언비어날조' 혐의로 평양 경찰서에 검속되는 바람에 실패로 끝났다.[77] 그렇다고 1942년 10월 총회가 혁신교단이 원하는 대로 진행된 것도 아니다. 10월 1-3일 서울 중앙교회에서 혁신교단 제2회 총회가 진행될 예정이었지만[78] 총회 첫날 정춘수 통리에 대한 불신임 탄핵안이 제안, 가결되는 '예기치 못했던' 상황이 벌어졌다. 이에 사회를 보던 정춘수 통리는 "정회했다가 재개를 무기선언 하고" 총회를 해산했다.[79] 그리고 두 달 후 12월 2-3일 서울 감리교신학교에서 총회를 재소집했는데, 이번에는 (정춘수 대신) 변홍규 목사가 통리로 선출되는 '예상치 못했던' 결과가 나왔다.[80]

한때 반(反) 혁신교단 운동에 동참했던 변홍규 목사는 '돌발적으로' 통리가 된 이후 '돌변하여' 총독부 지시와 혁신교단 정책을 적극적으로 추종하는 '친일노선'을 택했다. 그는 통리 취임 직후 '시국대응'과 '신앙보국'을 내세우며 총독부에서 추진하는 교단(교파) 통합과 신학교 통합 작업에 적극 참여할 것을 천명했다.[81] 총독부는 1942년부터 효과적인 종교통제와 관리를 위해 국내 각 교파 개신교회들을 통폐합하여 단일 개신교단을 만드는 작업을 추진했다. 그 준비 단계로 장로교와 감리교, 구세군, 성결교회에서 각기 간행했던 기관지들을 통폐합하여 1942년 4월부터 『기독교신문』을 발행했고,[82] 10월부터 서울의 감리교신학교와 조선신학원(장로교), 서울신학교(성결교) 3개 신학교를 통합, 교육을 실시했다. 이런 맥락에서 변홍규 통리는 1943년 들어서 장로교단과의 통합 작업을 적극 추진했다. 그러나 장로교단 안에서는 전필순(全弼淳) 목사가 이끄는 경성노회만 호응하여 1943년 4월 2일 감리교 혁신교단과 장로교 경성노회가 통합한 '조선혁신교단(통리 전필순)'을 조직했다. 그러나 급조된 '혁신교단'은 장로교와 감리교 내부로부터 거센 반발을 불러일으켜 한 달 만에 와해되었다. 변홍규 통리는 '감리교단 환원'을 선언했지만 지도력에 상처를 입어 통리직을 내놓아야 했다.

변홍규 통리의 하차로 인한 교단 지도부 공백을 메우기 위해 1943년 7월 특별총회가 개최되어 김영섭 목사가 통리로 선출되었으나 취임식장에서 청중들의 항의를 받고 사임했다. 다시 8월 임시총회에서 혁신교단 반대측에 섰던 전진규 목사를 통리로 선출했으나 이번에는 총독부 경무국에서

'선거 과정'을 문제 삼아 승인을 거부하는 바람에 취임도 하지 못했다. 이처럼 1942년 10월 총회 이후 1년 사이에 네 번(정춘수→변홍규→김영섭→전진규)이나 교단 수장이 바뀌는 혼란을 겪었다. "교회의 새 지도진영이 선출되면 그 인물들은 경무국장의 승인을 받아야 행세를 하게 되는" 비참한 현실에서 "머리 없는 교단"으로 "의장이 사회를 보다가 평신도들에게 끌려 내려오는 활극", "뒤죽박죽 교회상"이 연출된 다음에야 1943년 10월 3일 열린 특별총회에서 총독부 경찰 당국의 재신임을 얻은 정춘수 목사가 통리에 선출되었다.[83]

정춘수 통리의 복귀로 교단은 외견상 안정을 회복한 것처럼 보였지만 1년간의 혼란을 겪으면서 감리교회 내부의 갈등과 상처는 더욱 심화되었다. 무엇보다 "뜻 있는 교회는 허탈감에 빠져서 모든 것을 체념해 버리고 (혁신교단 반대운동의) 일선에 섰던 지도자들은 뿔뿔이 헤어져"[84] 전국 감리교회가 무기력한 상태에 빠진 것이 보다 심각한 위기였다. '반대파가 모두 제거된' 상황에서 교단 수장 자리에 복귀한 정춘수 통리는 '기독교조선감리교단'이란 명칭을 '일본기독교조선감리교단(日本基督教朝鮮監理教團)으로 바꾸는 것으로 혁신교단에 남겨진 마지막 '친일 사역'을 재개했다. 통리에 복귀한 정춘수 목사가 처음 발표한 '성명서'는 조선인 청년학생을 일본 황군으로 끌고 가기 위해 일본 정부가 실시하기로 한 '지원병제도'를 적극 지지하며 참여할 것을 전국 교회에 촉구하는 내용이었다.[85] 이렇게 정춘수 통리와 이동욱 총무국장 중심으로 체제를 개편한 일본기독교조선감리교단은 총독부의 '모든' 지시와 요구에 적극 순응, 협력하면서 한국교회를 '친일 어용기구'로 전락했다.

이런 상황에서 혁신교단의 '노골적인' 친일 노선과 정책에 비판적이거나 비협조적인 목회자는 이미 앞서 보았듯이 파면이나 휴직, 대명 등 처분을 받고 '교회 밖으로' 추방되었고 그런 목회자를 두둔하거나 보호하는 교회는 교단으로부터 여러 가지 방법으로 핍박을 받았다. 남산현교회가 그렇게 희생당한 대표적인 교회가 되었다. 남산현교회 담임자 이윤영 목사는 정춘수 목사의 혁신교단 정책을 비판하는 대표적인 인사가 되었고, 결국 그 때문에 1941년 3월 기독교조선감리회 '마지막' 서부연회에서 '면직' 처분을 받았다. 남산현교회 평신도 대표로 연회 혹은 총회에 참석했던 홍기황, 박현숙, 홍재연 등도 이윤영 목사와 뜻을 같이했다. 남산현교회 교인들도 이윤영 목사 후임으로 혁신교단이 파송한 황치헌 목사를 '거부'했다가 '의문의' 화재사건으로 예배당을 잃는 시련을 겪었다.

이러한 이윤영 목사와 남산현교회의 혁신교단에 대한 저항과 투쟁이 직접 일제 통치를 겨냥한 '항일 민족운동'은 아니었지만 혁신교단을 앞세운 일제의 종교정책에 대한 '저항운동'으로서 역사적 의미를 부여할 수 있다. 일제말기 남산현교회 목회자나 교인은 신사참배나 황거요배, 황국신민서사 낭송과 같은 의식을 '국민의례'로 받아들여 그대로 시행했다. 그런 면에서 '부일 협력'이라는 비판을 면할 수는 없다. 그렇지만 남산현교회 목회자와 교인들의 혁신교단 반대운동이 일본 정부나 총독부에 대한 직접적인 저항이 아니라 할지라도 총독부 지시에 절대 순응하며 그대로 수행하던 혁신교단을 비판하고 반대했다는 점에서 '간접적' 저항운동의 성격과 효과가 있었던 것도 사실이다. 그래서 남산현교회는 총독부와 혁신교단의 견제와 탄압을 피할 수 없었다. 1944년 4월 남산현교회가 폐쇄조치를 당하게 된 배경이다.

일본 정부는 전쟁 막바지에 이르러 군비와 전쟁물자 부족으로 패전 위기에 처하게 되자 대대적인 물자 수탈과 전비(戰費) 헌납을 촉구하고 나섰다. 조선총독부에서는 1944년 들어 종교단체에까지 '보국기'(報國機) 혹은 '애국기'(愛國機) 명목의 군용기 헌납을 요구했다.[86] 이런 상황에서 정춘수 통리는 1944년 3월 3일 교단 상임위원회를 소집하고, 1)감리교단에서 애국기 3대를 헌납하기로 하되, 2)필요한 비용(21만 원)은 교인들의 헌금과 교단 산하 교회들을 통폐합하면서 폐지되는 교회 부동산을 처분하여 마련하기로 하고, 3)교회 통폐합은 4월 2일 주일을 기해 평양과 해주, 개성, 서울, 인천, 진남포, 원산, 강경, 강릉 등 9개 지방에서 실시하되 그 통폐합 대상 교회 명단을 다음과 같이 발표했다.[87]

전국에서 34개 교회를 폐지하고 폐지된 교회 부동산을 처분하여 일본군 자살특공대 '가미카제'(神風) 비행기 3대를 헌납하겠다는 구상이었다. 이처럼 교단본부 계획안에 따라 폐쇄 대상으로 분류된 교회의 '이의 제기'나 항의는 불가능했다. 이 계획에 따르면 평양에서는 남산현교회와 평양중앙교회, 신양리교회, 신리교회 서평양교회 등 5개 교회를 남겨두고 채관리교회

지방	존속 교회(괄호 안은 폐지 교회)
평양	평양중앙(채관리, 박구리), 남산현, 신양리(창광산, 유정), 신리(선교리, 외신리), 서평양
진남포	진남포중앙(신흥리, 대두정), 억양기
해주	남본정(남산, 행정, 율동), 남욱정
개성	북부(동문내), 남부(중앙, 한천동)
인천	내리(화도), 창영정(대화정, 일출정)
원산	원산중앙(중청리, 두만리) 관교동
강릉	금정(대화정)
강경	제일(중앙)
서울	정동(석교), 종교(체부동), 중앙(상동, 장사정), 동대문(광희문), 자교, 수표교, 신설정(용두리, 답십리), 왕십리, 돈암정(성북정), 한강(이태원), 흑석정, 영등포, 청엽정, 공덕정(도화정, 마포), 아현, 창천(서강), 홍제정, 삼청정(원정)

와 박구리교회, 창광산교회, 유정교회, 선교리교회, 외신리교회 등 6개 교회는 폐지하기로 되었다. 평양 시내 교회의 반 이상을 없애기로 한 것이다. 이 계획에 따르면 남산현교회는 '존속'하는 교회로 분류되었다. 그런데 한 달 후 보도된 '실시 결과'에는 남산현교회가 채관리교회, 박구리교회와 함께 폐지된 교회로 분류되었다.88) 당시 박구리교회를 담임했던 박대선 목사의 증언이다.

뒤숭숭하던 시대에 또 당국으로부터 교회를 통폐합하라는 명령이 떨어졌다. 감리교회 부분만 적으면 이렇다. 평양시에 있는 제일 큰 교회 넷을 모두 폐쇄하고 한 교회로 통합했다. 남산현교회(38이북에서의 모교회), 중앙교회, 박구리교회, 채관리교회 등 네 교회인데, 네 교회를 중앙교회로 합하도록 명령했고, 그리고 다른 세 교회 건물은 사용을 허가하지 않았다. 이 정책은 감리교회를 약화시키겠다는 음모였다. 네 교회를 합하면 굉장하게 느껴지지만 세 교회는 없어지고 한 교회만 남는 결과가 된다. 그리고 남산현교회를 담임했던 김종필 목사와 중앙교회를 담임했던 정달빈 목사는 미파로 두고(말하자면 직위해제), 채관리교회 담임목사 김창림 목사와 박구리교회 담임목사인 박대선을 동사목사로 중앙교회에 임명했다.[89]

혁신교단에서 애초 존속시키려 했던 방침을 바꾸어 남산현교회를 '폐지 대상'에 포함시킨 것은 평양 지방에서 교회 소유 부동산이 가장 많은 교회였다는 점,[90] 1941년 화재 사건을 당한 이후 예배당이 쇄락하여 집회 장소로 효율성이 떨어졌다는 점, 그리고 무엇보다 남산현교회가 혁신교단 출범 이후 줄곧 '반 혁신교단 운동'의 구심점이 되었던 점이 작용한 것으로 보인다. 그리고 1942년 이후 남산현교회를 담임한 김종필 목사가 혁신교단의 '핵심부'에 들지 못하고 교단정책에 소극적이었다는 점도 교회가 존속에서 폐지 대상으로 바뀌는 것을 막지 못했던 이유라 하겠다.

이로써 50년 역사를 간직한 '북한 지역 최초, 최대 감리교회', 남산현교회가 문을 닫게 되었다. 그때부터 해방되기까지 남산현교회 예배당은 일반인들의 출입이 통제되었고 선교사들이 떠난 후 '적산(敵産)'으로 분류된 선교부 소유 기관들처럼 총독부(평남도청) 관리를 받게 되었다. 남산현교회 목사 사택에서 '무기력하게' 쫓겨난 김종필 목사는 중국 북경으로 가서 해방이 되기까지 그곳 한인학교 교장으로 봉사했다. 남은 남산현교회 교인들 중에 혁신교단 지시에 따라 평양중앙교회로 가서 예배를 드린 교인들도 있었지만 소수였고, 대부분 해방되기까지 집에서 혹은 야외에서 비밀집회 형태로 예배를 드리며 신앙생활을 유지했다. 물론 그때 신앙을 포기한 교인들도 많았다. 그렇게 남산현교회는 '문을 닫았다.' 남산현교회만의 시련이 아니었다. 해방 직전, 종말론적 상황에서 한국교회 전체가 겪어야 했던 위기와 절망이었다.

5. 남산재 언덕에 흐른 눈물과 피(1945-1950)

예배를 마치고 헤어지는 남산현교회 성도들

5.1 다시 열린 교회 문

5.1.1 해방과 교회 재건

8·15해방은 '밤중의 도둑'처럼 예기치 못한 하나님의 '은총'으로 한국교회와 우리 민족에 임했다. 이윤영 목사는 평양에서 맞은 8월 15일 해방의 날을 이렇게 증언했다.

이날 가처(家妻) 마대는 기림리 방면에 근로동원으로 나갔다가 일본의 항복 방송이라 하여 방공호니 뭐니 다 손을 털고 환호하면서 거리가 술렁거리고 있을 때 집으로 돌아왔다. 거리와 골목이 방송을 듣느라고 줄을 서고 야단이었다. 조종(弔鐘)과 함께 일본은 패망했다. 전능하신 하느님의 섭리로 세계의 지도를 새로 만들고 새 역사의 첫 페이지를 장식하는 순간이었다. 우리 집에는 오지 않던 사람들이 태극기를 그린다고 본을 얻으러 모여왔다. 태극기는 없었으나 숭실사범학교 졸업장에 그려진 태극기를 내어놓고 본을 삼아 밤을 새워 그렸다. 감추었던 태극기는 거리에 물결치고 우렁찬 대한독립만세 소리는 지축을 흔들며 대동강으로 메아리쳐 나갔다. 거리와 골목이 온통 환희에 넘쳤다.1)

그렇게 해서 떠났던 사람들이 돌아오고 닫혔던 문이 열렸다. 1944년 4월 혁신교단의 '교회통폐합' 조치로 예배마저 볼 수 없어 뿔뿔이 흩어졌던 남산현교회 교인들도 남산재 언덕 예배당으로 모여들었다. 그들은 1년 넘게 닫혀 있던 예배당 문을 열고 예배를 드렸다. 남산현교회의 일제시대 마지막 담임자였던 김종필 목사는 교회 문이 닫힌 후 중국 북경으로 가서 돌아오지 못하고 있었다. 평양에 이윤영 목사가 있었지만 그는 해방되자마자 목회에 복귀하기보다는 조만식과 오윤선, 김병연, 한근조, 노진설, 박현숙, 이종현, 김익진, 홍기주, 정기숙 등과 건국준비위원회를 조직하고 지방부장이 되어 평안도 일대를 순회하며 건국운동 일선에 나섰다.2) 평양에 다른 목사들도 없지 않았으나 남산현교회 교인들은 총독부와 혁신교단 정책에 적극 순응하며 '친일 행적'을 보였던 목사들에게 강단을 내주지 않았다. '친일의 때'가 묻지 않은 목회자를 찾았다. 그런 상황에서 송정근 목사가 남산현교회 담임자가 되었다. 당시 남산현교회 권사였던 명의숙 장로(서울 반석교회)의 증언이다.

해방의 교인들은 예배당 문을 열고 주일을 지키기 시작했지요. 이제 담임 목사님을 모시자는 의견이 있어 의논한 결과 친일파 목사에 쫓겨 시골에 계시는 송정근 목사님을 모시기로 하여 일반 교인들에게 광고하고 강서 지방 감리사 일도 보신 송정근 목사님을 모셔 오셨습니다. 모든 제직과 교인들은 너무너무 기뻐서 어쩔 줄을 몰랐지요.3)

황해도 서흥 출신인 송정근 목사는 서흥 양몽학교와 평양 숭실중학교를 거쳐 1927년 서울 협성신학교를 졸업하였다. 1923년 개성 지방 토저교회에서 전도사로 목회를 시작했고, 1927년 남감리회 연회에서 목사 안수를 받은 후 강원도 양양읍교회와 고저교회, 고성교회, 강서 비석리교회를 거쳐 1937년부터 강서읍교회에서 목회하면서 강서 지방 감리사를 7년간 역임했다. 이후 1943년 평양 기림리교회로 파송을 받았지만 '혁신교단에 비협조적'이란 이유로 1년 만에 평안동교구장(정지강 목사)에게 '제명'을 당한 후 황해도 산골에 은거해 있던 중 해방을 맞아 평양여자성경학교 교장이었던 배덕영 목사의 소개로 남산현교회 담임목사가 되었다.4) 송정근 목사의 '열정적인' 설교와 목회로 남산현교회는 활기를 찾았다. 명의숙 장로의 계속되는 증언이다.

흩어진 교인들을 모으며 예배보기 시작하셔서 목사님께 교회에서는 매우 흡족한 대우는 못해드렸지만 목사님은 희열이 넘치는 기쁨 속에서 최선을 다하셨어요. 또는 좋은 일도 그만 나쁜 일도 그만 늘 웃으시기만 하시는 안정신 사모님의 내조의 역할이 크셨지요. 그래서 교인들이 점점 늘고 교회는 활발하게 움직였습니다. 어떤 주일 낮 예배 시간에 설교할 때 독수리와 같이 올라가는 신앙을 갖자고 하시면서 두 손을 흔들어 올리시던 모습이 지금도 눈에 선합니다. 찬송도 독수리와 같이 올라가를 불렀고 그분의 설교는 사람의 마음에 성스러운 정열과 의욕을 불러일으키는 힘이 있습니다. 온통 교인들은 은혜의 도가니가 되었지요.5)

평양의 다른 기독교 기관들도 속속 재건되었다. 우선 배덕영 목사를 중심으로 신학교가 설립되었다. 개성 출신으로 송도고등보통학교와 연희전문학교를 거쳐 1928년 협성신학교를 졸업한 배덕영 목사는 1929년 남감리회 연회에서 목사 안수를 받았고 1930년 남·북 감리교 합동 후 총리원 교육국 간사로 사역하면서 남산현교회 주일학교의 '우수한 성적을 전국 교회에 알리기도 했다. 이후 배덕영 목사는 1936-38년 미국 스카렛대학에서 기독교교육을 전공하고 돌아와 1940년부터 평양여자고등성경학교 교장으로 사역했는데 일제말기 이윤영, 류형기, 이환신, 송정근 목사 등과 함께 '반혁신교단 운동'을 전개하다가 경찰에 체포되어 옥고를 치렀고, 결국 혁신교단에 의해 '파면'까지 받았다. 배덕영 목사는 해방이 되자 평양고등여자성경학교를 '성화여자신학교'로 개편하고 신학교육을 시작했고, 1946년 9월 남·녀 공학의 '성화신학교(聖化神學校)'로 확대 개편했다. 이렇게 시작한 성화신학교는 해방 후 한층 뜨거워진 '종교 열기'를 반영하듯 불과 6개월 만에 학생 6백 명이 몰려들었다.6)

이처럼 남산현교회가 문을 열고 성화신학교까지 설립되면서 평양 지방 감리교회는 활기를 띠었다. 배덕영 목사와 송정근 목사를 비롯한 평양 지역 목회자들은 감리교 의회 조직의 핵심인 '연회'를 재건하기로 의견을 모았다. 연회는 상위 조직인 총회와 연계해서 조직해야 했지만 38선 때문에 남쪽의 총리원이나 총회, 연회 조직과 연락이 불가능해 결국 38선 이북에 있는 교회와 목회자들이 독자적으로 연회 재건을 추진할 수밖에 없었다. 더욱이 남쪽의 감리교회는 해방 직후, 일제말기 감리교단 지도부가 보여준 '친일행적'에 대한 해석과 평가를 둘러싸고 재건파와 복흥파로 나뉘어 별도 연회와 총회를 조직하고 상호 비난전을 펼치고 있어 '이북 교회'가 당하고 있는 시련이나 고난 상황에는 신경을 쓰지 못했다. 이런 상황에서 평양의 배덕영 목사, 송정근 목사, 이피득 목사, 조윤승 목사, 진남포의 신석구 목사, 원산의 이진구 목사 등이 1946년 10월 평양 남산현교회에 모여 서부연회 재건을 선언하고 송정근 목사를 연회장으로 선출했다. 그러나 서부연회는 조직과 함께 수난의 길을 걸어야 했다. 송정근 목사를 비롯한 서부연회 임원들이 수시로 내무서에 연행, 구금되었기 때문이다.[7]

이처럼 해방과 함께 이루어진 38선 분단으로 남북 교류는 중단되었고 민족과 교회는 각자 다른 역사를 체험했다. '기독교 국가'라 할 수 있는 미국의 '군정'을 받게 된 남한과 달리 북한은 '반기독교' 노선을 취하는 소련을 배경으로 사회주의(공산주의) 세력이 정권을 잡았다. 북한 기독교의 수난과 박해는 피할 수 없는 현실이 되었다. 기독교와 공산주의 정권과의 첫 번째 충돌은 1946년 삼일절 행사에서 일어났다. 김일성을 중심으로 조직된 북조선인민위원회에서는 '김일성 광장'으로 이름을 바꾼 평양역 앞 광장에서 모든 시민이 참석하는 군중대회를 거행하려 했는데, 평양에 있던 20여 명 목회자들은 "독립선언식은 기독교인들이 중심으로 일으킨 애국운동이니 이 유서 깊은 장대현교회에서 감사예배와 남북통일을 위한 기도회를 열자"고 결의한 후 기독교인들만의 삼일절 행사를 추진했다. 그러나 이를 모의했던 장로교의 김화식 목사와 김인준 목사, 감리교의 박대선 목사 등은 거사 전에 내무서원에 연행되어 조사를 받았다. 그리고 3월 1일 행사 당일 평양역 앞에서 거행된 축하식장에 폭탄이 투척되었고 김일성을 도와 공산주의 정권 수립에 적극 참여했던 장로교 고정교회 강양욱 목사 사택에도 폭탄이 투척되었다.[8] 이때부터 북한 정권의 기독교 탄압이 노골화되었다.

이후 북한의 기독교 지도자들은 사회민주당, 기독교자유당, 조선민주당 등을 조직하고 노동당 일당통치에 저항하는 자세를 취했고, 김일성이 지지를 천명한 신탁통치도 반대했으며, 북한 인민위원회에서 1946년 11월 3일 실시한 '주일선거'도 반대하는 등 북한 공산주의 정권 수립에 비협조적으로 대응했다. 이런 기독교 지도자들에 대한 공산당의 탄압과 박해는 더욱 심화되었다. 결국 평양에 남아 있던 많은 '반공주의' 기독교 신자들은 평양을 떠나 월남했다. 특히 1946년 1월 조선민주당 조만식 장로가 감금되자 많은 민족주의자와 기독교 신자들이 월남했다. 조만식과 함께 건국준비위원회와 조선민주당 활동을 하였던 남산현교회 박현숙도 그때 월남을 결심했다.

이후 조만식 선생은 감금되었으며 그에 협력하던 인물들을 모조리 처치하려는 음흉한 계획을 보이자 그들은 월남하지 않을 수 없었다. 그리하여 더 큰 일을 위하여 떠나기로 작정한 날 새벽 그[박현숙]는 남기고 가는 이들을 위하여 또 많은 동포들의 앞날을 위하여 간절한 기도를 올린 후 성경책을 폈다. '너희는 더 큰 은혜를 사모하라. 내가 또한 제일 좋은 길로 너희에게 보이리라.' 「고린도전서」 12장 마지막 절에 기록된 짤막한 말씀이었다. 주저하고 방황할 것이 아니다. 곧 떠나야 할 것을 다짐하고 1946년 2월 10일에 월남했다.[9]

남산현교회 예배당은 '신앙의 자유'를 찾아 월남한 교인들의 빈자리가 갈수록 늘어났다. 1948년 9월 '북조선민주주의인민공화국'이 창설된 후 기독교에 대한 통제와 탄압은 더욱 심해졌다. 평양에 남은 목회자와 신학생, 교인들은 '순교를 각오한 믿음으로 교회와 신학교를 지켜 나갔다. 그런 상황에서 1949년 12월 19일, 성화신학교 학생들이 방학을 맞이하며 준비한 '성탄절 축하 음악예배'가 남산현교회에서 열렸다. 성화신학교 이재면 교수의 지휘와 정비다(박대선 목사 부인)의 반주로 헨델의 「메시아」 전곡이 연주되었는데 "공산치하에서 메시야를 연주했다는 것은 대서특필할 일이었고 평양에 있는 기독교인들에게 큰 감격이었고 기쁨이었다."10) 그러나 그것이 남산현교회의 '마지막 성탄축하예배가 되었다. 그 "감동적인 축제 직후 교장인 배덕영 목사가 귀가 도중 정치보위부 요원에게 연행되어 행방불명된 불행한 사건이 발생했다."11) 이때 연행된 배덕영 목사는 다시 석방되지 못하고 '순교자의 길'을 갔다.

5.1.2 기약 없는 피란 길

배덕영 목사의 연행과 행방불명은 평양에 남아 있던 다른 목회자들에게 경고와 위협이 되었다. 실제로 배덕영 목사 연행을 계기로 평양의 목회자들이 속속 연행되었다. '북한 제1의 감리교회'인 남산현교회를 담임하고 있는 송정근 목사도 위협을 느끼지 않을 수 없었다. 그러나 그는 '순교할 각오'를 하고 강단을 지켰다. 당시 유성교회를 담임했던 조윤승 목사의 증언이다.

해방 후 평양 남산현교회에 오셔서 1947년 봄에 저를 올라오라고 하셔서 갔더니 송[정근] 목사님이 자기 시무하는 조용한 방에서 나를 가까이 오라고 하더니 송 목사님 말씀이 '이 평양이 한국의 예루살렘이다. 예수님은 이 예루살렘 성 밖에서 피를 흘리셨어. 조 목사, 우리는 이 이북 땅, 이 교회와 이 양떼들과 살아도 같이 살고 죽어도 같이 죽자'고 하셨으니 이것이 곧 순교입니다. '우리는 피를 흘립시다.' 그러면서 내 두 손을 꼭 잡더니 '내 어깨를 짚으라' 하면서 '순교하자'고 눈물의 기도로 하나님께 서약을 했습니다.12)

순교자가 되겠다던 송정근 목사의 소원이 이루어지기는 오래 걸리지 않았다. 송정근 목사는 1950년 6월 24일, 전쟁이 터지기 전날 밤 연행되었다. 다시 조윤승 목사의 증언이다.

1950년 6월 25일 새벽기도회를 마치고 현관문을 나오려고 할 때 문밖에 남산현교회 청년 2인이 서 있었다. 예감이 이상했다. 그 청년들의 말이 '지난밤 송정근 목사님이 잡혀갔습니다. 조 목사님 무사하신가 하고 왔습니다'고 하는 것이었다. 그 중 한 청년은 송정근 목사님의 자제였다.13)

그렇게 끌려간 송정근 목사는 결국 다시 돌아오지 못했다. 담임목사를 잃은 남산현교회 집회도 중단되었다. 또다시 교회 문이 닫혔다. 이후 전선이 남쪽으로 확장되는 동안 평양 교회와 교인들의 불안은 도를 더했고 남쪽으로 피난하는 교인들이 늘어만 갔다. 남은 교인들은 일제말기 그러했던 것처럼 '방공호'나 집안에 숨어서 '남쪽에서 해방군이 오기를 기다렸다. 그러다가 체포되어 희생된 목회자와 교인들도 늘어났다. 동평양 신리교회 김의근(金義根) 전도사가 그렇게 희생되었다. 김의근 전도사는 7월 1일 교회에서 연행되어 행방불명되었다가 두 달 후 시체로 대동강변에서 발견되었다. 그의 장례식을 집행했던 조윤승 목사의 증언이다.

> 김의근 전도사의 시체는 얼마 후에 대동강 모래펄에서 발견하게 되었다. 온 몸에 칼에 찔린 자리가 여러 곳이고 귀도 잘려 있었다. 참 순교자였다. 그의 장례식은 비가 오는 날 본인[조윤승]이 집례하게 되었다. 장례식에 참석한 이도 적었다. 찬송도 구슬프게 불렀고 기도도 목 메인 음성의 기도였다.[14]

그러다가 유엔군의 인천상륙작전을 계기로 9·28서울수복이 이루어지고 전선이 북상하여 마침내 10월 19일 국군과 유엔군이 평양을 '탈환'했을 때 그동안 지하에 숨어 지내던 기독교인들의 기쁨과 감격은 남달랐다. 박대선 목사의 증언처럼, "우리의 기쁨은 말로 표현할 수 없었고 8·15해방 다음 가는 감격을 맛보게 되었다. 땅 속에서, 움 속에서 부자유스럽게 살던 평양 시민들이 쏟아져 나와 평양은 또 다시 사람 사는 도시가 되었고 살아 움직이는 활기에 넘치는 도시가 되었다."[15] 평양 시민, 특히 기독교인들에게 '부활'의 기쁨이 넘쳐났다.

남산현교회도 다시 문을 열었다. 유엔군을 따라 서울에서 올라온 이명제(李明濟) 목사가 강단을 맡아 설교했다. 충남 출신인 이명제 목사는 1924

년 대전에서 전도사로 목회를 시작했는데 1926년 목사 안수를 받고 1928년 협성신학교를 졸업한 후 충남 부여와 경천, 홍성, 예산 등지에서 목회했고 1935-37년 홍성 지방 감리사를 역임했다. 이후 이명제 목사는 1937년 평천 지방 지석교회와 1941년 함남 성진읍교회, 1942년 강원도 고성교회를 담임하다가 해방 후 월남하여 서울 형무소 원목으로 사역하던 중 전쟁을 맞았고, 아들이 미군 통역이었던 관계로 북진하는 유엔군을 따라 '수복된' 평양에 들어와 남산현교회를 담임하게 된 것이다.16) 다시 문을 연 남산현교회는 교인들로 가득 차게 되었다.

신학교를 비롯한 기독교 학교들도 활기를 되찾았다. 성화신학교가 특히 활발했다. 1949년 12월 '성탄축하음악예배' 직후 행방불명된 배덕영 목사를 대신해서 성화신학교 교장대리를 맡아 보았던 박대선 목사는 평양이 수복된 직후 '원대한 꿈을 펼쳐 보일 준비를 했다. 그는 자신이 유학한 일본 코베의 칸세이학원대학을 본 따 유치원으로부터 초등학교와 중고등학교, 대학교를 한 캠퍼스에 설립하여 '전 세대, 전인 교육'을 실시할 계획을 세웠다. 그래서 성화신학교에 남아 있던 김용옥, 한승호 목사 등과 함께 "성화신학교를 비롯하여 광성고등학교, 광성소학교, 정의여자고등학교, 정진소학교. 요한학교 등 6개 학교를 모두 접수해서 한국에서 제일 큰 대학을 하나 만들어서 산 교육을 해 보자"며 이들 6개 학교를 접수할 구체적인 계획을 수립했다. 그리고 그 준비 단계로 박대선 목사는 성화신학교에 '영어교습학교' 간판을 걸고 "초등, 중등, 고등반 학생을 모집한 결과 5백여 명 젊

은이들이 영어를 배우겠다고 몰려들어 성화신학교 교수들은 짧은 기간이었지만 열과 성의로 가르치고 지도했다."17)

그러나 그러한 열기는 한 달 만에 '한기'(寒氣)로 바뀌었다. 압록강까지 치고 올라갔던 유엔군과 국군은 중공군 참전으로 후퇴하기 시작했고, 결국 12월 평양은 다시 공산군 수중에 들어갔다. 평양에 남아 있던 목회자와 기독교인들은 공산군이 다시 진입하기 전에 대부분 평양을 떠났다. 그때까지 평양에 남아 있었던 조윤승 목사의 증언이다.

> 수복은 되었다고 하지만 왜 그런지 안심이 되지 않았다. 목사들 몇 명은 서문밖 마포[마포삼열]기념관에서 모여 시국에 대한 염려를 하곤 했다. 한 날은 화신 앞에 모이라고 해서 나가보니 장로교 선교사 허일(Hill) 목사가 자기 차로 목사들을 태워 대동강을 건너가게 되었다. 나도 집에도 알리지 않고 동평양교회로 가니 목사들이 많이 모여 있었다. 그 이튿날 새벽기도를 인도하라고 하여 마지못해 인도한 후 나는 도로 피난 가는 나룻배를 타고 대동강을 건너와서 박구리교회, 채관리교회, 중앙교교회를 방문했으나 목사들도 다 떠났다고 한다.18)

결국 조윤승 목사도 월남을 택했다. 그는 평양을 떠나기 전 북한 지역 '모교회'로 영욕의 역사를 간직한 남산현교회를 마지막으로 방문했다.

남산현교회를 올라가 보니 그때 고 이명제 목사님이 와 계셨다. 이 목사님 말씀이 '아무 걱정 없습니다. 내 자식이 미군 통역관으로 북진하면서 걱정 말라고 했습니다' 하면서 쇼오 선교사가 비행기로 성경전서 수십 권을 보내주었다고 내게도 여섯 권을 주었다. 내가 그것을 받아가지고 오는 도중 남평양 경찰서장을 만났는데 '목사님, 오늘 중으로 평양을 건너가셔야 합니다' 하고 귀뜸해 주었다. 그날이 주일이었다. 예배를 드리고 할 수 없이 교우 여러분들에게 작별을 고했다. 교회 청년들에게 교인증을 써주고 서로 눈물을 흘리며 본 교회를 떠나 대동강을 건너 다시 동평양으로 가족과 같이 가게 되었다.[19]

"걱정할 것 없다"며 장담했던 이명제 목사는 이후 2년 동안 북쪽에 머물다가 전쟁 막바지에 이른 1952년 7월 12일, 38선을 넘어 월남했다.[20] 이후 남산현교회는 긴 시간 '침묵의 교회'(silent Church)로 남게 되었다. 그러나 남산현교회 역사가 이것으로 소멸된 것은 아니다. 고향을 떠나 월남한 '평양 남산현교회 출신' 교인들이 남쪽 여러 곳에 '디아스포라 교회'(diaspora Church)를 세우고 통일과 귀환의 날, 그리고 무너진 교회를 복구할 날을 기다리며 '눈물과 소망의 제단을 쌓기 시작했다.[21]

6. 맺음글

초창기 평양선교부

해방 전, 평양에는 시내 '큰 언덕'(峴) 위에 자리 잡은 세 개의 대표적인 교회가 있었다. 장로교의 장대현교회(章臺峴敎會)와 산정현교회(山亭峴敎會), 그리고 감리교의 남산현교회(南山峴敎會)였다. 이들 세 개 '언덕 위' 교회들은 한말과 일제 강점기에 한국 교회사와 민족사에서 나름대로 중요한 역할을 감당했다. 잘 알려진 바와 같이 장대현교회는 1907년 길선주 목사의 평양 대부흥 운동 시발점으로, 산정현교회는 일제말기 주기철 목사의 신사참배 거부 투쟁과 순교로 유명한 교회가 되었다. 그렇다면 남산현교회는 무엇으로 유명한 교회인가? 여러 가지가 있겠지만 1919년 삼일운동 때 목회자와 교인이 하나가 되어 독립운동에 참여한 것을 들 수 있겠다. 서울과 같은 날짜, 같은 시각에 평양 교인과 시민들은 남산현교회에 모여 독립선언식을 거행했고 남산현교회 종소리에 맞추어 만세시위 행진을 시작하였다. 그때 남산현교회 담임 신홍식 목사는 '민족대표 33인 중 1인'으로 서울 독립선언식에 참가하고 옥고를 치렀으며 부담임 박석훈 목사는 평양 만세운동을 주도하고 평양 형무소에 수감 중 옥중 순국했다. 이런 목회자의 지도를 받은 남산현교회 교인들은 남녀노소를 가리지 않고 만세운동에 참여했고, 김세지와 오신도, 주광명, 박현숙 등 여신도들은 삼일운동 직후 항일비밀결사 애국부인회를 조직, 독립운동을 전개하다가 체포되어 옥고를 치렀다. 이처럼 장로교의 장대현교회와 산정현교회가 '부흥 및 순교'라는 신앙적 가치를 구현한 교회로 유명했다면, 남산현교회는 '민족구원과 나라사랑'을 실천한 교회로 유명했다. 이로써 남산현교회는 '항일 민족운동의 성자'로 인식되었고 그것이 1920-30년대 청년·학생들이 교회로 몰려드는 이유가 되었다.

사실, 1893년 감리교에서 홀과 김창식, 장로교에서 마펫과 한석진을 처음으로 평양에 파송하여 전도를 시작했을 때 교인 하나 없었다. 하지만 30년이 지나 삼일운동을 겪은 직후, 1924년에 이르러 (선교사 기록에 따르면) 평양 주민 9만 7천 명(조선인 7만 6천, 일본인 1만 9천) 중에 기독교인이 1만 명을 넘겼고 평양 시내 20여개 교회의 주일예배 참석자가 9천 명, 삼일예배 참석자가 5천 명에 이르렀으며, 평양 시내 10여 개 기독교 학교 학생 4,836명이 매일 학교에서 성경을 배우고 신앙훈련을 받고 있었다.[1] 그리고 다시 10년 후 1932년에 이르러 당시 평안남도에서 발표한 종교 통계에 의하면 전통 불교 신자 '수만 명' 외에 일본 불교가 14개 사찰에 신자 1만 5천 5백 명이 있었고 일본신도(日本神道) 신자가 3,345명(일본인 2,875명, 조선인 470명)이었던 것에 비하여 기독교는 일본기독교회가 5개 교회에 신도 320명에 불과했지만, 선교사들이 관여하는 장로교와 감리교 교회 439개에 5만여 명 신도를 기록했다.[2] 기독교는 평양뿐 아니라 평안남도에서 '제1의' 종교로 자리 잡은 것이다.

이처럼 교세만 늘어난 것이 아니다. 평양 시내 분위기와 환경이 달라졌고 주민들의 의식과 생활 습관도 바뀌었다. 기독교 복음이 들어가기 전 평양은 조선의 대표적 '색향(色鄕)'이었다. 물질적 풍요와 함께 정치적 부패와 윤리적 타락이 극심하여 사람들이 안심하고 편안히 살기엔 불편한 도성이었다. 그런 평양에 기독교 복음이 들어가면서 변했다. 그 변화를 단적으로 보여주는 것이 주일마다 평양성 내 교회에서 울리는 '교향악 종소리'에 맞추어 시내 모든 상점들이 문을 닫는 '주일철시' 현상이었다. 불신자들까지 '평양 명물'로 꼽았던 종소리와 주일철시는 '타락의 성읍'이었던 평양이 '조선의 예루살렘'(Jerusalem of Korea)으로 바뀌었음을 보여주는 상징이었다. 그런 선교와 변화의 중심에는 평양 남산재 언덕에 자리 잡은 남산현교회가 있었다. 남산현교회의 역사는 곧 평양과 북한 지역 선교의 역사요, 지역 사회 변화의 역사였다. 그런 남산현교회 역사에서 다음과 같은 특징적인 면을 확인할 수 있다.

첫째, 남산현교회는 선교사의 희생과 토착 전도인의 헌신을 기반으로 해서 세워진 '십자가 교회'였다. 제너럴셔먼호사건(1866)을 겪은 평양은 기독교에 배타적이고 적대적이었다. 평양 선교가 평양기독교도 박해 사건(1894)으로 시작된 이유다. 이런 박해 사건과 청일전쟁 직후 평양에서 전염병 환자들을 치료하다가 그 병에 감염되어 목숨을 잃은 홀 박사를 비롯하여 홀 부인의 딸, 홀의 뒤를 이어 평양 선교를 담당한 노블 부부의 두 아이,

평양 여성병원 사역을 하다가 전염병에 희생된 해리스 박사 등 적지 않은 선교사와 그 자녀들의 희생이 있었다. 그리고 평양 주민들로부터 공격을 받았던 김창식과 오석형, 황정모 등 토착 전도자와 교인들은 박해를 받으면서도 믿음을 지켰고 전쟁 중에도 피난하지 않고 '민중의 피난처'로서 교회를 지키며 평양 주민들의 목숨과 재산을 보호했다. 전쟁과 난리 중에 선교사와 토착 전도인의 희생과 헌신을 지켜본 평양 주민들은 비로소 기독교에 대해 닫혔던 마음 문을 열었고 기독교 복음에서 진리와 새로운 가치를 발견하고 교회에 나오기 시작했다. 그렇게 해서 남산현교회는 초기 선교사와 전도인들의 희생과 헌신 위에 세워졌다.

둘째, 남산현교회는 평양과 북한 지역 감리교의 모교회였다. '모교회'란 '시작'과 '생산'이란 의미를 담고 있다. 그런 면에서 남산현교회는 평양과 북한 지역 감리교회의 모교회였다. 처음 세워졌을 뿐 아니라 평양 지방, 나아가서 서부연회의 모든 교회의 '뿌리'가 되었기 때문이다. 남산현교회는 설립 4년 만인 1897년에 대동강 건너편 봉룡동에 첫 번째 지교회(후의 선교리교회)를 설립했고, 이것을 계기로 칠산과 절골, 유동, 억포, 두로도 유신리, 건지리, 외신리 등 대동강 주변뿐 아니라 강서와 증산, 함종, 삼화, 맹산, 안주는 물론 멀리 평북 희천과 영변, 운산, 태천 등지에도 감리교회가 개척, 설립되었다. 평양 성안(시내)에도 1906년 이간동에 '아펜젤러기념교회'(후의 평양중앙교회)가 설립된 것을 시작으로 박구리교회, 채관리교회, 신양리교회, 유성리교회, 신리교회, 창광산교회 등을 설립하여 해방 전

평양 지방과 서부연회 조직과 선교 사역의 구심점이 되었다. 그리고 1906-07년 남산현교회에서 일어난 부흥운동은 남산교회 목회자와 교인들의 신앙 성품을 '거룩하게'(聖化) 바꾸어 놓았을 뿐 아니라 그 부흥운동의 열기를 인천과 공주, 영변 등 다른 지역으로 전파함으로 전국 부흥운동의 구심점이 되었다. 이런 복음 전도와 부흥운동 확산에 남산현교회에서 훈련받은 전도자와 교인들의 헌신적 활동이 있었음은 물론이다.

셋째, 남산현교회는 평양 지역 사회의 '소금과 빛'으로 존재한 '언덕 위 교회'(Church on hill)였다. 전제 봉건 질서가 붕괴되고 근대 시민사회가 세워지는 정치・경제, 사회・문화적 과도기에 남산현교회는 평양 지역 사회에서 '개화와 신문화'를 배우고 경험할 수 있는 '열린 공간'이었다. 교회 부속학교로 설립된 정진학교와 광성학교, 정의여학교 등 감리교 계통 학교와 남산현교회 유치원과 영아부, 주일학교를 통한 '근대교육', 그리고 기홀병원과 광혜여원을 통해 경험한 '근대의술'은 평양 주민들의 가치관과 생명의식, 직업관 등을 근대적으로 바꾸어 놓았다. 그리고 봉건적 가부장사회에서 침묵과 복종을 강요받았던 여성들의 해방과 능력 개발도 교회를 통해 이루어졌다. '휘장 세례'의 주인공 전삼덕, 세례를 받으면서 이름을 얻은 김세지와 김떠커스, 김또라 등 초기 평양 지방 기독 여성들은 복음을 통해 체득한 '여성 해방'과 '양성 평등' 가치를 보호여회와 전도회, 과부회 등 교회 여성 조직을 통해 구현하고 확산시켰다. 여기에 한국의 최초 맹인 및 농아 교육 기관인 평양맹아학교는 근대적 개념의 사회복지를 한국 사회에 소개했고, 1930년대 정일형 박사가 신리 공장 지대에서 추진한 노동자 선교, 신양리교회 애린원의 사회복지, 구제 사업은 평양 지역 사회의 소외계층을 향한 '선한 사마리아인 사역'이었다.

넷째, 남산현교회는 한말 이후 일제강점기와 분단시대 한민족 역사와 고락을 함께 하는 '민족 교회'였다. 한국에서 개신교 선교 역사는 외세(일제)의 침략과 지배 역사와 궤를 같이 했다. 그 결과 교회는 수난 받는 민족과 함께 고통당하면서 투쟁하는 역사를 경험했다. 특히 일제의 한반도 침략 야욕이 노골화된 1894년 청일전쟁과 1904년 러일전쟁에서 '주전장(主戰場)'이었던 평양의 피해는 다른 곳보다 심했고 이후 1905년 을사조약과 1907년 정미조약을 거쳐 1910년 '강제합병'으로 일본 식민통치 시대가 시작되었을 때 평양 교인들의 실망과 좌절, 분노는 극에 달했다. 이러한 분노와 좌절은 평양 교회와 교인들의 항일 민족독립 운동으로 연결되었다. 남산현교회 청년들의 독립협회 운동, 손정도 목사의 신민회 활동이 출발이라면 1919년 삼일운동 때 기독교인들이 주도한 평양 독립만세운동은 그 정점이었다. 특히 남산현교회는 삼일운동 기간 중 신홍식 목사와 현석칠 목사의 투옥, 박석훈 목사의 '옥중 순국'을 겪으면서 민족수난을 온몸으로 체험했다. 삼일운동 이후에는 남산현교회 여성들이 적극 나섰다. 즉 김세지와 오신도, 안정석, 박현숙 등 남산현교회 여성들이 삼일운동 직후 항일비밀결사 애국부인회를 조직하고 투쟁활동을 벌이다 체포되어 옥고를 치렀고, 일제말기 1941년에는 평양지역 교회여성들이 만국부인기도회사건으로 또다시 수난을 당했다. 일제말기 '의문의' 화재 사건으로 크게 훼손된 예배당마저 혁신교단의 만행으로 빼앗겨야 했던 남산현교회의 수난은 8·15해방 이후에도 계속되었다. 민족분단과 전쟁으로 인한 갈등과 탄압 현장에서 남산현교회 송정근 목사를 비롯한 다수 평양 지방 목회자와 교인들의 순교, 희생이 이어졌던 것이다.

결국 남산현교회 역사는 선교사의 희생으로 시작해서 순교자의 희생으로 끝났다. 순교로 시작해서 순교로 매듭지어진 역사였다. 그러나 남산현교회 역사가 이것으로 종결된 것은 아니다. 십자가 후에 부활이 따르듯, 중단된 역사는 이어지기 마련이다. 전쟁 이후 평양과 북한 지역 교회는 비록 '침묵 교회'가 되었지만 신앙의 자유를 찾아 월남한 평양 출신 교인들이 남쪽에 설립한 '디아스포라 교회들'이 있어 '통일 후', 고향으로 돌아가 무너진 제단을 수축할 그날을 기다리며 눈물과 기도로 제단을 쌓고 있는 성도들이 있기에 남산현교회 역사는 여전히 '진행형(ing)'이라 하겠다.

[부록]

1938년 당시 기독교조선감리회 유지재단에 등록된 평양 지방 각 교회 소유 부동산

구역	교회	주소	토지				건물	
			지목	지적	용도	등기	건평	용도
남산현	남산현	평양부 수옥리 332	사사	1,465	예배당기지	재단법인	273.32	예배당
							2.56	종각
							42.76	주일학교
		평양부 수옥리 324	대지	450	주택기지	재단법인	27.30	엡윗회관
		평양부 동대원리 산 87	임야	3,690		재단법인		
		평양부 동대원리 247-2	임야	845		재단법인		
		평양부 동대원리 451-1	전	729	시내교회 유지비	재단법인		
		평양부 동대원리 451-2	대지	30		재단법인		
		평양부 동대원리 451-3	대지	30		재단법인		
		평양부 동대원리 451-4	임야	11,146		재단법인		
		강서군 보림면 서학리 575	전	641		재단법인		
	중앙	평양부 죽전리 142	사사	23		재단법인	215.76	예배당
		평양부 죽전리 143	사사	35		재단법인	5.18	부속건물
		평양부 죽전리 184	사사	46	예배당기지	재단법인		
		평양부 죽전리 185	사사	30		재단법인		
		평양부 죽전리 186	사사	10		재단법인		
		평양부 죽전리 189-1	사사	48		재단법인		
		평양부 죽전리 190-1	대지	14		재단법인	9	사정주택
		평양부 죽전리 183	대지	48	주택기지	이문혁	21	목사주택
		평양부 죽전리 183-1	대지	3.7		이문혁		
		평양부 죽전리 187	대지	43	점포기지	이문혁	21	점포
		평양부 죽전리 188-1	대지	5		이문혁		

박구리	박구리	평양부 박구리 20	사사	98	예배당기지	재단법인	57.25	예배당
		평양부 박구리 24	대지	38	주택기지	문요한	14.30	목사주택
		평양부 박구리 19	대지	24		박선주외 2인	4.96	사정주택
		대동군 대동강면 구정리 176	전	400	교회유지비	홍능의외 2인		
		대동군 용연면 지양리 328	전	3,139		재단법인		
신양리	신양리	평양부 남산정 43-3	사사	663	예배당기지	재단법인	237.6	예배당
							20.2	목사주택
							12.65	전도부인
							5.85	사정주택
							3.75	창고
							29.94	애린원
							9.92	창고
창광산	창광산	평양부 서성리 85	대지	100	예배당기지	김영호	25.5	예배당
							6	주택
유정	유정	평양부 유정 72-2	사사	78	예배당기지	재단법인	89.11	예배당
		평양부 유정 75-2	사사	115	운동장	재단법인		
		평양부 유정 70-2	대지	49	주택기지	재단법인	10간	목사주택
		평양부 양각리 2-3				개인소유	3간	기도실
채관리	채관리	평양부 차관리 86	사사	183	예배당기지	재단법인	181.46	예배당
		평양부 차관리 85	대지	54	주택기지	개인명의	23.81	목사주택
		평양부 차관리 84	대지	30	주택기지	개인명의	10	사정주택
선교리	선교리	평양부 선교리 78-5				개인소유	68	예배당
		평양부 선교리 109				개인소유	10	목사주택
						개인소유	10	전도부인 주택
신리	신리	평양부 신리 117-4	사사	193	예배당기지	재단법인	70.29	예배당
							22.26	사무실
							10	사정주택
	외신리	평양부 신리	대지	200	예배당기지	문요한	30	예배당
	사동	대동강면 의암리 산 28	임야	1,410	예배당기지	재단법인	75	예배당
							25	목사주택

유신리	유신리	대동군 유릴면 유신리 711	대지	387	예배당기지	김태호	17간	예배당
							6간	목사주택
		대동군 율리면 유신리	전	1,500	교회유지비	오명보		
		대동군 율리면 유신리	전	1,263		김유성		
	홍교동	대동군 율리면 유신리	대지	60	기도처기지	강제남	6간	기도실
	현교리	대동군 율리면 현교리 188	대지	80	예배당기지	장석한	7간	예배당
칠산	칠산	대동군 율리면 칠산리 165	사사	216	예배당기지	재단법인	30	예배당
		대동군 율리면 칠산리 179	대지	1,005	주택기지	재단법인	3간	목사주택
							43	주일학교교사
		대동군 율리면 불당리 35	전	131	교회유지비	개인명의		
		대동군 율리면 불당리 33	전	404	교회유지비	개인명의		
		대동군 율리면 불당리 61	전	1,650	학교용	김원섭 오홍식		
	역포	대동군 용연면 검포리 459-3				타인소유	18	예배당
	삼정	대동군 용연면 항목리 186-1				타인소유	12	예배당
	사통교	대동군 율리면 현교리 508				타인소유	16	예배당
	장진리	평양부 장진리 124				타인소유	15	예배당
두로도	두로도	대동군 고평면 상단리 261	사사	355	예배당기지	재단법인	45	예배당
		대동군 고평면 상단리 359	전	876	교회유지비	재단법인		
건지리	건지리	대동군 시족면 건지리 424	대	67	예배당기지	이기영	5.5간	예배당
							6간	목사주택
	명오동	대동군 부산면 수산리 254	전	100	예배당기지	조종희	8간	예배당

중화	석양	중화군 양정면 고잔리 79	대지	1,002	예배당기지	재단법인	30	예배당
							5간	목사주택
		중화군 양정면 고잔리 142	잡종	113	교회유지비	재단법인		
		중화군 양정면 석양리 443-1	대지	103	교회유지비	재단법인		
		중화군 양정면 석양리 443-3	대지	32	교회유지비	재단법인		
		중화군 양정면 석양리 393-1	대지	187	교회유지비	개인명의		
		중화군 양정면 석양리 393-3	대지	296	교회유지비	개인명의		
	검암	중화군 당정면 검암리 92	대지	234	예배당기지	개인명의	15	예배당
	송오	중화군 당정면 양라리 468	사사	256	교회유지비	재단법인	7간	예배당
							3간	목사주택
후장교리	율동	중화군 중화면 진율리 196	사사	288	예배당기지	재단법인	32	예배당
		중화군 중화면 진율리 76	전	2,034	교회유지비	재단법인		
		중화군 중화면 진율리 193	대지	217	교회유지비	재단법인		
		중화군 중화면 진율리 195	대지	209	교회유지비	재단법인		
		중화군 중화면 진율리 298	전	2,111	교회유지비	재단법인		
		중화군 중화면 진율리 364	전	5,412	교회유지비	재단법인		
		중화군 중화면 진율리 85	전	2,264	교회유지비	개인명의		
	용흥	중화군 신흥면 용흥리 2316	대지	488	예배당기지	재단법인	24	예배당
		중화군 신흥면 용흥리 209	전	166	교회유지비	재단법인		
	후장교리	중화군 당정면 후장교리 22				개인소유	20	예배당

미주

1. 머릿글

1) I. Bishop, *Korea and Her Neighbors*, London: John Murray, 1905, pp.111-112.
2) I. Bishop, *Korea and Her Neighbors*, p.158. 비숍이 장로교 선교를 '6년'이라 표현한 것은 북장로회 선교사 언더우드가 1888년에 처음 평양을 방문한 것을 염두에 둔 것으로 보인다.
3) 「평양교회를 차저서: 남산현교회」, 『기독신보』 1928.11.28.
4) 평양이 언제, 누구에 의해 '조선의 예루살렘'이라 불렸는지 정확하게 알 수는 없다. 다만 1934년 9월 평양에서 개최된 '선교50주년 기념대회'를 보도하면서 『동아일보』가 "조선의 예루살렘"이란 표현을 사용한 것으로 미루어 1930년대 들어서 그런 표현이 보편적으로 사용되었음을 알 수 있다. 『동아일보』 1934.9.5.

2.1 미 감리회 평양 선교와 남산현교회 창립

1) 토마스 선교사가 대동강가에서 '순교'하면서 주민들에게 나눠 준 한문성경이 훗날 평양 장로교회 선교의 기반이 되었다는 증언도 있다. F. E. Hamilton, "The First Protestant Martyr in Korea", *The Korea Mission Field*(이하 *KMF*), Sep. 1927, pp.181-185; "The First Protestant Missionary to Korea", *KMF* Feb. 1928, pp.31-34; M. W. Oh, "The Two Visits of the Rev. R.J. Thomas to Korea", *Transacts of Korea Branch of the Royal Asiatic Society*, 1933, pp.97-123.
2) H. G. *Appenzeller's Diary*, Apr.23, 1887.
3) H. G. *Appenzeller's Diary*, Apr.28, 1887.
4) *Annual Report of the Board of Foreign Missions of the Methodist Episcopal Church*(이하 *ARBF*) 1887, p.314.
5) L. H. Underwood, *Underwood of Korea*, New York: Fleming H. Revell Co, 1918, pp.62-63.
6) *ARBF* 1889, p.291.
7) H. A. Rhodes, *History of Korea Mission of the Presbyterian Church in the USA*, Seoul: Chosen Mission of the Presbyterian Church USA, 1934, pp.144-146; 『平壤老會地境 各敎會史記』, 평양 광문사, 1925, 5쪽.
8) *ARBF* 1891, p.272. 존스 선교사가 세례를 주지 못한 것은 그가 세례를 베풀 수 없는

전도사였기 때문이다. 존스는 그 해(1891년) 6월 14일 서울에서 개최된 미감리회 한국 선교회 연회에서 굿셀(Goodsell) 감독에게 목사 안수를 받았다.

9) *ARBF* 1892, p.286.
10) *ARBF* 1892, p.292.
11) 김창식, 「나의 교역생활」, 『승리의 생활』, 조선기독교창문사, 1927, 3쪽.
12) *ARBF* 1893, p.250.
13) 「조선감리교회 약사: 평양 남산현교회」, 『감리회보』 1936.6.10.
14) 한편 처음 구입한 집에 대하여 "평양성내 서문통에 있는 기생집인 큰 목조건물을 구입하여... 그 집에서 예배도 드리고 병도 고치고 학교(광성중학교)도 시작하여 그야 말로 일인 삼역을 했다."는 증언도 있다. 김재명편, 『순교자 송정근 목사전』, 보문출판사, 1976, 87쪽.
15) *Official Minutes and Reports of Korea Mission of the Methodist Episcopal Church*(이하 MEC), 1893, p.23.
16) 이수산나, 「회상록」, 『승리의 생활』, 조선기독교창문사, 1927, 139쪽.
17) 황정모, 「나의 지낸 일을 회상함」, 『승리의 생활』, 77쪽.
18) 황정모, 「나의 지낸 일을 회상함」, 『승리의 생활』, 77쪽.
19) 셔우드 홀(김동렬 역), 『닥터 홀의 조선회상』, 동아일보사, 1984, 109쪽.
20) 전삼덕, 「내 생활의 략력」, 『승리의 생활』, 8쪽.
21) 김세지, 「나의 과거생활」, 『승리의 생활』, 36-40쪽.
22) 김창식, 「나의 교역생활」, 『승리의 생활』, 3쪽; 황정모, 「나의 지낸 일을 회상함」, 『승리의 생활』, 82쪽; 이수산나, 「회상록」, 『승리의 생활』, 139-140쪽; 김승태, 「1894년 평양기독교인 박해사건」, 『한국기독교사연구』 15·16호, 한국기독교사연구회, 1987. 9, 19-20쪽..
23) *ARBF* 1894, p.241.
24) 셔우드 홀(김동렬 역), 『닥터 홀의 조선회상』, 113쪽.
25) 김창식, 「나의 교역생활」, 『승리의 생활』, 3쪽.
26) *ARBF* 1894, p.241.
27) I. Bishop, *Korea and Her Neighbors*, p.158.
28) "In Memory: William J. Hall", *KMF* Aug. 1933, pp.174-176; 셔우드 홀(김동렬 역), 『닥터 홀의 조선회상』, 175쪽.
29) "The Hall Memorial Dispensary", *The Korean Repository*, May 1896, pp.213-214; E. D. Follwell, "Hall Memorial Hospital and Dispensary", *KMF* Nov. 1905, pp.5-7쪽.
30) *ARBF* 1895, p.242.

31) W. B. Scranton's letter to Dr. A.B. Leonard, Jan. 9, 1896.
32) 홀에게 받은 교리서적을 읽으며 공부해온 전삼덕은 "세례를 받으라."는 스크랜턴의 권면에 "조선 풍속에 모르는 남자와 대면하지 못하는 법이 있다."며 난색을 표하자 스크랜턴은 방 가운데 휘장을 치고 그 가운데 머리 하나 통과할 수 있는 구멍을 낸 후 그리로 고개를 내민 전삼덕과 작은 딸에게 세례를 주었다. 전삼덕, 「내 생활의 략력」, 『승리의 생활』, 8-9쪽.
33) "Pyeng Yang Circuit", *MEC 1896*, p.30.
34) *ARBF 1893-1898*.
35) 김창식은 처음 지은 예배당 규모를 '여섯 간'이라 증언하고 있다. 김창식, 「나의 교역 생활」, 『승리의 생활』, 4쪽; 황정모, 「나의 지낸 일을 회상함」, 『승리의 생활』, 82쪽.
36) "Appointments", *MEC 1896*, p.15.
37) *ARBF 1897*, pp.238-239; *The Journals of Wilkox Mattie Noble 1892-1934*, 한국기독교역사연구소, 1993, 258쪽.
38) 그 무렵 평양에 있던 북장로회 선교사들은 서울에서 개최되는 선교회 연례회에 참석하러 올라가 있었다.
39) *The Journals of Wilkox Mattie Noble 1892-1934*, p.61.
40) *The Journals of Wilkox Mattie Noble 1892-1934*, p.66, 72.

2.2 남산현교회 부흥과 선교 사역 확장

1) *The Journals of Wilkox Mattie Noble 1892-1934*, p.258.
2) *The Journals of Wilkox Mattie Noble 1892-1934*, p.258.
3) *The Journals of Wilkox Mattie Noble 1892-1934*, p.60.
4) *ARBF 1897*, p.242.
5) W.A. Noble, "Pyeng Yang Circuit", *MEC 1898*, p.30.
6) 「평양교회」, 『조선크리스도인회보』 1897.11.17.
7) 김세지, 「나의 과거생활」, 『승리의 생활』, 43쪽.
8) *The Journals of Wilkox Mattie Noble 1892-1934*, p.68; 『찬미가』 1898.
9) W.A. Noble, "Pyeng Yang Circuit", *MEC 1898*, p.30.
10) *ARBF 1897*, p.242.
11) W.A. Noble, "Pyeng Yang Circuit", *MEC 1899*, p.33.
12) *ARBF 1897*, p.242.
13) 황정모, 「나의 지낸 일을 회상함」, 『승리의 생활』, 82쪽.

14) *ARBF 1897*, pp.242-243.
15) W. A. Noble, "Pyeng Yang Circuit", *MEC 1898*, p.30.
16) 「평양교회」, 『조선크리스도인회보』, 1897.11.17.
17) 「평양교우 김창식씨의 보단」, 『대한크리스도인회보』 1898.9.7.
18) W. A. Noble, "Pyeng Yang Circuit," *MEC 1899*, p.31.
19) *MEC 1896*, p.3.
20) 「금년연환회」, 『대한크리스도인회보』 1898.9.14.
21) W. A. Noble, "Pyeng Yang Circuit", *MEC 1898*, p.30.
22) 청년회 명칭인 '엡윗'(Epworth)은 감리교 창시자 웨슬리의 고향 이름이다. 각 지회별 명칭은 서울 정동교회 남자청년회는 '월은회'(Warren chapter), 정동교회 여자청년회는 '조이스회'(Joyce chapter), 서울 상동교회 청년회는 '만엘루회'(Mallalieu chapter), 인천 내리교회 청년회는 '나인데회'(Ninde chapter)라 하였다. 「엡윗청년회 별보」, 『대한크리스도인회보』 1898.1.26; G. H. Jones, "Epworth League", *MEC 1899*, p.44-45.
23) 「평양청년회」, 『대한크리스도인회보』 1897.11.17.
24) 「교우 노병선씨 열람한 일」, 『대한크리스도인회보』 1898.9.28.
25) 「평양엡윗청년회에서 보낸 편지」, 『대한크리스도인회보』 1899.3.1; 「교보」, 『신학월보』 1900.12; 「평양청년회 흥왕함」, 『신학월보』 1902.4; 「청년회」, 『신학월보』 1903.1; 「평양청년회원의 항심」, 『신학월보』 1904.6.
26) W. A. Noble, "Pyeng Yang Circuit", *MEC 1898*, p.30.
27) E. D. Follwell, "Dr. Follwell Report", *MEC 1898*, p.41.
28) E. D. Follwell, "Hall Memorial Hospital and Dispensary", *KMF Nov. 1905*, p.6.
29) *The Journals of Wilkox Mattie Noble 1892-1934*, pp.61-62.
30) 김세지, 「나의 과거생활」, 『승리의 생활』, 40쪽.
31) 이덕주, 「진리와 자유, 그리고 해방: 초기 한국 기독교여성사 이해」, 『2012교회탐구포럼: 한국교회와 여성』, 한국교회탐구센터, 2012,4, 21-22쪽.
32) *The Journals of Wilkox Mattie Noble 1892-1934*, pp.61-62; 김세지, 「나의 과거생활」, 『승리의 생활』, 41쪽, 김더커스, 「은혜만흔 나의 생활」, 『승리의 생활』, 72쪽, 「로살롬여사 략력」, 승리의 생활, 89쪽, 이수산나, 「회상록」, 『승리의 생활』, 144쪽.
33) 「로살롬여사 략력」『승리의 생활』, 90쪽.
34) *Annual Report of the Woman's Foreign Missionary Society of the Methodist Episcopal Church*(이하 WFMS), 1902, p.156; "Primary Schools: Chung Chin", *Fifty Years of Light*, p.40.
35) *The Journals of Wilkox Mattie Noble 1892-1934*, p.65.
36) I. Bishop, *Korea and Her Neighbors*, p.162.

37) *The Journals of Wilkox Mattie Noble 1892-1934*, p.74.
38) 홍우준,『평창의 별 리효덕 전도사』, 한국기독교문화원, 1980, 30쪽.
39) *The Journals of Wilkox Mattie Noble 1892-1934*, p.75.
40) 김세지,「나의 과거생활」,『승리의 생활』, 41쪽.
41) 「로살롬여사 략력」,『승리의 생활』, 90-92쪽.
42) 김떠커스,『은혜만흔 나의 생활』,『승리의 생활』, 73쪽.
43) 「평양 녀교우 노씨 쓰는 편지」,『대한크리스도인회보』1899.2.1.
44) 「홀의원 부인이 참척 본 일」,『대한크리스도인회보』1898.5.25.
45) 「평양에 잇는 병원」,『대한크리스도인회보』1898.8.10.
46) *WFMS*, 1898, p.92.
47) Naomi Anderson, "Medical Work in Pyeng Yang", *Fifty Years of Light, Seoul: Korea Mission of the Woman's Foreign Missionary Society, 1938*, p.45.
48) 「홀의원 부인의 보단」,『대한크리스도인회보』1900.1.10.
49) *WFMS 1901*, p.190.
50) *WFMS 1899*, p.92.
51) R. S. Hall, "The Clocke Class for Blind Girls", *Annual Report of Korean Woman's Conference of the Woman's Foreign Missionary Society*(이하 *KWC*), 1905, p.51; R. S. Hall, "The Clocke Class for Blind Girls", *The Korea Methodist*(이하 *KM*) Sep. 1905, p.154.
52) I. Haynes, "The School for Blind Girls", *Fifty Years*, pp.56-57.
53) H. P. Robbins "Day, Normal, and Blind Schools and Evangelistic Work on Pyeng Yang District", *KWC 1911*, pp.52-53.
54) 「남녀계암(啓暗)학교」,『그리스도회보』1911.5.30.
55) "Notes and Personals", *KMF* Feb. 1911, p.34; W.C. Rufus, "On the Departure of Mr. Rockwel", *KMF* Mar. 1911, p.81.
56) I. Haynes, "The School for Blind Girls", *Fifty Years*, pp.57-58.
57) W. A. Noble, "Pyeng Yang Circuit," *MEC* 1899, p.33.
58) W. A. Noble, "Pyeng Yang Circuit", *MEC* 1900, pp.40-41.
59) *The Journals of Wilkox Mattie Noble 1892-1934*, p.81.
60) 「문 감목께서 평양교회에 오심」,『신학월보』, 1901.5.
61) *The Journals of Wilkox Mattie Noble 1892-1934*, p.84.
62) *MEC 1901*, pp.20-21.
63) 「수표하는 전도사」,『신학월보』1901.6.
64) *MEC 1901*, p.21.

65) W. A. Noble, "Pyeng Yang Circuit", *MEC 1901*, p.29;「교회 통계」,『신학월보』 1901.6.
66) 『평양노회지경 각교회사기』, 7쪽.
67) 이은승,「평양 새 회당 못둥이돌 놋는 례를 행함」,『신학월보』 1902.7.
68) W. A. Nobel, "Memoir of Dr. Lillian Harris", *MEC* 1902, pp.86-87;「해리씨 부인 별세함」,『신학월보』 1902.7.
69)「해리씨 의원 부인의 행적」,『신학월보』 1902.8. 해리스의 유해가 안장된 '창광산 외인묘자'가 앞서 평양에서 죽은 노블의 두 아이와 홀 부인 딸이 묻힌 곳인지 여부는 확인할 수 없지만 평양 중성 안, 보통강변에 위치한 창광산에서 대동강도 멀리 모두 보인다는 점에서 동일 장소일 가능성이 크다.
70)「주일에 감목께서 전도하심」,『신학월보』 1902.7.
71) 노블은 남산현교회 건축비를 지원한 미국 교인들에 대하여 크랜스턴(Cranston) 감독과 무어(D. H. Moore) 감독 외에 브러시(C. J. Brush), 워커(W. R. Walker), 큐어(G. A. Cure), 브랙던(C. C. Bragdon), 밀러(R. J. Miller), 우드커크(Hon. W. S. Woodcock) 등을 언급하였다. W. A. Noble,「North District Korea」, *MEC* 1902, p.39.
72) 이은승,「평양 남산현 새 회당 수은례배」,『신학월보』 1903.1.
73)「구주탄일 경축」,『신학월보』 1903.1.
74) W. A. Noble, "North Korea District", *MEC* 1903, p.28.
75)「례배당 봉흔함」,『신학월보』 1903.7.
76) C. D. Morris, "North Korea District", *MEC* 1905, p.35.

2.3 평양 대부흥 운동과 남산현교회

1) 이은승,「대한 북방지방회」,『신학월보』 1903.2.
2) 노블부인,「북지방 여인사경회」,『신학월보』 1903.1.
3)「북지방 여인사경회」,『신학월보』 1903.5.
4)「북방사경회」,『신학월보』 1903.1.
5)「친목회」,『신학월보』 1903.1.
6) 이동식,「평양 칠산교회 형편」,『신학월보』 1903. 11;「북방 칠산교회 사기」,『신학월보』 1904.11.
7)「평양 류동교회 소식」,『신학월보』 1903. 7;「평양 류동교회 소식」,『신학월보』 1903. 12.
8)「평양 절골 소식」,『신학월보』 1903.12.

9) W. A. Noble, "North Korea District", *MEC* 1903, p.29.
10) 당시 교세가 큰 교회(구역)으로는 서울 정동교회가 1,500명, 인천 내리교회가 1,200명, 서울 상동교회가 600명, 강화교회가 500명을 기록하였다(주일학교학생 포함). "Statistics", *MEC* 1903, p.77.
11) 1903년 11월 평양 남산현교회에서 개최된 '미감리회 대한북방지방회'에 재출한 각 구역 유사위원 및 탁사위원 보고에 의하면 평양과 평안도, 황해도에서 독자적 예배당 건물을 갖고 있는 교회들로는 평양 남산현교회를 비롯해서 칠산과 봉룡동, 서제산, 덕동, 삼화읍, 예성, 대령뫼, 금당리, 배꽃이, 줄바위, 선돌, 경천, 돌다리, 돌메, 비석거리, 증산, 함종읍, 강서읍, 남포(진남포), 일출리, 월명산, 안주읍, 귀엄, 요포, 접섬, 희천 복골, 희천 부생리, 운산읍, 구성거리, 영변읍, 서흥 두무골, 신계읍 등지 교회 명단이 확인되고 있다. 「대한북지방회 유사별위원 리은승 보단」, 『신학월보』 1903.8; 「북지방 탁사별위원 김선규 보단」, 『신학월보』 1903.8.
12) 문경호, 「북쪽지방에서 전도함」, 『신학월보』 1903.10.
13) 림정수, 「부인들이 글 짐」, 『신학월보』 1903.11.
14) 그러나 김또라는 1903년 하와이 이민을 떠났고 거기서 문경호와 결혼하여 '문또라'로 불리며 하와이 한인교회와 여성 독립운동에 큰 공을 남겼다. H. P. Robbins, "Pyeng Yang and Chil San Li Day Schools and Yok Po Circuit", *KWC* 1904, p.40; *The Journals of Wilkox Mattie Noble 1892-1934*, pp.121-122.
15) 김세지, 「나의 과거생활」, 『승리의 생활』, 45쪽.
16) 김세지, 「나의 과거생활」, 『승리의 생활』, 45-46쪽; 「부인전도회」, 『그리스도회보』 1912.8.15.
17) *The Journals of Wilkox Mattie Noble 1892-1934*, pp.116-117; 「감회사 노블씨가 고국에 도라가심」, 『신학월보』 1904.6; 「평양교회 통신」, 『신학월보』 1904.7.
18) W. A. Noble, "North Korea District", *MEC* 1904, p.29.
19) 「평양청년회원의 항심」, 『신학월보』 1904.6.
20) 「평양교회 소식」, 『신학월보』 1904.6.
21) C. D. Morris, "North Korea District", *MEC* 1905, p.34.
22) 「평양성 회당 성만찬회」, 『신학월보』
23) 「평양직인 사경회」, 『신학월보』 1904.10.
24) C. D. Morris, "「North Korea District", *MEC* 1905, p.35.
25) W. A. Noble, "Reports of Pyeng Yang District", *MEC* 1906, p.58.
26) *The Journals of Wilkox Mattie Noble 1892-1934*, p.150.
27) W. A. Noble, "Reports of Pyeng Yang District", *MEC* 1906, p.59.

28) G. Lee, "How The Spirit Came to Pyeng Yang", *KMF* Mar. 1907, pp.33-35.
29) W. A. Noble, "Report of Pyeng Yang District", *MEC* 1907, pp.52-53.
30) 최봉측, 「고 해석 손정도 목사 략전(二)」, 『기독교종교교육』 1931.8, 64쪽.
31) 최봉측, 「고 해석 손정도 목사 략전(二)」, 『기독교종교교육』 1931.8, 64쪽.
32) Mrs. W. M. Baird, "The Spirit Among Pyeng Yang Students", *KMF* May 1907, pp.65-67.
33) *The Journals of Wilkox Mattie Noble 1892-1934*, p.159.
34) *The Journals of Wilkox Mattie Noble 1892-1934*, p.160.
35) 이은승「평양 오순절 략사」, 『신학월보』 5월 2호, 1907.
36) *The Journals of Mattie Wilkox Noble 1892-1934*, p.160.
37) *The Journals of Wilkox Mattie Noble 1892-1934*, p.161.
38) *The Journals of Mattie Wilkox Noble 1892-1934*, p.162.
39) G. H. Jones. W. A. Noble, *The Korean Revival: An Account of the Revival in the Korean Churches In 1907*, The Board of Foreign Missions of the Methodist Episcopal Church, New York, 1910, pp.10-11.
40) M. W. Noble, "Report of Evangelistic Work, Bible Institutes and Three Day Schools, Pyeng Yang", *KWC*, 1907, p.48.
41) G. H. Jones· W. A. Noble, *The Korea Revival, New York: The Board of Foreign Missions of the Methodist Episcopal Church*, 1910, p.29.
42) 임동순, 「충청남도 공주 하리동교회 부흥한 사실」, 『신학월보』 5권 3호, 1907.
43) 노블은 이 사건을 해리스 감독에게 보고하면서 사건 배경을 1) 토착 지도자 이씨(이은승)와 김씨(김창식) 사이의 주도권 갈등, 2) 외세 지배에 대한 주민들의 반항심, 특히 교회는 정치하는 곳이 아니라는 선교사들의 지시에 대한 반감, 3) 너무 많은 교인이 한꺼번에 몰려와 미처 교리와 교회법을 충분히 가르칠 수 없었던 것, 4) 토지 분쟁 문제를 해결하는데 미숙했던 폴웰의 실수, 5) 일본 감리교회 혼다 감독의 친구인 평양 감사의 반 선교사적인 자세, 6) 불만을 품고 있는 교인들을 찾아다니며 충동질한 일본인과 일본 언론 등으로 신문도 사건을 확대시키려는 논조로 선정적으로 보도한 것 등으로 정리했다. *The Journals of Wilkox Mattie Noble 1892-1934*, pp.167-173.
44) 이은승 목사가 '불륜 혐의'를 받은 사건의 내벽은 이러하다. 얼마 전 남산현교회에 다니던 부자 교인(이한당)이 모든 유산을 '기생출신' 후처에게 넘겨주면서 「앞으로 집안일은 이은승 목사와 상의하라」고 유언을 남기고 죽었다. 이에 유산을 얻지 못해 불만을 품은 본처 소생(이보현)이 계모를 집안에서 추방할 기회를 찾던 어느 날 밤 이은승 목사가 계모의 요청으로 집으로 찾아가 심방한 것을 빌미로 「목사가 간통했다.」는 소문을 퍼뜨리며 이은승 목사 추방운동을 벌였다. 한편 장병욱 목사는 해방 후 월남

한 평양 출신 목회자들의 증언을 빌려 「1907년 평양 대부흥운동이 일어났을 때 위기의식을 느낀 평양 기생조합에서 의도적으로 기생 둘을 선발하여 장대현교회와 남산현교회에 교인으로 위장하고 들어가 목사를 유혹하여 타락시키도록 하도록 계교를 꾸몄는데 장대현교회 길선주 목사는 유혹에 넘어가지 않았으나 남산현교회 이은승 목사는 유혹에 넘어가 타락하고 말았다.」고 증언하였다. *The Journals of Wilkox Mattie Noble 1892-1934*, pp.175-176; 장병욱,『한국교회 유사』, 성광문화사, 1980, 51-61쪽.

45) W. A. Noble, "Report of the Pyeng-yang District", *MEC* 1908, pp.51-52.
46) "Appointments", *MEC* 1908, pp.29-30.
47) "Statistics", *MEC* 1905-1909.
48) The Journals of Wilkox Mattie Noble 1892-1934, p.150.
49) W. A. Noble, 「Reports of Pyeng Yang District」, MEC 1906, p.58.
50) W. A. Noble, 「Report of the Pyeng-yang District,」 MEC 1907, p.48.
51) A. L. Becker, "「Drew Appenzeller Memorial and Chil San", *MEC* 1909 p.76; C. D. Morris, "Report to the Pyeng Yang, West Pyeng Yang, and Yeng Byen District to the Annual Conference of 1912", *MEC* 1912, p.52.
52) 「평양교회를 차저서: 중앙교회」,『기독신보』 1929.1.16.
53) R. S. Hall, "Medical Work and Blind Class, Pyeng Yang", *KWC* 1907, pp.40-47; N. Anderson, "Medical Work in Pyeng Yang", *Fifty Years of Light*, pp.45-46.
54) C. D. Morris, "Report to the Pyeng Yang, West Pyeng Yang, and Yeng Byen District to the Annual Conference of 1912", *MEC* 1912, p.52.
55) 「평양교회를 차저서: 박구리교회」,『기독신보』 1929.2.6.
56) 『예수미감리회 조선연회록』 1923, 34쪽;『예수미감리회 조선연회록』 1924, 25쪽;『예수미감리회 조선연회록』 1925, 25쪽;「 평양교회를 차저서: 유정교회」,『기독신보』 1929.2.27.
57) C. D. Morris, "Report to the Pyeng Yang, West Pyeng Yang, and Yeng Byen District to the Annual Conference of 1912", *MEC* 1912, p.54.
58) 안영극,「평양부 리문리교회 금전자유」,『기독신보』 1917.1.31.

3.1 1910년대 남산현교회 목회와 선교

1)「주린 영혼이 배부름」,『그리스도회보』 1911.3.30.
2)「복의 소나기」,『그리스도회보』 1911.3.3.
3)「평양의 사경회」,『그리스도회보』 1912.11.30.

4) 「야교 근황」, 『그리스도회보』 1911.3.30.
5) 「一영一전」, 『그리스도회보』 1911.6.30.
6) 최봉측, 「손정도 목사 략전(二)」, 『기독교종교교육』1931.8·9, 63쪽.
7) 이덕주, 「손정도 목사의 생애와 기독교 사상」, 『손정도 목사의 생애와 사상』, 감리교신학대학교 출판부, 2004, 43-45쪽.
8) 손정도는 1912년 3월 서울에서 개최된 미감리회 연회에도 참석해서 선교사 보고를 한 후 하얼빈으로 임지를 옮겨 사역하던 중 그 해 7월 일어난 '가츠라암살음모사건'으로 체포되어 국내로 압송된 후 경무청에서 모진 고문을 받고 1년 유배형을 선고받고 진도에 유배되었다. 배형식, 『해석 손정도 목사 약전』, 기독교건국전단사무소, 1949, 49-55쪽.
9) "Appointments", *MEC* 1912, p.29; 『미감리회 조선매년회일기』 1912, 19쪽.
10) 이덕주, 「현석칠 목사의 목회와 민족운동」, 『신학과 세계』 73호, 감리교신학대학교, 2012.3, 114-120쪽.
11) 「8년 동안 매일 성경 봄」, 『그리스도회보』 1912.6.30.
12) 현석칠, 「남산현교회의 제직사경회」, 『그리스도회보』 1913.9.29.
13) 현석칠, 「남산현교당의 사경회」, 『그리스도회보』 1914.3.2.
14) 「평양의 부흥회」, 『신한민보』 1914.5.7.
15) 「김유순」, 『한국 감리교 인물사전』, 66쪽.
16) 현석칠, 「새벽기도」, 『그리스도회보』 1913.9.29.
17) 현석칠, 「조선교회에 듬은 일」, 『기독신보』 1916.8.9.
18) 현석칠, 「조선교회에 듬은 일」, 『기독신보』 1916.8.9.
19) 현석칠, 「전도회 결과로 새 교회 설립」, 『기독신보』 1916.8.9.
20) 「우씨의 신심」, 『기독신보』 1916.8.9.
21) C. D. Morris, "Report of the Pyeng Yang, West Pyeng Yang, and Yeng Byen Districts to the Annual Conference of 1913", *MEC* 1913, p.51.
22) C. D. Morris, "Pyeng Yang, Yeng Byen and Haiju District", *MEC* 1914, p.89.
23) C. D. Morris, "Pyeng Yang, Haiju, and Yeng Byen Districts", *MEC* 1915, p.52.
24) C. D. Morris, "Pyengyang East District", *MEC* 1916, p.55.
25) 『미감리회 조선연회록』 1917, 57쪽; 『미감리회 조선연회록』 1917, 37쪽.
26) W. A. Noble, "Report of Pyengyang District", *MEC* 1922, p.189; 「평양교회를 차저서: 신양리교회」, 『기독신보』 1928.12.19.
27) 고성은, 『신홍식의 생애와 민족목회 활동연구』, 삼원서원, 2012, 96-107쪽.
28) 박석훈은 1911년 8월 『그리스도회보』에 다음과 같은 광고를 실은 바 있다. "본인이

교회 서류 중 恒心守道라는 책을 번역하오니 번역에 유의하시는 첨군자는 주의하심을 敬要함. 1911년 7월 28일 평양 남산현 朴錫薰 고백". 「광고」, 『그리스도회보』 1911. 8.15.
29) 「평양」, 『기독신보』 1918.2.20; 『미감리회조선연회록』 1918, 37, 48쪽; 「박석훈」 『기독교대백과사전』 제7권, 기독교문사, 1982, 103쪽.
30) Mrs. W.A. Noble, "Evangelistic Work, Day Schools and Bible Institute on the Pyeng Yang District", KWC 1911, p.63.
31) Mrs. W. A. Noble, "Evangelistic Work, Day Schools and Bible Institute on the Pyeng Yang District", KWC 1911, p.64; Mrs. C. D. Morris, "Evangelistic Work Central Church Pyeng Yang" KWC 1913, p.76; 김세지, 「나의 과거생활」, 『승리의 생활』, 48쪽.
32) Mrs. W. A. Noble, "Evangelistic Work, Day Schools, Bible Institutes and Tithing Normal Class, Pyeng Yang", KWC 1912, p.12.
33) 김세지, 「나의 과거생활」, 『승리의 생활』, 46쪽.
34) Mrs. W. A. Noble, "Evangelistic Work, Day Schools and Bible Institute on the Pyeng Yang District", KWC 1911, p.64; Mrs. W. A. Noble, "Evangelistic Work, Day Schools, Bible Institutes and Tithing Normal Class, Pyeng Yang", KWC 1912, p.13.
35) 김세지, 「나의 과거생활」, 『승리의 생활』, 47쪽.
36) C. Brownlee, "Kindergartens and Kindergarten Training School", Fifty Years of Light, p.26.
37) G. L. Dillingham, "Pyeng Yang Educational Report for 1915-1916", KWC 1916, pp.36-37.
38) 「평양의 유치원」 『기독신보』 1916.7.19.
39) 당시 서울 감리교 협성신학교에 재학 중이던 김창준(金昌俊)을 의미하는 것으로 보인다. 평남 강서 출신인 김창준은 1910년 평양 숭실중학교, 1914년 숭실대학교를 졸업한 후 협성신학교에 진학했는데 숭실중학교에 다니던 시절부터 남산현교회에 출석하였고 신학교에 입학한 후에도 남산현교회 전도사 겸 광성학교 교사로 활약하였다. 「김창준」, 『한국감리교 인물사전』, 96쪽.
40) 그로브 부인 상학남으로 서울 이화학당 보육학교에 유학한 숭의여학교 졸업생은 해방 후 서울에서 중앙여자중고등학교와 추계예술대학을 설립한 황신덕(黃信德)으로 추정된다. 황신덕은 남산현교회 보호여회 임원이던 홍메례(洪袂禮)의 막내딸로 언니 황애덕(黃愛德)과 함께 교회부속 정진소학교와 숭여학교를 거쳐 이화학당을 졸업하고 여성교육가로 활약하였다. 장병욱, 『한국교회유사』, 26-29쪽.
41) R. B. Moore, "Pyengyang Children's Sunday Schools and Kindergarten", KWC 1918.

42) 김세지, 「나의 과거생활」, 『승리의 생활』, 47쪽.

3.2 삼일운동과 남산현교회

1) 「안세환 선생 취조서」, 『삼일운동비사』, 시사시보사출판국, 1959, 730-740쪽; 「길선주 선생 취조서」, 『삼일운동비사』, 112-122쪽; 「이승훈 신문조서」, 『한민족독립운동사 자료집』 12권(삼일운동Ⅱ), 국사편찬위원회, 1990, 160-163쪽; 「이승훈선생 취조서」, 『삼일운동비사』, 339-342쪽; 「신홍식 신문조서」, 『한민족독립운동사 자료집』 12권, 138-140쪽; 「신홍식 선생 취조서」, 『삼일운동비사』, 475-490쪽; 「각지방 의거사건」, 『삼일운동비사』, 973-975쪽; 「홍기황 신문조서」, 『한민족독립운동사 자료집』 12권, 186-187쪽.
2) 손정도 목사는 '가츠라암살음모사건'(1912년)으로 진도에서 1년 유배형을 치르고 나온 후 서울 동대문교회를 거쳐 정동교회에서 목회하던 중 1918년 7월, 돌연 교회를 사임하고 평양으로 내려와 신창리에 머물면서 서울 이화학당 교사 하란사와 연락을 취하면서 '의친왕 해외망명'을 추진하고 있었다. 손정도 목사는 1919년 2월 15일, 기홀병원에서 이승훈을 만난 직후 '상복으로 변장하고 중국으로 탈출하여 북경에서 삼일운동 소식을 들었다. 이덕주, 「손정도 목사의 생애와 기독교사상」, 『손정도 목사의 생애와 사상』, 55-57쪽.
3) 「김선두 외 판결문」, 『독립운동사 자료집: 삼일운동사 재판기록』, 독립운동사편찬위원회, 1973, 786-788 , 836-837쪽.
4) 정일형, 『오직 한 길로』, 을지서적, 1991, 50쪽.
5) 손원일, 「나의 이력서」, 『한국일보』 1976.10.7.; 이덕주, 「'해군의 아버지' 손원일 제독의 삶과 정신」, 『손원일제독 탄신 100주년 기념 신앙강좌 자료집』, 해군본부 해군중앙교회, 2009.5.24, 10쪽.
6) Won Tai Sohn, *Kim Il Sung and Korea's Struggle: An Unconventional Firsthand History*, Jefferson: McFarland & Company, 2003, pp.25-26.
7) 『매일신보』 1919.3.7.
8) 『매일신보』, 1919.3.7-3.11; 「三一運動日次報告(朝鮮軍司令官, 1919年 3-8月)」, 『現代史 資料: 朝鮮』, 東京: みすず書房, 1977, 91-95, 110-111쪽; 『삼일운동비사』, 973-975쪽.
9) 『매일신보』 1919.3.11.
10) 『매일신보』 1919.3.12; 『조선독립소요사론』, 조선독립소요사출판소, 1921, 97-98쪽.
11) 송득후(宋得欝)의 오기로 보인다.
12) 「박석훈씨 영서」, 『기독신보』 1919.11.26.

13) 박석훈 목사는 3남 1녀를 두었는데 장남 박화준과 3남 박상준은 모두 감리교 목사가 되었고 차남 박영준은 문학가(소설가)가 되어 해방 후 연세대학교 국문과 교수를 지냈다. 「박석훈」, 『기독교대백과사전』 제5권, 기독교문사, 1982, 103쪽.
14) 「평양주일학교 꽃주일」, 『기독신보』 1919.8.6.
15) 『미감리회 조선연회록』 1919, 1쪽.
16) 「재감자가족 조사표」, 『미감리회 조선연회록』 1919, 30-31쪽.
17) 「평양지방 감리사 문약한씨 보고」, 『미감리교회 조선연회회록』 1919, 82쪽.
18) 『미감리교회 조선연회회록』 1919, 54-59쪽.
19) 「평양지방 감리사 문약한씨 보고」, 『미감리교회 조선연회회록』 1919, 82-83쪽.
20) 「평양지방 감리사 문약한씨 보고」, 『미감리교회 조선연회회록』 1919, 83쪽.
21) 「평양지방 감리사 문약한씨 보고」, 『미감리교회 조선연회회록』 1919, 84쪽.
22) 「평양지방회 하기 제직사경회」, 『기독신보』 1919.9.3; 「평양지방 감리사 문약한씨 보고」, 『미감리교회 조선연회회록』 1919, 84쪽.
23) 「평양지방 감리사 문약한씨 보고」, 『미감리교회 조선연회회록』 1919, 85쪽.
24) 『미감리교회 조선연회회록』 1919, 28-31쪽.
25) 『미감리교회 조선연회회록』 1919, 38-39쪽.
26) 이덕주, 「현석칠 목사의 목회와 민족운동」, 『신학과 세계』 73호, 130-142쪽.
27) 「개인소식」, 『기독신보』 1920.3.17; 이덕주, 「현석칠 목사의 목회와 민족운동」, 『신학과 세계』 73호, 146-150쪽.
28) 「현목사 환영회」, 『기독신보』 1920.9.1.
29) J. Z. Moore, "Pyeng Yang District 1919-1920", *MEC* 1920, p.44.
30) J. Z. Moore, "Pyeng Yang District 1919-1920", *MEC* 1920, p.44.
31) J. Z. Moore, "Pyeng Yang District 1919-1920", *MEC* 1920, pp.44-45.
32) 『매일신보』 1920.11.7; 『조선독립소요사론』, 209-213쪽.
33) 『매일신보』 1920.11.7; 『조선독립소요사론』, 213-214쪽.
34) 『동아일보』 1921.2.27, 4,7.
35) 치은희, 『조국을 찾기까지』 中, 남누당, 1973, 430-434쪽; 박용옥, 『한국여성독립운동사』, 3·1여성동지회, 1980, 248-250쪽.

3.3 1920년대 남산현교회 청년 운동

1) 『예수교미감리회 조선연회록』 1920, 28쪽.
2) 김유순 목사는 해방직후 분열되었다가 통합된 감리교단 감독으로 선출된 지 1년 만에

6·25전쟁이 터져 납북 희생되었다. 『미감리회 조선연회록』 1922, 3쪽; 「김유순」, 『한국 감리교 인물사전』, 66쪽.
3) 「신흥식 목사 전별회」, 『동아일보』 1922.2.13.
4) 「평양부인 사경회」, 『동아일보』 1921.12.11.
5) 「남산현 도사경회」. 『동아일보』 1922.1.2.
6) 「신년대전도회 개최」, 『동아일보』 1922.2.3.
7) W. A. Noble, "Report of Pyengyang District", *MEC* 1922, p.189.
8) J. Z. Moore, "Pyengyang, East and West Districts", *MEC* 1923, p.273.
9) 「남산현교회 찬양대 성황」, 『기독신보』 1922.1.11.
10) 홍우준, 『평창의 별 리효덕 전도사』, 한국기독교문화원, 1980, 38-42쪽.
11) 홍우준, 『평창의 별 리효덕 전도사』, 57-58쪽.
12) 「평양남산현 長有會」, 『동아일보』 1922.1.27.
13) 「감리교 직원회의」 『시대일보』 1924.10.30.
14) 「감리교 목사 갱질」, 『동아일보』 1923.7.6; 『예수교미감리교 조선연회록』 1923, 7쪽.
15) 「장락도」, 『기독교대백과사전』 제13권, 기독교문사, 1984, 524쪽.
16) 『예수교미감리교 조선연회록』 1923, 33-34
17) 「朝鮮文化基本調査(其八)-平南道號」, 『개벽』 51호, 1924.9, 62쪽.
18) 『예수교미감리교 조선연회록』 1923, 25쪽.
19) 『예수교미감리회 조선연회록』 1924, 8쪽; 「오기선」, 『한국 감리교 인물사전』, 288-289쪽.
20) 「남산현교회 기도회」, 『기독신보』 1924.11.19.
21) J. Z. Moore, "Pyengyang District", *MEC* 1926, p.222.
22) 현석칠, 「우씨의 신심」, 『기독신보』 1916.8.9.
23) 「조선감리교회약사: 평양 남산현교회」, 『감리회보』 1936.6.10.
24) 『예수교미감리회 조선연회록』 1926, 26-27쪽.
25) 『예수교미감리회 조선연회록』 1928, 28-29쪽; 「김종필」, 『한국 감리교 인물사전』, 84쪽.
26) 「남산현교회 대거전도회」, 『기독신보』 1928.11.7.
27) 「평양교회를 차저서: 남산현교회」, 『기독신보』 1928.11.28.
28) 「미감리교 지방회」, 『시대일보』 1924.6.11; 「미감리회 제1일」, 『시대일보』 1924.6.12.
29) 「미감리회 지방회」, 『중외일보』 1927.6.11.
30) 「야소교감리회 연회」, 『동아일보』 1921.9.18; 『예수교미감리회 조선연회록』 1921, 7-8쪽; 「감리교회 매년회」, 『기독신보』 1921.10.5.

31) 「평양장감연합회」, 『동아일보』 1921.9.18.; 「장감연합회 거행」, 『기독신보』 1921.0.5.
32) 「탐손 박사 환영회」, 『동아일보』 1921.11.18.
33) W. M. Blair, "The All-Korea Sunday School Convention", *KMF* Dec. 1921, pp.262-263; 「조선주일학교대회」, 『기독신보』 1921.11.2.
34) 『예수교미감리회 조선연회록』 1925, 29-43쪽.
35) 「평양 남산현교우의 생산업」, 『기독신보』 1925.7.22.
36) 「평양 남산현교우의 생산업」, 『기독신보』 1925.7.22.
37) J .Z. Moore, "Report of Pyeng Yang and Yeng Byen Districts 1926-1927", *MEC* 1927, pp.323-324.
38) 「幼年女子전도부」, 『동아일보』 1920.9.25.
39) 남산현교회 유년주일학교 소녀회는 1922년 8월 21일에 창립 4주년 기념식, 1925년 8월 14일에 창립 7주년 기념식, 1928년 8월 16일에 창립 10주년 기념식을 각각 거행하였다. 「여자선교 기념식」, 『동아일보』 1922.8.28; 「남산현소녀회 창립 7주년기념」, 『시대일보』 1925.8.11; 「소녀회 십주기념」, 『동아일보』 1928.8.20.
40) 「평양유년여자토론」, 『동아일보』 1923.7.17; 「유년여자토론」, 『동아일보』 1923.7.23; 「여자토론회」, 『동아일보』 1923.7.28.
41) 평양 남산현소년회는 1927년 9월 1일 창립 3주년기념식을 가졌다. 「어린이소식」, 『동아일보』 1927.8.31.
42) 「유년주일교 간친회」, 『동아일보』 1922.1.17.
43) 「평양 남산현교회 유년주일학교」, 『기독신보』 1923.2.7.
44) 「幼校교사 웅변회」, 『동아일보』 1923.10.16.
45) 「평양에 열리는 제3회 주일교대회」, 『중외일보』 1929.9.29; 「전조선 주일학교대회란」, 『기독신보』 1929.10.16; 「전조선 주일학교대회란」, 『기독신보』 1929.10.23.
46) 「전조선 주일학교대회란」, 『기독신보』 1929.10.30.
47) 「日人유치원 견학」, 『동아일보』 1920.9.23.
48) 「유치원 6주년 기념」, 『동아일보』 1922.6.27.
49) 7월 31일 장대현교회에서는 미국에서 경제학을 공부하고 돌아온 이묘묵(李卯默)이 「세계개조와 청년의 각성」, 한글학자 김윤경(金允經)이 「파괴와 건설」이란 주제로 각각 연설하였다. 「학생대회 강연회」, 『동아일보』 1920.8.2.
50) 方小波, 「演壇珍話」, 『별건곤』 33호, 1930.10.
51) 「야소행적 활동사진」, 『동아일보』 1921.7.27.
52) 「남산재회당에 활동사진대회」, 『동아일보』 1923.7.9.
53) 「평양사회단체」, 『동아일보』 1926.9.16.

54) 「의법청년 부흥회」, 『동아일보』 1926.6.2.
55) 「엡윗청년 강연 금지」, 『동아일보』 1920.9.13.
56) 「청년회연합회 웅변회」, 『동아일보』 1921.3.20.
57) 「청년연합 웅변속보」, 『동아일보』 1921.4.13.
58) 「남녀청년연합토론」, 『동아일보』 1921.8.9.
59) 「장감연합토론회」, 『동아일보』 1921.9.15.
60) 「남산현엡윗강연회」, 『동아일보』 1921.10.13.
61) 「남산현 청년 강연」, 『동아일보』 1922.12.29.
62) 「엡윗청년 강연회」, 『동아일보』 1923.10.16.
63) 「평양 소년소녀웅변회」, 『시대일보』 1924.10.19.
64) 「의법청년 부흥회」, 『동아일보』 1926.6.2.
65) 「의법청년 강연」, 『동아일보』 1926.6.28.
66) 「平壤懿法靑年의 음악대회」, 『동아일보』 1921.5.8.
67) 「엡윗청년 음악대회」, 『동아일보』 1923.2.22.
68) 「남산청년 음악회」, 『동아일보』 1923.3.12.
69) 「순회음악 연주」, 『동아일보』 1928.8.4.
70) 「秋期대음악」, 『동아일보』 1928.9.7; 「평양신춘음악회」, 『동아일보』 1929.2.23.
71) 「추계개인정구대회」, 『동아일보』 1923.10.30.
72) 「남산여자청년총회」, 『동아일보』 1922.1.23; 「여자엡윗청년 총회」, 『동아일보』 1922.1.26.
73) 「엡윗청년회 간친회」, 『동아일보』 1922.1.26.
74) 「남산여청년 통상회」, 『동아일보』 1922.2.13.
75) 「남산현 부인사경회」, 『동아일보』 1922.3.11; 「여자의법청년 강연」, 『동아일보』 1922.3.18.
76) 「부인야학회 위로회」, 『동아일보』 1922.3.3.
77) 추영수, 『久遠의 햇불』, 234쪽.
78) 추영수, 『久遠의 햇불』, 202쪽.
79) 「신랑신부」, 『동아일보』 1923.5.3.
80) 「유학생 환영회」, 『동아일보』 1926.7.30.
81) 「평양기독청년회」, 『동아일보』 1921.2.26.
82) 「각파의 연합으로 평양기독교청년회」, 『동아일보』 1921.3.26; 「평양에 기독청년회 설시」, 『신한민보』 1921.6.30; 전택부, 『한국기독교청년회운동사』, 정음사, 1978, 270-271쪽.

83) 「평양기독교청년회의 설립」, 『청년』 1921.4, 36쪽.
84) 「팬슨 박사 강연회」, 『동아일보』 1921.5.15. 동아일보는 강연자를 '팬슨'으로 소개하고 있으나 서울중앙기독교청년회 기록을 통해 펠프스인 것으로 확인된다. 펠프스는 도쿄에 머물면서 일본과 한국, 중국 YMCA운동을 지도하고 있었는데 서울을 거쳐 브로크만과 함께 중국으로 가던 도중 평양에 들른 것이다. 「Personals」, 『청년』 1921.6, 40쪽.
85) 「柳宗悅씨 대강연회」, 『동아일보』 1921.6.12.
86) 칸다겐지(조영철 역), 「광화문을 지킨 일본인: 야나기무네요시(柳宗悅)와 일본인 그리스도인들」, 『신학과 세계』 57호, 감리교신학대학교, 2006.12, 309-315쪽.
87) 전영택, 「柳宗悅·柳兼子의 追憶」, 『삼천리』 10권 12호, 1938.12. 128쪽.
88) 「柳宗悅씨 대강연회」, 『동아일보』 1921.6.12.
89) 장규식, 「물산장려운동에서 농촌운동으로」, 『2014년 한국기독교역사학회 학술심포지엄: 조만식과 시민사회』, 한국기독교역사연구소, 2014.5.3; 윤은순, 「조만식의 생활개선운동」, 『한국기독교와 역사』 41호, 한국기독교역사연구소, 2014.8.
90) 「웅변대회 성황」, 『시대일보』 1924.10.16.
91) 「기독청년 강연」, 『동아일보』 1925.6.22.
92) 「금주단연 대강연」, 『중외일보』 1927.6.10.
93) 「금주단연강연」, 『중외일보』 1929.4.17; 「금주현상웅변」, 『동아일보』 1929.9.7.
94) 김활란, 『그 빛 속의 작은 생명』, 여원사, 1965, 93쪽.
95) 「이화전도대 대전도」, 『동아일보』 1920.7.3.
96) 「女子敎育巡講 성황」, 『동아일보』 1921.7.19.
97) 『동아일보』 1922.3.29.
98) Kak Kyung Lee(유각경), "A Brief History of the Korea YMCA", *KMF*, Nov. 1923, 231쪽; 『한국 YMCA 반백년』, 19쪽.
99) 「신춘강연회」, 『동아일보』 1927.2.11.
100) 「社會相」, 『개벽』 60호, 1925.6.
101) 「정진학교 학감 돌연 검속」, 『시대일보』 1925.7.4.

4.1 1930년대 초반 남산현교회 목회와 선교

1) 「각교회 진흥운동」, 『기독신보』 1930.2.19.
2) 「조선감리교회의 합동과 조직에 대한 성명서」, 『기독신보』 1930.12.10; 『기독교조선감리회 제1차 총회록』 1931, 11-55쪽.
3) 『기독교조선감리회 제1차 총회록』 1931, 5-15쪽.

4) 「평양지방 감리사 오기선보고」, 『기독교대한감리회 중부 동부 서부 연합연회록』 1931, 178-179쪽.
5) 「평양지방 감리사 오기선 보고」, 『기독교조선감리회 중부 동부 서부 연합연회록』, 1931, 178쪽.
6) 「두로도 예배당 중수」, 『감리회보』, 1933,10.1; 조윤승, 『도암 조윤승 운로목사 망백기념회고록문집』, 베드로서원, 1997, 44-47쪽.
7) "Appointments", *MEC* 1930, pp.230-233; 『기독교조선감리회 중부 동부 서부 연합연회록』, 1931, 42-43쪽; 『기독교조선감리회 요람』, 기독교조선감리회 총리원, 1932, 84-85쪽.
8) 『기독교조선감리회 중부 동부 서부 연합연회록』 1931, 35쪽.
9) 『기독교조선감리회 중부 동부 서부 연합연회록』 1932, 84쪽.
10) 「평양지방 감리사 오기선 보고」, 『기독교조선감리회 중부 동부 서부 연합연회록』 1932, 127쪽.
11) 오기선, 「평양지방」, 『감리회보』 1933.1.20.
12) 「각지교회 부흥운동」, 『기독신보』 1932.1.27.
13) 오기선, 「평양지방」, 『감리회보』 1933.1.20.
14) 「평양지방 감리사 오기선 보고」 『기독교조선감리회 서부연회회록』, 73쪽.
15) 『기독교대한감리회 서부연회 제3회 회록』 1933, 18, 29-31쪽.
16) 「평양지방 감리사 오기선 보고」, 『기독교조선감리회 제3회 서부연회회록』 1933, 73-74쪽.
17) 「고 홀 박사의 동상 제막식」, 『동아일보』 1933.6.6; 『기독교조선감리회 제3회 서부연회록』 1933, 45쪽.
18) 『기독교조선감리회 서부연회 제4회 회록』 1934, 13-14, 26-27쪽.
19) 「평양지방 감리사 오기선 보고」, 『기독교조선감리회 제4회 서부연회회록』 1934, 57-59쪽.
20) 「기독교조선감리회 여선교대회 제4회 상황」, 『기독신보』 1934.7.11.
21) 「감리교회의 교역자대회」, 『동아일보』 1934.9.5.; 「감리교 서부연회 교역자수양회」, 『기독신보』 1934.9.26.
22) 유광준, 「제2회 감리교총회에 당하야」, 『기독신보』 1934.10.3.
23) 「총회대요」, 『감리회보』 1934.12.10.
24) 1차 투표 결과는 양주삼 목사 56표, 김종우 목사 23표, 변성옥 목사 1표, 노블 목사 1표로 양주삼 목사가 총투표수(81표)의 3분의 2인 54표를 넘겨 당선되었다. 『기독교조선감리회 제2회총회 회록』 1934, 22쪽.
25) 「신임된 총리원 직원」, 『감리회보』 1934.10.10.

26) 「오기선 목사 십주기념식」, 『동아일보』 1934.12.14; 「오 목사 표창」, 『동아일보』 1934.12.18.
27) 「오기선 목사 근속 10주년기념식」, 『감리회보』 1935.1.10.
28) 『기독교조선감리회 중부 동부 서부 연합연회회록』 1931-32; 『기독교조선감리회 서부연회 제3회 회록』 1933.
29) 「이화여전 순회음악회」, 『동아일보』 1930.12.27.
30) 「평양남산현 체육부 보건운동 강습회」, 『동아일보』 1932.4.9.
31) 「전평양 남자개인 타구대회」, 『동아일보』 1932.5.30.
32) 「평양서 열린 소년축구」, 『동아일보』 1932.8.2
33) 「평양 남산현교회 엡윗청년회 임원개선」, 『감리회보』 1933.5.10.
34) 홍종인, 「半島 樂團人 漫詩」, 『동광』 22호, 1931.6.
35) 「평양지방 감사 오기선 보고」, 『기독교조선감리회 서부연회록』 1934, 58쪽.
36) 「1933년도 주일학교 성적고사의 건」, 『감리회보』 1933.6.10.
37) 배덕영, 「평양 남산현교회 주일학교 참관기」, 『감리회보』 1935.1.10.
38) 배덕영, 「평양 남산현교회 주일학교 참관기」, 『감리회보』 1935.1.10.
39) 「평양시내 주교연합예배」, 『감리회보』 1935.1.10.
40) 「평양지방 종교교육강습회」, 『감리회보』 1935.1.10.
41) 「종교교육 제4회 강습회」, 『감리회보』 1935.1.10.

4.2 1930년대 후반 남산현교회 사역과 시련

1) 「종교교육계의 은인 축하회」, 『동아일보』 1935.1.10.
2) 「종교교육계의 은인 축하회」, 『동아일보』 1935.1.10.
3) 「종교교육계의 은인 축하회」, 『동아일보』 1935.1.10.
4) 「평양지방회 대요」, 『감리회보』 1935.5.10.
5) 『기독교조선감리회 중부 동부 서부 연합연회록』 1935, 36-37쪽.
6) 「평양지방 감리사 오기선 보고」, 『기독교조선감리회 중부 동부 서부 연합연회록』 1935, 139쪽.
7) 「평양지방 감리사 오기선 보고」, 『기독교조선감리회 중부 동부 서부 연합연회록』 1935, 140쪽.
8) 「평양지방 감리사 오기선 보고」, 『기독교조선감리회 중부 동부 서부 연합연회록』 1935, 140쪽.
9) 「감리교 직원회의」, 『시대일보』 1924.10.30.

10) 김세지, 「나의 과거생활」, 『승리의 생활』, 47쪽.
11) 『기독교조선감리회 요람』 기독교조선감리회 총리원, 1936, 36쪽; 『기독교조선감리회 서부연회 제6회 회록』 1937, 27쪽.
12) 「평양지방 감리사 오기선 보고」, 『기독교조선감리회 중부 동부 서부 연합연회록』 1935, 141쪽.
13) 『기독교조선감리회 중부 동부 서부 연합연회록』 1935, 47쪽.
14) 「전도국위원장 오기선보고」, 『기독교조선감리회 서부연회록』 1937, 71쪽.
15) 『기독교조선감리회 중부 동부 서부 연합연회록』 1935, 46-47쪽; 『기독교조선감리회 요람』 1936, 36-37쪽.
16) 「평양지방회 대요」, 『감리회보』 1935.5.10; 「전도부인 명부록」, 『감리회보』 1936.1.10.
17) 『기독교조선감리회 요람』 1936, 86-100쪽.
18) 「무인가 학원 등에 폐쇄령의 철퇴!」, 『조선중앙일보』 1935.9.2.
19) 「고등예비학관 평양에서 개관」, 『동아일보』 1934.4.29; 「고등학관 이전」, 『동아일보』 1934.8.30.
20) 『독립운동사자료집: 3·1운동 재판기록』, 723-724쪽; 「고아원 발기 제2회」, 『동아일보』 1921.10.26; 「고아구제회 총회」, 『동아일보』 1921.12.17.
21) 「평양고아원 이전」, 『동아일보』 1922.5.30.
22) 「의협청년의 불행」 『동아일보』 1922.8.26.
23) 「고 김병선군의 院葬」, 『동아일보』 1922.8.28; 「고 김병선군 추도회」, 『동아일보』 1922.9.9.
24) 「애린원 주요일지」, 『애린』 창간호, 1938.7, 112쪽.
25) 정일형, 『오직 한 길로』, 95-96쪽.
26) 『기독교조선감리회 서부연회 제6회 회록』 1937, 27쪽; 정일형, 『오직 한 길로』, 95-96쪽.
27) 『기독교조선감리회 중부 동부 서부 연합연회 회록』 1939, 81쪽; 정일형, 『오직 한 길로』, 108-109쪽.
28) 이윤영, 『백사 이윤영 회고록』, 사초, 1984, 44쪽.
29) 이윤영, 『백사 이윤영 회고록』, 80쪽.
30) 이윤영, 『백사 이윤영 회고록』, 80-81쪽.
31) 「평양교회 주일강화」, 『조선중앙일보』 1936.5.10; 「평양교회 일요강화」, 『조선중앙일보』 1936.5.16.
32) 「평양지방 감리사 이윤영 보고」, 『기독교조선감리회 서부연회 제6회회록』 1937, 59쪽.
33) 「전도회원 명부」, 『감리회보』 1937.3.1-1940.7.1.

34) 그 가운데 교단 기관지 『감리회보』를 통해 그 이름이 밝혀지는 남산현교회 '전도회원'은 다음과 같다. 무어(문요한) 매키(귀애다) 박종호 박현숙 홍기황 김세지 오신일 이겸상 박동선 윤숙현 박영복 오선두 최성도 김진연 한치선 이봉선 이인수 김상도 홍지려 이선 박호성 김영선 사창식 함화선 방한무 김유항 최중식 이영하 송양묵 김덕윤 강시봉 차순정 박장옥 박장희 김순덕 류병훈 지상호 홍순영 조익순 김진영 홍지례 박기종 박종현 김성수 지상호 황순옥 김세억 전복녀 강기순 홍필려 김국화 김상수 최신일. 「평양지방 각 엡윗청년회 개황」, 『감리회보』 1935.7.10; 「엡윗정총」, 『감리회보』 1936.5.10; 「남산현 엡윗청 정총」, 『감리회보』 1937.3.16.
35) 정일형, 『오직 한 길로』, 99-100쪽.
36) 「전평양 소년탁구 남산현팀 우승」, 『동아일보』 1937.9.28.
37) 『감리회보』 1937.5.1.
38) 『기독교조선감리회 서부연회 제6회 회록』 1937, 10-17쪽.
39) 『기독교조선감리회 서부연회 제6회 회록』 1937, 20쪽.
40) 「평양지방 감리사 이윤영 보고」, 『기독교조선감리회 서부연회 제6회 회록』 1937, 58-59쪽.
41) 『기독교조선감리회 서부연회 제6회 회록』 1937, 9쪽.
42) 『기독교조선감리회 서부연회 제6회 회록』 1937, 8쪽.

4.3 일제말기 남산현교회 수난과 폐쇄

1) 「신사문제에 대한 통첩」, 『감리회보』 1936.4.10.
2) 「국민정신총동원 총후보국강조주간」, 『조선감리회보』 1938.4.16.
3) 『기독교조선감리회 제3회 총회회록』 1938, 8-11쪽.
4) 「적극신앙단에 대하야」, 『기독신보』 1935.2.20; 「적극신앙단 부인」, 『기독신보』 1935.2.20; 「적극신앙단 有乎無乎」, 『기독신보』 1936.6.24.
5) 『기독교조선감리회 제3회 총회회록』 1938, 26-43쪽.
6) 이윤영 목사는 이 부분에 대해 나음과 같이 회고하였다. 「투표에 들어가 내가 최고 득점으로 27표, 오기선 목사, 김종우 목사 순이었으나 3분의 2 득표자는 없었다. 서로 지지자들이 버티고 재투표를 하였으나 한 두 표 상하일 뿐이었다. 3, 4일을 계속하여 40여 회 투표에 들어갔으나 3분의 2를 받는 사람이 없어 미결이었다. 이 경우를 이용하여 가지고 적극신앙단 일파가 중간표 즉 부동표를 얻을 작전을 폈다. 선거에 지리하여진 나머지, 이윤영, 오기선은 서로 양보치 않으니 최하 득점자 김종우씨에게로 돌리자는 수정안의 작전이 주효하여 최하 득점자 김종우 목사가 3분의 2를 얻어 감독에

당선되게 되었다.」 이윤영, 『백사 이윤영 회고록』, 82쪽.
7) 『기독교조선감리회 제3차 총회록』 1938, 26-43쪽.
8) 『기독교조선감리회 중부 동부 서부 연합연회록』 1939, 56쪽.
9) 「평양지방회 대요」, 『조선감리회보』 1939.5.1.
10) 「평양지방 감리사 이윤영 보고」, 『기독교조선감리회 동부 중부 서부 연합연회록』, 1939, 165-166쪽.
11) 「신의주에 감리교회 창립」, 『감리회보』 1937.7.16.
12) 「4개월 만에 예배당 얻은 신의주교회」, 『감리회보』 1937.12.1.
13) 『기독교조선감리회 중부 동부 서부 연합연회 회록』 1939, 56-57쪽.
14) 『기독교조선감리회 중부 동부 서부 연합연회 회록』 1939, 79-81쪽.
15) 윤춘병, 『한국 감리교회 외국인 선교사』, 한국감리교회사학회, 2001, 70쪽.
16) 「문요한박사 선교25주년기념식」, 『기독신보』 1930.12.10.
17) 「문요한 박사 선교25주년 기념식」, 『기독신보』 1930.12.10; 「평양지방감리사 오기선 보고」, 『기독교조선감리회 동부 중부 서부 연합연회록』 1931, 179쪽; 「평양지방감리사 오기선 보고」, 『기독교조선감리회 동부 중부 서부 연합연회록』 1932, 126쪽; 「평양성경학원 학생모집 광고」, 『감리회보』 1933.12.3; 『기독교조선감리회 요람』, 1936, 87쪽.
18) 「요한성경학원 개원식」, 『조선감리회보』 1938.3.16; 「임명기」, 『기독교조선감리회 동부 중부 서부 연합연회록』 1939, 80쪽; 홍현설, 「나의 생애와 신학」, 『청암 홍현설 목사의 생애와 사상』, 성서연구사, 2001, 70쪽.
19) 「평양요한학교 생도모집」, 『조선감리회보』 1940.3.1; 「평양요한학교에 대하야」 『조선감리회보』 1941.12.1.
20) 『기독교조선감리교단 1회총회 회록』 1941, 43쪽; 윤춘병, 「평양요한학교와 이환신 교장」, 평양요한학교동문회, 2003, 61-62쪽.
21) 안재정, 『안재정 목사 자서전: 더 나은 것으로 바꾸시는 하나님』, 도서출판 목양, 2013, 33쪽.
22) 「총리사 동정」, 『조선감리회보』 1938. 12.16; 「기독교대표 5씨 이세신궁 참배차 내지 행」, 『기독신문』 1938.12.15; 김승태, 「일제의 기독교정책과 기독교계의 부일협력」, 『식민권력과 종교』, 한국기독교역사연구소, 2012, 202쪽.
23) 「고 천곡 김종우 감독 장례식」, 『조선감리회보』 1939.10.1.
24) 양주삼, 「삼선부득이라는 규정에 대하야」, 『조선감리회보』 1939.12.1.
25) 이윤영, 『백사 이윤영 회고록』, 83쪽.
26) 「신임 감독선거 총리원 이사회에서」, 『조선감리회보』 1939.11.1.

27) 이윤영,『백사 이윤영 회고록』, 83쪽.
28) 「감독 취임식 순서」,『조선감리회보』1939.10.1.
29) 김승태,「흥업구락부사건과 기독교」,『한국기독교사연구』3호, 한국기독교역사연구회, 1983, 14-16쪽.
30) 「내선감리교회 합동문제연합위원회 보고」,『조선감리회보』1939.11.1.
31) 이윤영,『백사 이윤영 회고록』, 89-90쪽.
32) 「각 교회에 보내는 교회의 종년소식」,『조선감리회보』1939.12.1.
33) 「애국기념주일 예배순서」,『조선감리회보』1940.2.1.
34) 「지나사변 3주년 기념」,『조선감리회보』1940.7.1.
35) 「국민정신총동원 기독교조선감리회 연맹」,『조선감리회보』1940.9.1.
36) 「남산현교회 애국반」,『조선감리회보』1940.10.1.
37) "Notes and Personals", *KMF* Apr. 1940, p.72; "The Protestant Church in Chosen", *KMF* Sep. 1940, p.143.
38) 배덕영,「각지방 종교교육대회를 마치고」,『조선감리회보』1940.9.1.
39) "The Basis of Withdrawal", *KMF* Mar. 1941, pp.33-35.
40) C. A. Sauer, *Methodists in Korea, Seoul: The Christian Literature Society*, 1973, pp.123-125.
41) C. A. Sauer, *Methodists in Korea*, p.124.
42) "The Government honors missionaries", *KMF* Nov. 1940, p.198.
43) 「평양요한학교에 대하야」,『조선감리회보』1941.12.1.
44) 이윤영,『백사 이윤영 회고록』, 96쪽.
45) C. A. Sauer, *Methodists in Korea*, pp.129-131.
46) C. A. Sauer, *Methodists in Korea*, p.126.
47) 「임명공고」,『조선감리회보』1941.10.1.
48) 「평양요한학교에 대하야」,『조선감리회보』1941.12.1.
49) 『이환신 감독 추모문집: 속사람과 겉치레』, 한국교회교육협회 출판부, 126쪽; 윤춘병,『평양요한학교와 이환신 교장』, 90-91쪽.
50) 『만국부인기도회사건 자료집』, 한국교회사문헌연구원, 1989; 이덕주,『한국 감리교회 여선교회의 역사』, 기독교대한감리회 여선교회전국연합회, 1991, 457-471쪽.
51) 조선혜,「1941년 만국부인기도회사건 연구」,『한국 기독교와 역사』제5호, 한국기독교역사연구소, 1996.9, 151-153쪽.
52) 「기독교조선감리교단 규칙」,『조선감리회보』1941.4.1.
53) 「기독교조선감리교단 제1회 총회 개황」,『조선감리회보』1941.4.1.
54) 류형기 목사는 해주 남본정교회로 파송하려는 정춘수 감독의 명령을 거부하고 면직되

었다. 류형기, 『은총의 85년 회상기』, 기독교문화원, 1983, 129쪽; 「임명공고」, 『조선감리회보』 1941.11.1.
55) 「임명기」, 『조선감리회보』 1941.4.1.
56) 「임명기」, 『조선감리회보』 1941.4.1; 『기독교조선감리교단 제1회 총회회록』 1941, 42-43쪽.
57) 윤춘병, 『한국감리교 교회성장사』, 감리교출판사, 1997, 702-703쪽.
58) 이윤영, 『백사 이윤영 회고록』, 83-84쪽.
59) 이윤영, 『백사 이윤영 회고록』, 84쪽.
60) 이윤영, 『백사 이윤영 회고록』, 93-94쪽; 박대선, 『박대선 회고록: 하늘에서 정의가 땅에서 진실이』, 71쪽.
61) 「김창준」, 『한국 감리교 인물사전』, 97-98쪽.
62) 이윤영, 『백사 이윤영 회고록』, 94-95쪽.
63) 이윤영 목사는 당시 평양지방 목회자 및 남산현교회 교인들 중에 혁신교단 지지파로 배후의 오기선 목사와 전면에 나선 박종현, 정지강, 김영선, 최응규, 지용은 등을 지목하였고 반대파로는 최용훈, 홍기황, 이영하, 변용만, 김득수 등을 지목하였다. 이윤영, 『백사 이윤영 회고록』, 95쪽.
64) 홍의선 「오직 이 한 길로」, 『원로목사 체험수기』 I, 복지문화사, 1993, 491-492쪽.
65) 「평양남산현예배당 전소」, 『조선감리회보』 1942.1.1.
66) 한편 당시 평양 요한학교에 재학 중이었던 안재정 목사는 남산현교회 화재사건에 관하여 다음과 같은 흥미로운 증언을 남겼다. "당시 태평양전쟁 끝 무렵, 하룻밤에 학교 옆 남산현 교회당이 1941년 12월 11일 밤에 전소되는 사건이 일어났다. 누군가가 일제 탄압과 대동아전쟁 당시 기독교 핍박이 심해지자 분에 못 이겨 방화를 한 것으로 추측된다. 산 위에 높이 세워진 예배당이 완전히 잿더미로 변한 그 다음 날, 친척 되는 고등계 조○○ 형사가 나를 찾아왔다. '재정아! 남산현 교회당 화재 난 것 보았지? 그 조사를 내가 맡았다. 어떻게 처리하면 좋겠느냐?' '잘 되었습니다. 전기 누전으로 하세요.' '그래, 그거 좋은 생각이다. 그렇게 하지.' 화재 원인은 미궁이었지만 누군가의 방화로 보고되면 많은 교인들이 불려 다니고 심한 고문을 당할지도 몰랐다. 조 형사는 평북의 오산학교 출신으로 교회에 출석은 안 하나 기본적인 신앙은 있었기에 우리 두 사람이 남산현 감리교회당의 대형 화재사건을 아무도 모르게 해결하였다." 안재정, 『안재정 자서전: 더 나은 것으로 바꾸시는 하나님』, 도서출판 목양, 2013, 35-36쪽.
67) 「남산현교회 부흥운동」, 『조선감리회보』 1942.1.1.

68) 「임명공고」, 『조선감리회보』 1942.4.1.
69) 「임명공고」, 『조선감리회보』 1942.6.17.
70) 이윤영, 『백사 이윤영 회고록』, 94, 97쪽.
71) 「임명기」, 『조선감리회보』 1941.5.1.
72) 김인영, 「감리교회 신학을 재개하면서」, 『조선감리회보』 1941.6.1.
73) 「국민총력 기독교조선감리교단 연맹」, 『조선감리회보』 1941.11.1.
74) 「국민총력 기독교조선감리교단 연맹」, 『조선감리회보』 1942.3.1.
75) 「찬송가 개정에 대하여」, 『조선감리회보』 1942.4.1.
76) 「제2회 감리교단 연합어자대회」, 『기독교신문』 1942.7.1.
77) 혁신교단 반대진영에 섰던 목회자들은 해방 후 증언에서 류형기와 정일형, 송흥국, 전효배, 구성서 등이 '유언비어 날조' 혐의로 평양경찰서에 검속된 배경에 대하여 「평양 교계의 거물로 지목되는 오기선, 정지강 목사 등이 서울 총리원(혁신교단)측과 합세하여」 추진한 결과라고 설명했다. C. A. Sauer, *Methodists in Korea*, pp.110-111; 윤춘병, 『한국감리교 교회성장사』, 감리교출판사, 1997, 731-732쪽; 류형기, 『은총의 회고 85년』, 130-135쪽. 박대선, 『박대선 회고록: 하늘에서 정의가 땅에서 진실이』, 전망사, 1996, 71-72쪽; 마경일, 『마경일 목사 회고록: 길은 멀어도 그 은총 속에』, 전망사, 1984, 54-56쪽; 이윤영, 『백사 이윤영 회고록』, 91-93쪽; 김광우, 『나의 목회 반세기』, 바울서신사, 1984, 58-59쪽.
78) 총회 참석 여부는 확인할 수 없지만 남산현교회에서는 김종필 목사와 홍기황, 홍재연 등이 '대의원(총대)' 명단에 올랐다. 「기독교조선감리교단 제2회 정기총회순서」, 『기독교신문』 1942.9.30.
79) 「감리교단 공고」, 『기독교신문』 1942,10.7.
80) 「조선감리교단 제2회 정기총회 개요」, 『기독교신문』 1942.12.16.
81) 「기독교조선감리교단 신임통리자 卞田鴻圭씨 포부」, 『기독교신문』 1943.1.6.
82) 발행인은 장로교의 정인과 목사, 편집인은 감리교의 박연서 목사였다. 德川仁果, 「창간사」, 『기독교신문』, 1942,4,29.
83) 김광우, 『나의 목회 반세기』, 61-62쪽; C.A. Sauer, *Methodists in Korea*, pp.107-108.
84) 김광우, 『나의 목회 반세기』, 63쪽.
85) 「임시특별 지원병채용제 실시를 위하야 맹활동」, 『기독교신문』 1943.11.10.
86) 「報國機 헌납운동에 교계의 궐기를 促함」, 『기독교신문』 19434.2.2; 「거듭 報國機 헌납운동에」, 『기독교신문』 1943.4.15.
87) 「愛國機獻納及教會合併實施ニ關スル件」, 『기독교신문』 1944.4.1.
88) 「教會合併과 區域整理의 實施」, 『기독교신문』 1944.5.1.

89) 박대선,『박대선 회고록: 하늘에서 정의가 땅에서 진실이』, 78쪽.
90) 1938년 당시 기독교조선감리회 유지재단에 등록된 남산현교회 소유 부동산은 수옥리 332번지 예배당 부지 1,464평과 수옥리 324번지 목사 사택부지 450평 외에 교회유지비 용도로 확보한 동대원리 임야와 전답 6,439평, 강서군 보림면 전답 641평 등 도합 8,994평으로 당시 시가로 총 145,459원이었다.『기독교조선감리회 유지재단규칙 급 설명』, 기독교조선감리회 총리원, 1938, 28-29쪽.

5.1 다시 열린 교회 문

1) 이윤영,『백사 이윤영 회고록』, 101-102쪽.
2) 이윤영,『백사 이윤영 회고록』, 103-104쪽.
3) 명의숙,「존경하던 목사님을 추모함」,『순교자 송정근 목사전』, 370-371쪽.
4)「송정근」,『한국 감리교 인물사전』, 221-222쪽.
5) 명의숙,「존경하던 목사님을 추모함」,『순교자 송정근 목사전』, 371쪽.
6)「배덕영」,『한국 감리교 인물사전』, 181-182쪽; 윤춘병,『성화가 걸어온 발자취: 배덕영 목사를 기리며』, 성화회, 1990, 63-64쪽; 고성,「성화신학교의 역사와 성화파의 활동」,『2014년 한국기독교역사학회 학술심포지엄 자료집: 평양지역 감리교 역사와 한국교회』, 한국기독교역사학회, 2014.11.8, 125-191쪽.
7) 윤춘병,『한국 감리교 수난백년사』, 감리교신학대학교출판부, 2003, 83-85쪽.
8) 박대선,『박대선 회고록: 하늘에서 정의가 땅에서 진실이』, 88-90쪽; 김양선,『한국기독교 해방10년사』, 대한예수교장로회 총회출판국, 1955, 62-67쪽.
9) 추영수,『久遠의 햇불』, 209쪽.
10) 박대선,『박대선 회고록: 하늘에서 정의가 땅에서 진실이』, 95쪽.
11) 이계준,『희망을 낳는 자유: 이계준 자전 에세이』, 한들출판사, 2005, 80-81쪽.
12) 이 내용은 조윤승 목사가 1975년 10월 9일, '송정근 목사 순교 25주년기념 예배당'으로 건립된 대구 남문교회 봉헌식에 참석해서 추모사를 통해 밝힌 내용이다. 김재명편,『순교자 송정근목사전』, 400-401쪽.
13) 조윤승,『도암 조윤승 원로목사 망백기념 회고록문집』, 187쪽.
14) 조윤승,『도암 조윤승 원로목사 망백기념 회고록문집』, 185쪽.
15) 박대선,『박대선 회고록: 하늘에서 정의가 땅에서 진실이』, 107쪽.
16)『1960년 기독교대한감리회 요람』, 기독교대한감리회총리원, 1961, 73쪽;「이명제」,『한국 감리교 인물사전』, 344쪽.
17) 박대선,『박대선 회고록: 하늘에서 정의가 땅에서 진실이』, 107쪽.

18) 조윤승, 『도암 조윤승 원로목사 망백기념 회고록문집』, 188쪽.
19) 조윤승, 『도암 조윤승 원로목사 망백기념 회고록문집』, 188쪽.
20) 「이명제」, 『한국 감리교 인물사전』, 344쪽.
21) '남산현교회 및 평양 출신' 감리교인들이 해방 후 월남하여 남쪽에 설립한 대표적인 교회로는 서울 남산교회(1945년 12월 2일 설립)fmf 비롯하여 부산 시온교회(1951년 10월 1일 설립)와 대교교회(1951년 5월 1일 설립), 서울의 시온교회(1953년 10월 11일 설립)와 반석교회(1953년 10월 4일 설립), 혜명교회(1954년 6월 6일 설립)와 성화신학교 동문들이 '안상현 전도사 기념교회'로 설립한 분당 성화교회(1994년 9월 25일 설립) 등을 꼽을 수 있다. 조이제, 「해방 후 평양 감리교인의 월남과 교회재건」, 『2014년 한국기독교역사학회 학술심포지엄 자료집: 평양지역 감리교 역사와 한국교회』, 193-213쪽; 이성삼, 「남산교회 50년사』, 기독교대한감리회 남산교회, 1996, 182-183쪽; 위영룡, 『반석교회 50년사』, 기독교대한감리회 반석교회, 2004, 35-54쪽; 조이제, 『시온교회 50년사』, 기독교대한감리회 시온교회, 2002, 34-68쪽; 김영저, 「내 사랑 혜명교회」, 『혜명교회 60주년기념문집: 새 소망』, 기독교대한감리회 혜명교회, 2014, 294-310쪽.

6. 맺음글

1) R. O. Reiner, "Editorial", *KMF* Mar. 1925, p.45.
2) 「平安南道の事情概要」, 『平壤小誌』, 平安南道, 1932, 9쪽.

찾·아·보·기

가미카제(神風) 339
가츠라-태프트 밀약 316
『감리교 문답』 140
감리교신학교 41, 254, 271, 281, 286, 290, 293, 299, 319, 321, 328, 333, 336
『감리회보』 244, 255, 262
『감리회보』 36
강규찬 165
강메불 108
강봉우(姜奉禹) 220
강서읍교회 192
강신화(康信華) 121
강양욱 350
강유문 276
강인걸 90, 100, 129, 130
강진두(康鎭斗) 275
『개벽』 196
건국준비위원회 346
건지리교회 240
겨울 신학반 63
경성여자교육회 232
계암학교(啓暗學校) 84, 85
고등성경학교 289
고등예비학관 276
『고린도 전후서』 140

고원승(高源承) 214
고종철(高宗哲) 121, 127
고종황제 28
공주읍교회 127, 150, 180
과부회(寡婦會) 161, 162, 365
광성고등보통학교 41, 61, 166, 178, 196, 213, 230, 240, 258, 299
광성보통학교 178, 216
광성소학교 61, 126, 140, 157, 160, 167
광성중학교 283
광혜여원(廣惠女院) 69, 79~81, 94, 134, 365
『교회사기』 113
구경 미션 39
구골(박구리)교회 134, 150
구두회 305
구성서 335
구세요양원 250
9·28서울수복 354
구자옥 294, 309
국민총력 기독교 조선감리교단 연맹 333
국방헌금 312
굿셀 66; ~지회 216; ~청년회 107, 112; ~회 66; 평양 ~지회 67

권영식　294
권태호　245, 246
그로브 부인　158, 160
『그리스도회보』　84, 140, 142
근우회　275
근화여학교　232
금주단연연맹　209
기독감리교회'(基督監理敎會)　311
『기독교신문』　336
기독교유지대회　294
기독교조선감리교단　323, 337; 기독교조선감리회(基督敎朝鮮監理會) 239; ~연맹 312
기독교청년회(YMCA)　225, 294; 여자~(YWCA) 231~233
기독병원　296
『기독신보』　22, 158, 172, 173, 190, 197, 199, 202, 212, 244
기전여학교　194
기홀병원(紀忽病院)　46, 69, 94, 128, 134, 164, 165, 178, 184, 276, 277, 365
기홀시약소　68
길선주　129, 163, 277, 361
김경숙　233, 276
김경희　191
김관호(金觀鎬)　228
김국점　273, 296
김기범　90
김길창　306
김낙구　42
김낙선　39

김다비다(Davida)　71, 76
김대우　293
김도순　296
김도태　163
김동원　225, 226
김동인(金東仁)　228
김득수(金得洙)　41, 119, 189, 196, 226, 240, 247, 251, 254~256, 268, 283
김떠커스(Dorcas)　71, 76, 121, 365
김또라(Dora)　71, 72, 108, 365
김매륜(金邁倫)　41, 240
김명찬　296
김미리사(金美理士)　232, 233
김반석(金磐石)　41, 260
김병선(金秉善)　276, 277, ~추도회 277
김병연(金炳淵)　196, 211, 346
김병조　164
김복순(金順福)　232
김산(金山)　281, 288, 299, 325
김살로메　233
김상근　244, 246
김선규　90, 100
김성업(金成業)　224, 225, 234, 256, 260
김성호　100
김세지(金世智)　41, 59, 70~72, 76, 108, 109, 124, 143, 151~153, 156, 161, 185, 186, 240, 270, 362, 365
김순일　185

김신도 231
김애은 231
김애희(金愛喜) 219
김연실 172, 213
김영섭 294, 295, 307, 336
김영학 180
김옥규 296
김옥석 192
김용옥 355
김유순(金裕淳) 143, 144, 187~189, 191, 195, 201, 240
김은수(金恩洙) 232
김응근(金膺根) 241
김응태 325
김의근(金義根) 353
김익수 273
김익주 296
김익진 346
김인순 273, 296
김인영 294, 333
김인준 350
김일선(金一善) 276, 299
김일성 350
김임길 325
김재선 39, 90
김재찬 250
김정길 63, 100
김정묵 185
김정선(金貞善) 196
김정식 294
김종겸(金宗謙) 41
김종만 246

김종우 295, 297, 301, 306, 307, 334
김종필(金鍾弼) 199, 244, 251, 325, 331, 341, 342, 346
김준옥 307
김지건(金志健) 219, 276
김진탁 325
김찬영(金贊永) 228
김찬종 283
김찬흥(金燦興) 140, 166, 172, 176, 187, 225, 240
김창림 196, 246, 325, 341
김창식(金昌植) 34, 36, 38, 42~44, 47~50, 54, 55, 63, 65~67, 90, 91, 100, 103, 113, 196, 362, 364
김창준 143, 158, 160, 189, 234, 245, 247, 307, 325, 327
김태복 276
김택영 104
김폴린(金保麟) 41, 231, 232, 240
김필레 232, 233
김함라 231
김헬넨(Helen) 71
김형숙(金亨淑) 225, 226
김호서(金浩瑞) 36, 37
김호영(金鎬永) 36, 38
김홍식(金弘植) 149, 176, 196, 226
김화식 350
김활란 231, 232, 233, 320
김희덕 296

나

나병기　283
날연보(day offering)　145
남궁억　334
남방지방회　90
남산유치원(南山幼稚園)　161
남산재(南山峴)　50, 51, 59, 60
남산현교회관현악단　221
남산현소학교　61
남산현시대　50
남산현유치원　213, 214
남 성경학원　246
남정철　29
내리교회　127, 142, 187, 196
내선감리교회　합동문제연합위원회　310
내선일체(內鮮一體)　292, 310
냅(Lena Knapp)　314~316
널다리골(板橋洞)　32
노광윤　276
노병선(盧炳善)　38, 42, 43, 250
노블(W. A. Noble, 노보을)　51~55, 59, 60, 63~67, 69, 70, 86~88, 91, 92, 95, 97, 99, 100, 102, 103, 105, 106, 110, 114, 116, 117, 122, 123, 126, 129, 130, 133, 139, 197, 200, 241, 254, 363; ~부인 69~77, 80, 87, 102, 115, 122, 124~126, 151~153, 156, 270
노살롬(Salome)　71, 76
노쑤슨　77, 78, 79
노준택　143
노진박　335
노진설　346
『논설법』　103

다

대광학교　241
대성학교　228
대원군　27, 28
대한민국임시정부　183
대한애국부인회　184
『대한크리스도인회보』　66, 77
『데살로니가 전후서』　140
도인권　165
도직원회(都職員會)　195
도쿄한인연합교회　197
독립협회　67
동대문교회　142, 197, 309
『동아일보』　205, 215, 216, 220, 223, 226, 229, 231, 265, 267
동유실(董有實)　234
두로도교회　241, 288
드류(Drew)신학교　51, 131, 302; 드류대학 278; 드류 아펜젤러기념교회 131
드마리(E. W. Demaree)　317, 320
『디도서』　102
『디모데 전후서』　140
디아스포라 교회　367
디프테리아　53

딜링햄(Grace L. Dillingham, 단영함) 157, 243

라

락웰(Nathan Rockwell) 84~86
러일전쟁 110, 113, 114, 366
『로마서』 102, 103
로빈스(H. P. Robbins) 102, 247, 251, 254, 255, 268
로스(J. Ross) 30
류형기 245, 324, 335, 348
리드비터 247

마

『마태복음』 102
마펫(S. A. Moffett) 32, 45, 51, 250, 362
만국부인기도회 321; ~사건 321, 323, 366
말라리아 45
매서인(買書人: 勸書人) 30
『매일신보』 169, 170
매일학교(day school) 61
매키 247, 251, 288, 317
맥길(W. B. McGill) 103
맬럴류(Mallalieu) 34
메이(May) 53
명의숙 346
모리스(C. D. Morris, 모리시) 103, 111, 113, 131, 135, 147, 148, 151, 200; ~부인 158, 160
모우리(E. M. Mowry) 170
무스(J. R. Moose, 무야곱) 113
무어(David H. Moore, 문대벽) 88
무어(John Z. Moore, 문요한) 93, 95, 99, 111, 119, 131, 176~179, 181, 182, 190, 192, 198, 200, 203, 241, 244, 246, 247, 250, 251, 254~256, 265, 267, 268, 288, 290, 293, 302, 303, 305, 309, 317~321; ~ 박사 선교 25주년 기념식 303; ~선교 25주년 기념성경학원 246, 303; ~부인 160, 321, 322; ~선교사 회갑 축하예배 267
『묵시록』 103
문경호 106
문선호 296
문창모 296, 335
「미 감리교회 문답」 40
미 감리회 31~33, 38, 47, 49~51
민병석 42
민순덕 296

바

박경애 192
박관수 39
박구리교회 134
박내철 325, 332
박대선 340, 350, 351, 354, 355
박동선 325

박봉래 179
박상래 304
박상순 119
박석필 66
박석훈(朴錫薰) 150, 164~166, 172, 174, 187, 196, 361, 366
박성필 90
박세광 299
박세환 185
박숙강 273
박순자(朴筍子) 223
박승일 184, 186
박신일(朴信一) 168
박에스더 39, 43, 80, 88
박연서 180, 294, 325, 333
박영복(朴永福) 222
박영애 283
박용희 294
박윤근 201
박인관 189
박재훈 305
박종은(朴鍾恩) 225
박종현 325
박태성 296
박현숙 172, 185, 186, 192, 224, 234, 240, 247, 251, 254~256, 260, 262, 283, 288, 290, 293, 307, 309, 319, 320, 322, 338, 346, 351, 362, 366
박희도 164, 197
반하트(B. W. Barnhart) 318
방기순 180, 246

방신영 233
방정환(方定煥) 214
배덕영 244, 245, 262, 264, 314, 319, 325, 347~349, 352, 355
배재학당 28, 32, 38, 51, 106
배형식 143, 192
배화여학교 232
백낙준 245, 246
버츠(E. H. Butts) 317
베네딕트, 루스(Ruth Benedict, 문로덕) 302
베어드(W. M. Baird, 배위량) 96
베이커 200
베커(A. L. Becker) 11, 117, 121, 133
변성옥(邊成玉) 143, 189, 201, 219, 230
변영서 246
변용만 283
변인서(邊麟瑞) 226
변종호 304
변학용 177
변홍규 41, 251, 335, 336
병인 천주교 박해 27
보구여관 78
보일스(H. E. Boyles) 317
보호여회 108~110, 124, 153, 156, 210, 269, 365
볼티모어여자의학교 80
봉룡동교회 63, 65
부인 글짓기 대회 107, 108
부인병원(보구여관) 94

북방지방회　90, 100
북장로회　30, 32, 45
북조선인민위원회　350
브라운리(C. Brownlee)　157
브로크만(J. S. Brockman)　226
비숍(I. Bishop)　21, 22, 44, 74
빌링스　143

사

사경회　65, 139, 189; 겨울 ~ 116; 봄 ~ 102, 126; 부인 ~ 75, 76, 102, 189, 191; 부인 연합 ~ 126, 140; 북방 ~103; 소~(小査經會) 251; 연합 남성~ 103; 연합~ 114, 139, 239, 246; 제직 ~ 143, 178; 지방 ~ 115; 직원 ~ 113; 평남 도~ 117
『사도행전』　102, 103, 140
사동교회(寺洞敎會)　105, 268, 269,
『사무엘 전후서』　140
『사민필지』　113
『사사기』　140
사우어(C. A. Sauer)　317, 320
『사울왕사기』　102
산정현교회(山亭峴敎會)　361, 362
삼일운동　150, 151, 162, 167, 174, 175, 178, 180, 181, 183, 187~189, 192, 196, 197, 201, 213, 214, 216, 217, 236, 260, 276, 281~283, 309, 362, 366
삼화교회　191

상동교회　48, 141, 199
상동시약소　33
상해임시정부　174, 181, 184
『새동무』　215
새벽기도　144, 145
서기풍　172, 325
서남동　304
서메물　192
서방지방회　90
서울신학교　336
서울중앙기독교청년회　294
서위렴　244, 246→쇼우
선교리(船橋里)교회　63
선우혁　119, 163
『성경대지』　113
『성경약론』　113
『성사총론』　102
『성서지리』　102
성화신학교　348, 351, 355; 성화여자신학교 348
세계기독교청년회연맹　225
세계주일학교연합회　202
세디(Sadie)　70
「세례문답」　40
셔우드(R. Sherwood)　33
소녀회(少女會)　210
소년회(少年會)　211
속장　65
손원일(孫元一)　167, 211
손원태　167
손정도(孫貞道)　119~121, 127, 128, 141, 142, 164, 167, 168, 175,

185, 211, 366
손진실 185, 186
손창송(孫昌松) 299
송관주 104
송기창(宋基昌) 196
송득후(宋得厚) 172, 176, 325
송복신 192
송상유 100
송성겸 185
송양묵 172
송익주 104, 140
송인서 42
송정근 346, 347, 349, 352, 353, 367
송죽회(松竹會) 192, 222
송진우 164
송창송 288
송흥국 199, 217, 288, 299, 335
송희봉 140, 179
쇼오(William E. Shaw, 서위렴) 304, 317~320, 357
수양동우회 286
수표교교회 201, 308, 309
숭덕소학교 117
숭덕학교 165
숭실사범학교 281
숭실전문학교 259
숭실중학교 117, 119, 121, 127, 144, 150, 220
숭실학교 149, 168
숭의여학교 117, 157, 158, 160, 191, 222

스나이더(L. H. Snyder) 317, 320
스왈른(W. L. Swallen) 241
스코틀랜드장로회 30
스크랜턴(Mary F. Scranton), 메리 49; ~(W. B. Scranton) 28, 32, 36, 42, 47~49, 51, 58, 63, 68, 74, 216
스키어(Annie M. Skeer) 부인 156
스톡스(M. B. Stokes, 도마련) 254
승동교회 201
『시대일보』 200, 205, 235
시릴(Cyril) 52, 53, 69
신간회 309
신공숙 294
「신덕경」 40
신도(神道) 292
신민회(新民會) 141, 366
신사참배(神社參拜) 292, 338; ~거부 투쟁 361
신상호 42
신석구 309, 349
신시내티보육학원 157
신양리(新陽里)교회 148
신의주교회 298
신천골(신양리)교회 150
『신학월보』 89, 93, 96, 105, 107, 112
『신한민보』 143, 205
신한청년단 163
신홍식(申洪植) 150, 164~166, 172, 174, 181, 187~189, 196, 197, 240, 361, 366

406

신흥우(申興雨) 226, 294, 308~310
심명섭 333
십자기(十字旗) 44

아

아영동회당 50
아펜젤러(H. G. Appenzeller) 28~30, 32, 38, 131; ~기념교회 131, 160, 187, 364
안경록 180
안기형 66, 90
안동권 143
안동원(安東源) 149
안세환 163, 165
안영극 172
안재정 304
안정석 185, 186, 191, 366
안정신 347
안창호(安昌浩) 141, 196, 228, 285, 286, 294, 325
애국단 180, 181
애국부인회 109, 183, 185, 186, 362, 366; ~본부 임원 명단 184; 사건 200
『애린(愛隣)』 278
애린원(愛隣院) 277, 278, 289, 328, 366
앤더슨(E. W. Anderson) 317, 320
『야고보서』 140
야나기 무네요시(柳宗悅) 227
야학교(夜學校) 140; 부인야학(婦人夜學) 223, 224; 여자~ 209
양전백 164
양주삼(梁柱三) 41, 239, 240, 254, 255, 292, 295, 306, 307, 319, 320
양진실(梁眞實) 200
양화진 46
어덕신 296
언더우드(H. G. Underwood) 28, 30; ~(H. H. Underwood) 318
엄재희 294, 325
마가렛, 에디스(Edith Margaret) 78; 에디스~기념병동 79, 81, 184
에스티(E. M. Estey)102
엡윗청년회(Epworth League) 39, 66, 107, 129, 196, 209, 216~222, 257, 259, 260, 264, 275, 284, 286, 289; 여자~ 209, 222~225, 231; ~연합회 285
여성 속회 73
여성목사 안수 243
여학생 토론회 210
『여호수아』 140
역포교회 146
연합기독병원 317
연희전문학교 199, 278, 279
영변읍교회 181
영아 소동(baby riot) 31
영아부(Cradle Roll) 152; ~사업 152
『영혼론』 103
『예수 행적』 140, 249
예수교서원 163

찾아보기 ‖ 407

『예수사기』 102, 103
오기선(吳基善) 139, 164, 197~200, 202, 240, 241, 243, 244, 247, 251, 254, 255, 257, 261, 264, 270, 278, 281, 283, 288, 290, 293, 295, 299, 307; ~목사 싱역 10주년기념 267
오르간 59
오봉네 81, 83
오산학교 163
오석형 39, 40, 42, 48, 61, 66, 71, 81, 90, 91, 100, 196, 364
오선두 283
오수산나 124
오신도 185, 186, 362, 366
오아비가일(Abigail) 71
오영수 283
오윤선 346
오인근(吳仁根) 222
오일회(五日會) 70, 72
오천석 245
오철수 104
오화영 164, 294, 309
올링거(F. Ohlinger) 34
와이오밍여학교 72
와이오밍지회 72
『요한 일서』 140
요한성경학원 299, 304; ~학교 303, 317; ~독립성명서 321
우상용 320
우제경(禹濟京) 224
우제순 217
우지룡 42
우치적(禹致績) 146, 198
원복녀 273
원산 114
원익상 294
월은청년회 107
웰치(H. Welch) 174, 180, 181, 187, 250, 254
윌슨(R. M. Wilson) 318
유각경 232, 233
유년여자전도부 209
유동교회(柳洞敎會) 104, 134, 135
유만겸(兪萬兼) 256
유억겸 278, 294
유여대 164
유정교회(柳町敎會) 135
유치과 158
유치원 157, 158; ~사역 157; ~보육과 158
유한라 253
유한익 181
유형기 256
육영공원 32
윤봉길 285
윤봉진 196
윤성덕 231
윤숙현(尹淑賢) 322
윤원삼(尹愿三) 165, 226
윤자겸(尹滋謙) 196
윤제만(尹濟萬) 325
윤치호 254, 278, 293
윤형필 100, 104, 140, 143

윤화빈　296
을사조약　119, 366
이간동(履間洞)교회　131, 133, 134, 149
이갑성　164
이강산(李康筭)　325
이건춘　310
이겸상　247, 260, 273, 296
이경선　325
이관운　325
이규갑　335
이기선　273
이기연　325
이덕성(李德成)　250, 251, 264
이덕환　163, 165
이동기　140
이동식　104, 139
이동욱　294, 337
이마대(李馬大)　192, 281
이매련　253
이메레(Mary)　71
이명룡　164
이명제(李明濟)　354, 355, 357
이명직　306
이묘묵　278
이문동(채관리)교회　150, 166
이문혁　296
이배세　253, 334
이보식　189
이복녀　253
이상재(李商在)　226, 309, 310
이성휘　119

이수산나(Susanna)　71
이승만　294, 310
이승훈　163, 164, 178, 197
이시벨(Isabell)　71, 76
이영례　260
이영순　141, 172
이영하　276, 283
이유선　304, 305
이윤영(李允榮)　176, 271, 281~284, 287, 288, 290, 293, 295, 296, 299, 301, 306, 307, 311, 319, 320, 325~327, 332, 338, 345, 346, 348
이은덕(李恩悳)　234
이은승　48, 100, 103, 115, 116, 121, 122, 123, 126, 127, 129, 141
이익모(李益模)　130, 139, 142, 151, 240
이익민　84
이인식(李仁湜)　226, 256
이재갑　294
이재면　351
이종현　346
이주완　294
이진구　349
이진하　283
이질　45
이창근　325
2·8독립선언　228
이피득　325, 349
이하영(李夏榮)　140, 143, 176, 226

이항선 39, 42
이향리교회 134, 166, 187
이호빈(李鎬斌) 325
이화전도대 231
이화학당 39, 67, 71, 80, 157, 158, 213, 231, 240
이환신 288, 304, 305, 319, 325, 348
이효덕(李孝德) 75, 191, 192, 194, 195, 222, 224, 234
인천상륙작전 354
일본기독교조선감리교단 337
일진회 119
임경애(林敬愛) 322
임메불(Mabel) 71
임영빈 333
임의걸 325
임종순 239
임진국 325
임통달 108

자

장낙도(張樂道) 196, 197
장대현교회(章臺峴敎會) 32, 117, 121, 128, 163, 361, 362
장마리아 253
장유회(長有會) 195
적극신앙단(積極信仰團) 294, 308, 309, 324
'전교금지령'(傳敎禁止令) 31
전도부인 76, 77, 80, 124; ～양성과 76
『전도총론』 103
전삼덕(全三德) 40, 41, 48, 71, 77, 78, 108, 197, 232, 240, 365
전영택(田榮澤) 228
전용기 39
전진규 307, 324, 335, 336
전평양 소년축구대회 259
전필순(全弼淳) 294, 336
전효배 335
절골교회 105
정기숙 346
정남수 297
정달빈(鄭達斌) 289, 298, 304, 321, 325, 341
정동교회 89, 106, 174, 202, 268, 295, 309
정미조약 366
정봉서(鄭奉瑞) 222
정비다 351
정세윤 276
정신여학교 232
정애자 273
정용하 61
정의여자고등보통학교 72, 243
정의여학교 126
정인과 294
정일선(丁一善) 165, 226
정일형(鄭一亨) 166, 278, 280, 281, 285, 286, 288, 289, 299, 325, 333, 335, 366
정지강 246, 277, 289, 325, 328

정진소학교 191
정진수 180
정진여자보통학교 72
정진여학교(正進女學校) 72, 83
정춘수 164, 197, 294, 295, 307~309, 311, 320, 323, 326, 329, 331, 333, 334, 337, 338
제너럴셔먼호 27, 28, 29; ~사건 363
제암리교회 179
제중원 69
조두율 158, 160
조만식(曺晩植) 119, 189, 226, 229, 276, 346, 350
조병옥 278
『조선감리회보』 293
조선군사령부 170
조선기독교절제회 229
조선물산장려회 229
조선민립대학기성회 229
조선신궁 293
조선신학원 336
조선여자기독교청년회 233; ~연합회 233
조선예수교장·감연합협의회 201
조선의 바울 43
조선의 예루살렘 23
조선주일학교연합회 201, 212
『조선중앙일보』 205, 274, 284
『조선크리스도인회보』 58
조선혁신교단 336
조성환 141

조신일 335
조애자 296
조영순 39
조영제 325
조윤승(曹允承) 241, 288, 297, 299, 325, 349, 352~354, 356
조윤여 180
조이스(Joyce) 66; ~회 107
조종완 217
조창선 296
조한수 39
존스(G. H. Jones) 32, 33
종(鐘) 59, 60
주검조 39
주공삼 189
주관삼(朱貫三) 226
주광명 185, 186, 362
주기원 166, 172, 176, 196, 224, 325
주기철 361
주원명(朱元明) 222
주일 철시(主日撤市) 204
주일학교 60; ~ 집 153, 156, 157
중공군 참전 356
『중외일보』 200, 205
중일전쟁 291, 316
지용은(池鎔殷) 224, 247, 251, 288, 290, 293, 296, 307
지원병제도 337
지정선(池貞善) 217
진남포교회 130, 165, 197, 251

차

차상진 294
창광산 외국인 묘지 94
창광산(蒼光山) 기도처 270
『창세기』 140
창씨개명(創氏改名) 292, 313
『창조』 228
채관리교회 136
채광덕 192
천도교 164
청일전쟁 43, 45, 47, 78, 110, 113, 363, 366
초당(草堂)집 36~41, 43, 48, 50
최거덕 294
최남선 163
최매지 185
최병훈 176, 296
최상현 143
최석주 294
최성균(崔成均) 30
최순자(崔筍子) 223
최용훈 180, 283, 332
최의경 192
최자혜 192
최재민 296
최창신 325
최치량 42
『출애급기』 140
칠산(七山)교회 104, 146

카

카미타나(神棚) 291
커틀러(M. M. Cutler) 78, 243
콜레라 45, 47
클로크(Clocke) 맹아 교실 83; ~ 부인 83

타

태평양전쟁 316
태화여자관 194
토마스(R. J. Thomas) 27
톰슨(James V. Thompson) 201; ~(W. H. Thompson) 153
통상회(通常會) 223
통성기도 117, 121
통회자복 124

파

파리강화회담 163
파송제 256
페인 288
펠프스(G. S. Phelps) 226
평양 기생학교 135
평양 남구역 86
평양 대부흥 운동 114, 117, 127, 129, 131, 141, 151, 361
평양 북구역 86
평양 장로회신학교 117
평양 지방 도사경회 189

평양고등예비학관 274, 275
평양고아원 276, 277
평양금주단연동맹 229, 230
평양기독교청년회 225, 226, 227, 228, 229, 230
평양남자성경학원 303
평양맹아학교 85, 86, 365
평양맹학교 81, 84
평양성 종소리 60
평양여자고등성경학교 317, 348
평양여자성경학교 347
평양연합기독병원 69
평양요한학교 301, 304, 320
평양유치원 157, 158, 160, 161
평양전투 43, 45, 110
폴웰(E. D. Follwell) 49, 51, 52, 56, 67~69, 86, 94, 111, 128, 129, ~ 부인 72, 76, 77
플레처(A. G. Fletcher) 318

하

하디(R. A. Hardie, 하리영) 113, 114, 116, 254, 309
한일 감리교회 통합 310
한국보(韓國輔) 158, 160, 172, 213, 223
한근조 346
한글 71, 73
한병례 142
한성임시정부 180
한석노 296
한석린 276
한석진(韓錫晉) 32, 42, 362
한세홍 304, 325
한승호 355
한영신 185
한예건 177
한인명 63
한진봉 325
항일의병 운동 119
해리스(Lillian A. Harris) 94, 129, 174, 364
해주읍교회 197
허심 327
허일(Hill) 356
허정자(許貞子) 232
헌트(Hunt) 28, 29
헐버트(H. B. Hulbert) 32, 317
헤인스 243, 317
혁신교단 323, 324, 326, 334, 335, 341, 346, 367; ~신학교 333
현석칠(玄錫七) 140, 142~147, 150, 151, 179, 180, 181, 198, 240, 366
현순 175
협성신학교 141, 142, 150, 196, 197, 199, 201, 281, 347
협성여자성경학원 233
협성여자신학교 192
홀(Sherwood Hall) 33, 34, 36, 38, 39, 42, 45, 46, 52, 54, 61, 90, 250, 362, 363; ~기념병원 기금 68; ~박사 동상 제막식

250; ~ 부인 68, 69, 77~81, 83, 84, 86, 88, 94, 134, 219, 250, 363
홍기주(洪基疇) 270, 299, 346
홍기황(洪基璜) 165, 177, 189, 196, 211, 224, 225, 260, 263, 268, 283, 288, 338
홍능의 296
홍마대 192
홍마리아 192
홍병덕 310
홍순탁(洪淳倬) 199
홍에스더 231
홍이선 328
홍재연(洪在衍) 235, 247, 251, 268, 288, 296, 338
홍종인(洪鍾仁) 260
홍택기 306
홍현설(洪顯卨) 288, 298, 299, 304, 321, 325
홍환섭 172
황거요배(皇居遙拜) 292, 312, 338
황국신민서사 292, 293, 309; ~ 낭송 312, 314, 338
황국신민화정책 292
황덕주 297, 299, 325
황민화정책 292
황성기독교청년회(YMCA) 225, 281
황신덕 158, 160
황애덕 191
황정모 39, 61, 90, 364
황치헌 230, 325, 327, 328, 331, 338
휘장 세례 48, 108, 365
흥사단 294
흥업구락부 310; ~ 사건 309
『히브리서』 113